ro
ro
ro

Preußen
Versuch einer Bilanz

Eine Ausstellung der Berliner Festspiele GmbH

15. August–15. November 1981, Gropius-Bau
(ehemaliges Kunstgewerbemuseum) Berlin

Katalog
in fünf Bänden

Preußen
Dein Spree-Athen

Beiträge
zu Literatur, Theater und Musik in Berlin

Herausgegeben von Hellmut Kühn

Band 4

Rowohlt

Gesamtherausgeber: Berliner Festspiele GmbH, Berlin,
Intendant: Dr. Ulrich Eckhardt
Lektorat für den Verlag und Bandredaktion: Winfried Ranke
Schlußredaktion: Volker Weigold
Umschlagentwurf: Heinz Waldvogel unter Verwendung der Abbildung:
J. C. Arnold: Quartettabend bei Bettina von Arnim in Berlin.
Aquarell, 1856; Frankfurt a. M., Freies Deutsches Hochstift

Veröffentlicht im Rowohlt Taschenbuch Verlag GmbH,
Reinbek bei Hamburg, August 1981
Copyright © by Berliner Festspiele GmbH, Berlin 1981
Papier: Scheufelen, Oberlenningen
Satz: Times (Linotron 404); Clausen & Bosse, Leck
Reproduktionen: Rembert Faesser, Berlin
Farbtafeln: westermann druck, Braunschweig
Gesamtherstellung: Clausen & Bosse, Leck
Printed in Germany
1000-ISBN 3 499 34004 6

Inhaltsverzeichnis

III Idee und Alltag   121

IV Zwei Arten von Volksliteratur   229

Bettina trat herein. Ein 54jähriges Mütterchen, klein aber von schöner Haltung, mit wahrhaften Zigeunerzügen im Angesicht, aber so wunderbar interessant, wie selten ein weiblicher Kopf; schöne, echte kastanienbraune Locken, die braunsten, wundersamsten Augen die mir noch vorgekommen sind ... Wir traten in das höchst einfache Arbeitszimmer. An der Wand über dem Sopha bloß die Io, Copie nach Corregio, an der Wand links Achim von Arnim, ihr verstorbener Gemahl; an der Wand rechts Sophie de la Roche, ihre Großmutter, in aufgesteckter Haube, und auf einer Console Gypsabgüsse, ein prächtiges Jovishaupt usw. – Endlich am Trumeau vor dem Spiegel ein herrliches Gypsmodell nach Bettinens Zeichnung, Göthes Denkmal wie sie es projektiert und mehr im Kleinen ausgeführt hatte. Göthe sitzt auf einem Throne, das Haupt prachtvoll aufgerichtet, das Auge in die Fernen der Dichtung sendend. Am Throne Reliefs, seine Hauptschöpfungen, Mignon, Leonore usw. Seine Rechte lehnt an die Stütze des Thrones, seine Linke hält eine Lyra; vor ihm an sein Knie gelehnt steht eine Psyche, welche in die Saiten greift und mit süßem Lächeln auf den Ton horcht.
Brief des dreiundzwanzigjährigen Jacob Burckhardt an die Schwester Louise vom 29. Januar 1842

Hoffentlich ist meine Sendung grundächter Teltower Rüben bei Ihnen vor dem Frost eingetroffen; erholen Sie sich daran wie Sie können und denken Sie, daß ich Ihnen vor der Invasion hätte auch nichts besseres von hieraus senden können. Hätten wir mehr solche ächte Dinge gehabt und bewahrt, man hätte uns soviel nicht nehmen können, wenigstens würden wir jetzo nicht so arm seyn.

Carl Friedrich Zelter an Johann Wolfgang von Goethe zum Ende des Jahres 1808

Vorwort

Hellmut Kühn

„Frau von Arnim ist von allen, die ich kannte, die geistreichste Frau",
schrieb Rahel Varnhagen von Ense am Ende der zwanziger Jahre, als
Bettina von Arnim selber schon die vierzig überschritten hatte; nicht die
geistvollste, aus der Fülle des eigenen produktiven Geistes lebende, sondern die geistreichste Frau, deren Geist die meisten Wendungen habe
und sie daher befähige, unablässig das Neue zu suchen, unzufrieden zu
sein mit dem jeweils Erreichten. „So leuchtet, oder blitzt wenigstens, bei
Frau von Arnim Mißvergnügen gegen das eben Gefundene hervor, und
dieses spornt sie an, um jeden Preis Neues hervorzubringen."
Das war 1828. Etwa 25 Jahre später wurde Bettine von dem Maler Johann Carl Arnold in einem Aquarell festgehalten, das wir als Titelbild
dieses Bandes ausgewählt haben. Bettina von Arnim (oder Bettine, wie
sie sich selbst nannte) sitzt in einem bequemen Stuhl und lauscht stillver-
gnügt den Freuden, die das Streichquartettspiel musikverständigen Menschen bietet. Die erste Violine spielt Joseph Joachim, ihm gegenüber
traktiert Graf Flemming das Violoncello. Noch lebte der junge geniale
Geiger, den Bettine in Weimar kennengelernt hatte, in Hannover und
kam nur um Bettines willen nach Berlin. (Und noch wurde Joachim von
beiden Musikparteien, den Progressiven unter Franz Liszts und den Konservativen unter Schumanns Führung umworben, ehe er mit dem Phönix
der Konservativen, Johannes Brahms, auch eine musikpolitisch eindeuti-
ge Freundschaft einging.) Später wird er in der Hauptstadt ansässig und
als Direktor der neu formierten Musikhochschule für den Aufstieg des
Instituts arbeiten.
Bettina von Arnim lauscht, man sieht das förmlich, in die eigene Vergangenheit hinein, als sie mit Büchern über ihre beiden Idole, Ludwig van
Beethoven und Johann Wolfgang von Goethe, Aufsehen erregt hatte.
Diese Zeiten waren nun vorbei. Nicht allein das Alter hatte seinen Tribut
gefordert, die Zeiten insgesamt hatten sich geändert. Was als Aufbruch
einer jungen Generation zu Beginn des Jahrhunderts erschienen war, hatte sich nach gründlicher Arbeit der Furie des Verschwindens zur Klassik
entwickelt – Lernstoff für die Schule, Repräsentationsstoff in der bürgerlichen Kultur. Auch davon vermittelt unser Titelbild etwas. Man kann

zunächst vermuten, daß die vier Herren eines der Streichquartette des jüngeren Beethoven spielen, denn diese unter der Opuszahl achtzehn gesammelten Stücke waren noch immer die Modelle, mit denen sich zu messen den lebenden Komponisten mehr als schwerfiel. Soweit das eine Idol. Das andere ist auf dem Bild ebenfalls anwesend. Es hat die Gestalt eines Monumentes, welches wie ein Sarkophag erhoben im Zimmer thront: Bettina von Arnims Entwurf eines Goethe-Denkmals.

So stark auch das Bild bezogen ist auf einige wesentliche Tendenzen im Berliner Kulturleben, muß doch auch das Nicht-Abgebildete betont werden. Zwar kämpft die alternde Bettine für soziale Verbesserungen der Lage der Arbeiter und Lohndiener, aber damit kann sie Ruhm nicht mehr erwerben. Die Gesellschaft weist sie ab, und ihre Kinder finden ihren Einsatz unschicklich. „Es ist ein Jammer, daß Du glaubst, die Politik sei Dein Feld. Du machst all Deinen Kindern Kummer damit", schreibt eine ihrer Töchter. Man hatte sich nach Meinung dieser jüngeren Generation, welche sich mit der Jugend gehobener Kreise – etwa mit Offizieren – zu vereinen versuchte, herauszuhalten aus Dingen, von denen einem eingeredet wurde, daß nur verständige Männer sie verstehen könnten.

Auch über eine andere Tendenz im Kulturleben Berlins sagt das Titelbild nichts. Bettina schätzte die Musik Beethovens. Er stand für sie über allen anderen. Viele Musikliebhaber Berlins sahen das anders. Für Friedrich Wilhelm III. ist Beethovens ›Fidelio‹ ein abscheuliches Stück, und für die singenden Bürger der Singakademie sind Symphonien und Kammermusik Randerscheinungen. Das offizielle Musikleben Berlins ist erstaunlich konservativ, so daß der Berliner Felix Mendelssohn Bartholdy, selbst alles andere als ultramodern, nur Kritik für die Stadt findet.

Und auch Goethes Stellung in dieser Stadt ist unsicher. Zwar versucht der Goethe-Schüler Graf von Brühl als Intendant der Königlichen Schauspiele die in Weimar nur unzulänglich erprobte Form eines reformierten Nationaltheaters durchzusetzen, aber auch er scheitert nach anfänglichen Erfolgen an einer preußischen Spezialität, der perfekten Verwaltung. Und ein europäisches Genie wie der Italiener Gaspare Spontini wurde zwar zum ersten Generalmusikdirektor der Welt ernannt, aber in gut zwanzig Jahren Dienst zerrieben im Kampf gegen das national eingestellte Publikum und die Kameralistik der Verwaltung.

So hält denn unser Titelbild einen Zustand fest, der gerade noch besteht. Die gebildeten Bürger in Berlin wohnen in geschmackvoll eingerichteten, das Berliner Biedermeier konservierenden Räumen und haben noch Gedanken genug, um ihre Umwelt offen ertragen zu können. Noch haben sie nicht durchweg ihre eigene Welt verbarrikadiert, zugestellt mit dem Plunder, der als Wohnkultur ausgegeben wird: Zimmerpalmen und Konsolen, Kredenzen mit Römern und Kristallschalen, porzellanene Tänzerinnen in Vitrinen, Fauteuils zum Träumen und Bärenfelle zum

Stolpern. Noch leben sie aus der unmittelbaren Erinnerung an die klassische und romantische Bewegung. Noch kennen sie die originalen Ideen, nicht nur die durch die Journale zersetzten; doch draußen werden diese bereits verdinglicht und verrechtlicht, schwindet der Freiraum des Handelns und Denkens, baut sich die Gesellschaft einen undurchdringlichen Kordon aus Rechtsnormen und Verhaltensregeln auf, den zu durchbrechen mit gesellschaftlicher Ächtung verbunden ist, wie uns die Ehebrecherinnen der realistischen Romane ohne Ausnahme lehren.

›Spree-Athen‹: in diesem Titel vereinen sich Anspruch und Tendenz preußischer Repräsentationskultur. Als unter König Friedrich I. dieser Name in einem Lobgedicht genannt wurde, umfaßte er schon die Tendenz, das preußische Vorbild auch durch eine vorbildliche Hauptstadt den deutschen Fürsten schmackhaft zu machen. Was im Laufe der knapp 300 Jahre seit dieser Spracherfindung aus der Stadt wurde, kann nicht lückenlos dargestellt werden. Aber einige Tendenzen lassen sich aufzeigen. In dieser Stadt hat es in zwei Epochen Vorbildliches gegeben: Die eine Epoche umfaßt die erste Hälfte der Regentschaft von Friedrich Wilhelm III. In ihr gibt es eine Bürgerkultur ohne Vergleich, und in der Universität versammeln sich die entscheidenden Männer Deutschlands. Die andere Epoche ist mit dem Kaiserreich unter Wilhelm II. und mit den Zeiten der Weimarer Republik bezeichnet. In ihr bildet die Kunst eine Gegenkultur. Unter Führung der Literatur zeigen Künstler, was sozial bei denjenigen der Fall ist, von deren Fleiß all die Militärs, Bürokraten und offiziellen Kulturträger leben. In diesem Band liegt der Akzent auf der Darstellung der ersten der beiden genannten Epochen. Ist die zweite durch die Entwicklung Berlins zur deutschen Hauptstadt und die Rezeption vornehmlich französischer Literatur ein wenig aus dem Preußenthema herausgerückt, so lassen sich literarische Tendenzen, die Entwicklung des Musiklebens, der Versuch einer Errichtung des deutschen Nationaltheaters in der ersten Epoche als spezifisch preußische Leistungen verstehen. Ich will einen Aspekt am Beispiel der Musik exemplifizieren.

In der ersten Epoche entstand im Werk des preußischen Dichters E. T. A. Hoffmann die Idee einer neuen Musik aus der Tradition der Klassik. Im Bereich Kirchenmusik sollte diese neue Musik regeneriert werden durch die Erneuerung des Geistes der klassischen Vokalpolyphonie, im Bereich der symphonischen Musik sollte die Linie Haydn-Mozart-Beethoven fortgesetzt werden und im Bereich Oper die Erneuerung erfolgen aus dem Geiste Glucks und aus den Händen des Italieners Gaspare Spontini. In der Realität des musikpolitischen Handelns entwickelte sich aus diesen Gedanken folgendes: Die Erneuerung der Kirchenmusik ereignete sich in der Bürgerkultur der Berliner Singakademie und erstarrte nach dem Tode des Spiritus rector Zelter und einer falschen Direktorenwahl, wobei Mendelssohn verlor und ein gewisser Rungenhagen gewann, in gesellschaftlichen Ritualien; die symphonische Musik lag brach, weil in Berlin kein bedeutender Komponist lebte, und wurde schließlich überführt in das Konzertritual. Und die Idee einer romantischen Oper scheiterte an dem Einspruch der Bürger, die der volksnahen Kunst eines Carl Maria von Weber den Vorzug gaben, weil sie erkannten, daß ihr König in der Person des Gaspare Spontini seinen Sehnsüchten nach einer im europäischen Maßstab glanzvollen Oper nachhing. Der späte Traum einer imperialen Oper blieb nach Napoleons Untergang und an der Seite des ganz unheroischen preußischen Königs ohne politische Basis, und das Ende dieses Traums war ein häßlicher Streit ums Geld und die Kompetenzen.

Gewiß: das Bürgertum Berlins vereinigte eine Reihe von Tugenden – Fleiß, Toleranz, Redlichkeit, Bildungssinn. Max Weber hat sie in seiner umstrittenen, doch immer noch lesenswerten Religionssoziologie beschrieben: diese Nachfolger Calvins, die konvertierten Juden. Aber merkwürdigerweise heben sich aus dem Kreis der großen Gestalten Preußens andere heraus, gerade auch einige Träumer: Heinrich von Kleist oder E. T. A. Hoffmann oder auch der junge Friedrich. Ohne den übersteigerten Traum vom Prinzen von Homburg gäbe es nicht dieses nahezu einmalig dastehende Beispiel für ein Drama über das Verhältnis des einzelnen zum Staat; ohne die vielen Champagnerflaschen bei Lutter & Wegner nicht das Werk des E. T. A. Hoffmann, und selbst die Oper ›Montezuma‹ von Friedrich dem Großen und Carl Heinrich Graun wäre schwerlich entstanden, wenn nicht der Kronprinz den Willen zu einem alternativen Leben gefaßt hätte und der Staatsmann nicht den Unterschied reflektiert hätte zwischen Ideal und politischem Kalkül.

Zwei Leben sind als Ganzes solchen Träumen abgerungen: ich meine die Lebensläufe des Prinzen Louis Ferdinand von Preußen und Heinrich von Kleists, die in diesem Band mit Bedacht nebeneinandergerückt sind. Beider Leben erscheint äußerlich wie Hohn auf preußische Gesinnung, doch beider Leben sollte preußischer sein als es die Existenz derer war, die Normen diktierten. Vor allem dem Prinzen hat das Volk recht gegeben. In der Liebe zu dieser Gestalt hat es nur ein freisinniges Leben bewundern können, keine wirklich wichtige Tat und keine vollkomme Leistung.

Der Prinz, Kleist, Hoffmann, Rahel, aber auch Zelter auf seine knorrige Weise, nicht zu vergessen der Rheinsberger Heinrich – dieses Preußen verschwindet, und es dürfte schwerfallen, eine ähnliche Liste von Namen origineller Menschen für die Jahrhundertmitte aufzustellen.

Verlag und Herausgeber haben sich darauf verständigt, an Stelle einer lexikonartigen Versammlung von Themen eine ausgewählte Folge von Aufsätzen zusammenzustellen, welche die Identitätsfindung von Künstlern und Bürgern im preußischen Berlin mehr oder weniger zum Thema haben. Daß ein solches Verfahren eine Reihe von Lücken hinterläßt, die von den Lesern auch als schmerzlich und nicht nur als bedauerlich empfunden werden können, ist dem Herausgeber klar. Natürlich hätte man auch über Adelbert von Chamisso schreiben können, der aus Frankreich kam und sich ausdrücklich Preußen zur Heimat nahm, um als deutscher Lyriker vom Dienst berühmt zu werden. (Kein Gabentisch ohne seine Gedichte, wie er selbst mitteilt: „Zu Geburtstags-, Paten-, Christ- und Brautgeschenken werden in Deutschland beiläufig 1000 Uhland und 500 Chamisso gebraucht.") Auch Willibald Alexis mit seinen kulturhistorischen Romanen und die Mitglieder der Tunnelgesellschaft überhaupt, aber auch Carl Maria von Weber oder Giacomo Meyerbeer hätten beschrieben werden können. Und Heine, die Humboldts, und, natürlich, Schleiermacher, und die Sachsen in Preußen ...

Diese Sammlung von Essays läßt sich durch eine Maxime von Johann Wolfgang von Goethe bezeichnen. Er teilte sie am 15. März 1832, eine Woche vor seinem Tod, einem der Söhne von Bettina von Arnim mit:

> Ein jeder kehre vor seiner Tür
> Und rein ist jedes Stadtquartier,
> Ein jeder übe seine Lektion,
> So wird es gut im Rate stohn.

S

I Zur Geschichte von Ideen

Die Identitätsfindung der Bürger in Preußen – oder: Ein Prozeß aus immer neuen Anfängen

Ingeborg Drewitz

---

1 „Etwas werden Sie freilich nachzuholen haben; aber nicht viel. Die zwei gefährlichen mühsamen Jahre, die Sie der Ehre, dem Könige und dem Vaterlande aufopfern müssen, sind reich genug an Wundern nur nicht an gelehrten Wundern gewesen. Gegen hundert Namen, und hundert sind noch zu wenig – die alle erst als Namen verdienstvoller Helden bekannt geworden, gegen tausend kühne Taten, die vor Ihren Augen geschahen, an welchen Sie teil hatten, die zu Quellen der unerwartetsten Veränderungen wurden, – kann ich Ihnen auch nicht ein einziges neues *Genie* nennen, kann ich Ihnen nur sehr wenige Werke schon bekannter Verfasser anführen, die mit jenen Taten der Nachwelt aufbehalten zu werden verdienen. Es gilt dieses von uns Deutschen vor allen anderen. Zwar hat der Krieg seine blutigste Bühne unter uns aufgeschlagen, und es ist eine alte Klage, daß das allzu nahe Geräusch der Waffen die Musen verscheucht. Verscheucht es sie nun aus einem Lande, wo sie nicht recht viele, recht feurige Freunde haben, wo sie ohnedem nicht die beste Aufnahme erhielten, so können sie auf eine sehr lange Zeit verscheucht bleiben. Der Friede wird ohne sie wiederkommen; ein trauriger Friede, von dem einzigen melancholischen Vergnügen begleitet, über verlorene Güter zu weinen." (Gotthold Ephraim Lessing am 4. Januar 1759 im ersten Brief, „die neueste Literatur betreffend", aus Berlin)

---

2 „Gegen Morgen hatte mir geträumt, ich stünde mit Marwitz vor Krausens Haus in Berlin, wo wegen Revüe viele Offiziere wohnten, deren Pferde und Reitknechte vor der Tür waren: sie an den vielen Fenstern: ich sah nicht hin, sondern war nur über Marwitz verwundert, und noch mehr über *alle* Tote, die ich liebte, und die *da* lebten ... Ich fragte Marwitz über die anderen, weil ich mich schämte, über ihn zu fragen: ‚Die leben ja alle noch? also waren sie nicht tot?' und so vielemale: er sagte immer nur in einem langen, verlegenen, halb dummen, unartikulierten Ton: ‚Hm? Hm!' Während des Fragens schlag ich die Augen in die Höhe; und Prinz Louis Ferdinand steht *hoch* am offenen Fenster, in Generalskleidern und gepudert: ich grüße ihn, weil die Menschen da sind, wie einen Prinzen; er grüßt und nickt mir freundlich, wie immer im Leben: und etwas ironisch:

und diesmal, als wüßt' er, daß ich mich wundere; und er wisse es besser; und lächele über mich." (Rahel Levins Brief an Karl Varnhagen vom 23. Mai 1814 aus Prag nach Alexander von der Marwitz' Kriegstod)

———

3 „Etwas ganz anderes ist es mit den Peterswaldauer und Langenbieler Vorfällen. Hier ist es Ernst, blutiger Ernst! Merkt ihr etwas? Hört Ihr's gewittern am Horizont? Fürchtet Euch nicht, es wird diesmal vorübergehen und noch einmal vorübergehen – aber dann wird's einschlagen! Du schreibst, wir leben in einer bewegten Zeit. Jawohl, sehr bewegt, aber der Heiligen Jungfrau sei's Dank, daß die Zeit endlich zur Bewegung gekommen, daß sie sich aufzuraffen anfängt aus der alten sündhaften Indolenz, in die sie verfallen ..." (Ferdinand Lassalles Brief an seinen Vater vom 12. Juni 1844) ———

4 „Was in diesen Tagen hier vorgegangen, werden die öffentlichen Blätter Ihnen berichten, aber nur die, welche mit hineingerissen waren, werden den furchtbaren Kampf des 18. März versinnlichen können. Mit Lügen wird man Schmach decken wollen, mit welcher König und Regierung verräterisch sich befleckten, aber der Schade ist nicht zu verwinden, er hat sie vernichtet. Die Schlacht des Verrats am Volk! bewaffnete Soldaten gegen wehrloses Volk und es ist Sieger geblieben, moralisch und physisch. Versammelt auf dem Schloßplatz, um für die gegebene Preßfreiheit zu danken, wird plötzlich vom Militär in die Menge eingehauen, mit Stückkugeln geschossen. Die Leute fliehen und werden verfolgt – in zwanzig Minuten war die Stadt mit Barrikaden verschanzt, jedes Haus eine Festung – die Waffenböden gestürmt ... unterdessen hat der König jede Bitte der Geistlichkeit wie des Stadtrates, dies Blutbad aufhören zu lassen, hartnäckig abgewiesen ..." (Bettine von Arnim im Briefentwurf vom 21. oder 24. März 1848 aus Berlin an Pauline Steinhäuser in Rom)

———

5 Vorhalle

Ein Sonntag wars – lang, lang ists her,
Vierzig Jahr und etliche mehr;
Mir sproßte noch kaum der erste Flaum,
Da trat ich in den geweihten Raum,
DER TUNNEL ÜBER DER SPREE genannt,
Wo sonntags sich zusammenfand
Ein Kranz Berlinischer Geisteslichter,
Geheime und öffentliche Dichter,
Die fanden ein inniges Behagen,
Ihre neusten Verse sich vorzutragen,
Balladen, Oden, Lieder und Dramen

Im Schutz erlauchter Dichternamen
(Lessing, Immermann traf man dort,
Bürger, Schenkendorf und so fort).
Darauf so ernsthaft als gemütlich
Tat man an scharfer Kritik sich gütlich,
Und schließlich ward reihum gefragt,
Wie jedem die Leistung zugesagt,
Welche Zensur er verleihen möcht:
Gut – sehr gut – ziemlich – oder schlecht.

Das mußten sich hergebrachtermaßen
Die würdigsten Herrn gefallen lassen. –
Mich däuchte das ein kurioser Brauch,
Hätt aber doch sein Gutes auch,
Denn alt und jung und arm und reich –
Vor der Kritik waren alle gleich,
Und selbst der älteste Geheime Rat
Für schlechte Verse Buße tat
(War freilich an Geheimenräten
Kein Mangel unter den Tunnelpoeten).
Mir grünem jungen Studentenblut
Ward in dem Schwarm nicht wohl zumut,
Hatte mir doch die Dichterwelt
Ein wenig anders vorgestellt.
. . .
Da ging die Tür und in die Halle
Mit schwebendem Gang wie ein junger Gott
Trat ein Verspäteter frei und flott,
Grüßt in die Runde mit Feuerblick,
Warf in den Nacken das Haupt zurück,
Reichte diesem und dem die Hand
Und musterte mich jungen Fant
Ein bißchen gnädig von oben herab,
Daß es einen Stich ins Herz mir gab.
Doch: der ist ein Dichter! wußt ich sofort

Silentium! La fontaine hats Wort
. . .

(Paul Heyse an den siebzigjährigen Theodor Fontane zum 30. Dezember
1889 als Erinnerung an die erste Begegnung im Literarischen Sonntagsverein ›Tunnel über der Spree ‹, 1828 gegründet)

6   Der schlimmste Feind

Das Blut von Wörth, das Blut von Spichern,
Von Mars-La-Tour und Gravelotte,
Einheit und Freiheit sollt es sichern –
Einheit und Freiheit? Großer Gott!

Ein Amboß unter *einem* Hammer,
Geeinigt wird Alt-Deutschland stehn;
Dem Rausche folgt ein Katzenjammer,
Daß euch die Augen übergehn.

Es wird die Fuchtel mit der Knute
Die Heilige Allianz erneun:
Europa kann am Übermute
Siegreicher Junker sich erfreun.

Gleich Kindern laßt ihr euch betrügen,
Bis ihr zu spät erkennt, o weh! –
Die Wacht am Rhein wird nicht genügen,
Der schlimmste Feind steht an der Spree.

(Georg Herwegh im Februar 1871)

———

7   „Von Erkner aus kam ich oft nach Berlin. Und dort war ich in einen weiteren Kreis junger Literaten hineingewachsen. Er schloß sich in einem Verein zusammen. Bezeichnender Weise hieß er ›Durch!‹ Die Harts, Karl Bleibtreu und andere gehörten ihm an ... Die Dichtercharaktere sowohl wie alles, was irgendwie irgendwo mit ihnen zusammenhing, waren von der Presse geächtet, wurden verfolgt und nach Möglichkeit unter Gelächter begraben. Wir waren darüber nicht ungehalten, sondern sahen selbst in dieser Art von Beachtung unserer literarischen Revolution eine Förderung. Wir wußten, wir waren ins Leben getreten, und trugen die Gewißheit in uns, einer Sache zu dienen, deren Sieg nicht mehr ferne war." (Gerhart Hauptmann, aus: ›Das Abenteuer meiner Jugend‹, 1937)

———

8   „... Über das kolossale Können herrscht kein Zweifel. Aber wie steht es mit dem innersten Leben, mit der Seele dieser Schöpfungen? Es ist jetzt Mode, derartige Fragen als albern abzulehnen, und doch sollt ich mich nicht wundern, wenn eben diese Fragen, unter der Pression des Augenblicks gerade von denen wieder aufgenommen würden, die sich, solange sie die Siegreichen und auf ihrem Gebiete nicht Überholten waren, in der Verspottung solcher Themata gefielen ... Es gibt kein Kunstwerk ohne Poesie, wobei nur zu bemerken bleibt, daß *die vollendete Wiedergabe der Natur* auch allemal einen Grad poetischer Darstellung ausdrückt.

Nichts ist seltener als dieser höchste Grad. Die Regel ist, daß der Künstler in seinem Nachschaffen kein Gott, sondern ein Mensch, ein Ich ist und von diesem Ich in seine Schöpfung hineinträgt ..." (Theodor Fontanes Brief an Emil Dominik vom 13. Februar 1882, die Ausstellung des russischen Historienmalers Wereschtschagin betreffend)

„Im Winter habe ich einen politischen Roman geschrieben ... Dieser Roman heißt ‚Der Stechlin'." (Theodor Fontanes Brief an Carl Robert Lessing vom 8. Juni 1896)

„Ich stecke so drin im Abschluß eines großen, noch dazu politischen (!) und natürlich märkischen Romans, daß ich gar keine anderen Gedanken habe und gegen alles andere auch gleichgültig bin." (Theodor Fontanes Brief an Ernst Heilborn vom 12. Mai 1897)

———

Ein Puzzle aus Briefen, Aufzeichnungen und Gedichten als Einstieg ins Nachdenken über bürgerliche Kultur in Preußen, beliebig zu erweitern und aufzufächern, hier aber bewußt auf Texte eingeschränkt, die mehr als nur einen privaten Augenblick im Leben der Schreiber aufschlüsseln, die ein wenig über den Prozeß der Identitätsfindung der Bürger in Preußen aussagen. Denn anders als im Westen und Süden des Reiches, anders als in den alten Hansestädten und den Reichsstädten, hatte der Dreißigjährige Krieg die Landstriche und Städte Brandenburgs, des Kernlandes Preußens, so ausgepowert, daß die nachmittelalterliche bürgerliche Überlieferung geschwächt, fast zerstört war, daß erst durch die Ansiedlungspolitik des Großen Kurfürsten und seiner Nachfolger, die maßgeblich vom Toleranzgedanken geprägt war, sich das Land und die Städte wieder bevölkerten und völlig neue Bevölkerungsstrukturen mit neuen Überlieferungen entstanden. Insbesondere die Hugenotten und in eng begrenzter Zahl (der Zulassungsbeschränkungen wegen) auch die Juden gaben der Residenzstadt Berlin eine Chance, aus der Provinzialität einerseits und der vom Hof bestimmten Geselligkeit andererseits heraus und zu eigener Lebensform zu finden, die denn auch ein Jahrhundert später zur höchst entwickelten Urbanität fähig war, gerade in den Jahren, in denen Preußen um sein Überleben zu kämpfen hatte. Mit dem Ende der Befreiungskriege, mit dem Beginn der Reaktionszeit 1819 schien die Chance vorerst vertan. Und war doch die Berliner Universität gegründet, gab es ein bürgerliches Musikleben, wurde das Schulwesen reformiert, ließ sich ein liberales Bürgertum nicht mehr einfach zum Schweigen bringen und zeichnete sich mit dem Beginn der Industrialisierung die neue, die Großstadtproblematik ab.

Mag sein, daß der späte Eintritt Preußens in die Geschichte, Preußens als einer Macht, mit der zu rechnen ist, die Distanziertheit der Bürger zum Staat mit sich gebracht hat; mag sein, daß dieser so zusammengewürfelte Staat kein Staatsvolk hat entstehen lassen, genauer: nicht von einem Staatsvolk getragen worden ist und sich darum die Kühle, die Kritik, die Ironie, die vorgreifende Hoffnung, aber auch die persönliche Betroffenheit zwischen den einzelnen und den Staat geschoben haben, ihn Unabhängigkeit haben einüben lassen und doch auch Nachsicht mitgegeben haben. Auffallend ist, daß Nicht-Preußen, Nicht-Brandenburger sich immer wieder zu Wort gemeldet, Preußens und insbesondere die berlinische Bürgerkultur geprägt haben, die Distanziertheit der Bürger zum Staat also Erfahrungen freigesetzt hat, die in der Geborgenheit einer traditionellen Bürgerkultur kaum so durchschlagen; Erfahrungen des einzelnen in der Geschichte und gegen sie an, die eine sehr moderne, dem Jahrhundert jeweils vorauseilende Nachdenklichkeit haben entstehen lassen. Eine Nachdenklichkeit allerdings, die die Entfernung zum Staat, zum Staatsapparat hat wachsen lassen, die politische Ohnmacht des Bürgertums in der Spätphase Preußens mit vorbereitet hat.

Zu 1   Es entspricht der Maxime Friedrichs II., „der friedliche Bürger soll es gar nicht merken, wenn die Nation sich schlägt", wenn Lessing zusammen mit Mendelssohn und Nicolai mitten im Siebenjährigen Krieg die ›Briefe die neueste Literatur betreffend‹ herausgeben oder über das Trauerspiel reflektieren kann, von wechselnden Orten aus – den Niederlanden, Leipzig, Berlin, Breslau; und doch ist die Maxime auch aufgehoben, weil der Wechsel von Lessings Aufenthalten auf Zusammenhänge mit dem Krieg verweist: die in Amsterdam unterbrochene Weltreise mit dem Leipziger Kaufmann Winkler nach dem Einfall Friedrichs II. in Sachsen 1756 und seine spätere Tätigkeit als Gouvernementssekretär beim General von Tauentzien ab 1760 in Breslau. Vom Kriegszustand gezeichnet sind die Literaturbriefe auch nicht nur wegen ihrer Zueignung an einen verwundeten preußischen Offizier (Lessing hatte an den Freund Ewald von Kleist gedacht, der allerdings schon am 24. August 1759 seinen Wunden, die er als preußischer Offizier bei Kunersdorf empfangen hatte, erlegen war), sondern vor allem in ihrem Bemühen, literarische Entwicklungen im deutschsprachigen Bereich (also über die preußischen Grenzen hinaus) zu analysieren, kritisch festzumachen, als gälte es, Grundlagen einer von den politischen Gegebenheiten unabhängigen deutschen Literatur zu entwerfen. Dies aber denn doch mit aller Weltläufigkeit, die ihm durch seine Kenntnis zu Gebote stand: sei es im kritisch liebenden Eifer, mit dem er sich mit Klopstocks ›Messias‹ auseinandersetzt oder in der Abwertung der klassischen französischen Dramatik zugunsten Shakespeares oder in seiner Ablehnung Wielands oder auch

›Moses Mendelssohn‹. Stich nach dem Gemälde von Anton Graf (1771)

Gottscheds, die er beide als Autoren, jeden für sich, für hinderlich gegenüber einer freien Entfaltung der Literatur hält.

Die Herrschaft der Musen an Stelle des Kriegshandwerks, das ist sein Lebensthema, das ihn mit Moses Mendelssohn und Friedrich Nicolai verbindet. Nach dessen Zeugnis sind Lessing und Mendelssohn 1754 beim Schachspiel miteinander bekannt geworden. „Schreiben Sie mir ja fleißig, mein lieber Freund! damit ich wenigstens des einzigen Vergnügens nicht beraubt werde, das mir noch übrig ist ... In unsern mündlichen Unterredungen ist es jederzeit Ihr Amt gewesen, die nützlichern Materien aufs Tapet zu bringen, in dem Wettlauf den ersten Schritt zu tun, um mich zum Nachdenken aufzumuntern. Tun Sie dieses immer auch in unsern schriftlichen Unterhaltungen. Mein Geist ist ohne alle Bewegung, wenn Sie nicht die Triebfedern aufziehen ..." (Moses Mendelssohn im Brief vom 19. 12. 1760).

Die Briefe Mendelssohns an Lessing, oft dringlich und voller Spott und Trauer, weil Lessing nicht antwortet, Lessings dann wieder überströmende Antworten bestätigen die ungewöhnliche Begegnung, ohne die Lessings ›Nathan der Weise‹ nicht hätte entstehen können, ohne die Mendelssohns Bedeutung für die Judenschaft in Berlin sich nicht hätte ausformen können. Das war wohl damals nur in Berlin möglich, das mit seiner kühlen Toleranz Raum für Zukunftsvisionen hatte. Das gemeinsame Nachdenken, die gegenseitige Kritik, das Vergnügen an Briefduellen sind Ausdruck einer freien Intellektualität. Lessings Lebensweise war ja auch die eines modernen Intellektuellen, eines freien Schriftstellers, wenn man so will, seit er die Fürstenschule St. Afra in Meißen hatte verlassen müssen, weil sie durch den Einfall des Preußenkönigs im Ersten Schlesischen Krieg nach der Schlacht bei Kesselsdorf in ein Lazarett verwandelt worden war. Ohne festen Wohnsitz fortan lebend, entwickelt er Eigenschaften, die sein Leben bis in die Wolfenbütteler Jahre hinein begleiten. Lebensübermut und Lebensneugierde stehen gegen den vollständigen Rückzug, wenn es ums Schreiben geht. Lessing schlägt sich durchs Leben und beansprucht die Hilfe der Freunde, wie ein Brief Ewald von Kleists an den Dichter Gleim belegt, er ist ihnen gegenüber reizbar und doch wieder charmant.

Aber auch Mendelssohn, der arme Judenjunge aus Dessau, der dreizehnjährig am Rosenthaler Tor, das einzig den Juden offen war, Einlaß nach Berlin begehrt hatte, um seinem Lehrer Rabbi David Fränkel zu folgen, hat sich zeitlebens als Buchhalter und Schutzjude des Seidenhändlers Bernhard durchschlagen müssen. „Ich las indessen unter der Arbeit hier und da ein Fleckchen [Ewald von Kleists Gedichte], und da merkte ich, wie schwer es ist, Empfindungen zu haben und ein Buchhalter zu sein ... Ich verwünschte meinen Stand, schickte die Gedichte unserm Esquire, der von seinen Geldern lebt, ha, nicht ohne Neid! und ward verdrieß-

›Gotthold Ephraim Lessing‹. Lebensgroßes Ölbild
(J. H. Tischbein d. Ä.[?], um 1766)

lich . . .“ Und doch verbindet ihn diese Tätigkeit mit Nicolai, so jedenfalls
stellt sich's jenem dar: „Er war auch so wie ich, Kaufmann, und wir hatten
daher beide verschiedene Gegenstände aus Gesichtspunkten betrachten
lernen, aus welchen sie derjenige nicht ansieht, der bloß eine gelehrte
Erziehung erhalten hat.“ 1756 teilt Mendelssohn dann aber Lessing auf-
seufzend mit, daß er dem Freundesrat gefolgt sei und die Arbeitszeit als

Buchhalter auf die Stunden von acht Uhr morgens bis nachmittags zwei Uhr eingeschränkt habe. „Alle übrigen Stunden sind für mich; denn auch die Zeit ist für mich, in welcher ich mich beschäftigen werde, an Sie zu gedenken, in dem Geiste mit Ihnen zu reden und mich durch Ihren Umgang zu bessern und zu belustigen."

Herzlichkeit, selbstverständliches Miteinander, die Lust an Sommerabendgesprächen im Garten (Mendelssohn schreibt davon an Lessing); dabei auf Inhalte, auf Ziele bezogen: „... Die Bedenklichkeit, mich in Religionsstreitigkeiten einzulassen, ist von meiner Seite nie Furcht oder Blödigkeit gewesen. Ich darf sagen, daß ich meine Religion nicht erst seit gestern zu untersuchen angefangen. Die Pflicht, meine Meinungen und Handlungen zu prüfen, habe ich frühzeitig erkannt ... In der Lage, in welcher ich mich befand, durfte ich von den Wissenschaften nicht den mindesten zeitlichen Vorteil erwarten ... Der Stand, welcher meinen Glaubensbrüdern im bürgerlichen Leben angewiesen worden, ist so weit von aller freien Übung der Geisteskräfte entfernt, daß man seine Zufriedenheit gewiß nicht vermehrt, wenn man die Rechte der Menschheit von ihrer wahren Seite kennen lernt ... Wäre nach diesem vieljährigen Forschen die Entscheidung nicht völlig zum Vorteile meiner Religion ausgefallen, so hätte sie notwendig durch eine öffentliche Handlung bekannt werden müssen" (aus Mendelssohns Antwort an Lavater, 1769).

Toleranz, heiterste Vernunft und doch auch Spannungen mit der Polizei, der ›Literaturbriefe‹ wegen, weil – so lautete die Begründung – ein Jude dort wider christliche Religion und unehrerbietig über Dichtungen des Königs geschrieben habe. Und die Verweigerung der Aufnahme Mendelssohns in die Akademie. Auch Lessings fehlgeschlagene Hoffnung auf das Bibliothekarsamt an der Königlichen Bibliothek in Berlin. Keine heile Welt, in der die vom preußischen König beiläufig überheblich ausgesprochene Toleranz unbeschadet gilt.

Nicht daß „jeder nach seiner Façon" selig werden könne, sondern Mendelssohns Beispiel wirkt auf die Berliner Judenschaft; er bereitet die Emanzipation vor, weil er auf Teilnahme an der Bildung besteht, weil er auch seine Töchter und ihre Freundinnen, zu denen Henriette de Lemos, verehelichte Herz gehört, davon nicht ausnimmt. Eine Generation später werden die jungen Jüdinnen mit ihren Freunden und Freundinnen für eine kurze Spanne Zeit die ideale Gesellschaft probieren, wie der Literat, der Philosoph und der Buchhändler sie vorgelebt und Lessing sie im ›Nathan‹ als möglich und verpflichtend entworfen hat.

Zu 2   Der Salon der Henriette Herz, der Salon der Rahel Levin demonstrieren dann auch das selbstverständliche Miteinander von Christen und Juden, Adel und Bürgerschaft, bis die Niederlage der preußischen Heere 1806 die Entwicklung jäh unterbricht. Henriette Herz hat sich nach dem

Tode ihres Mannes Dr. Markus Herz, dem Arzt und begeisterten Kantianer, schon zurückgezogen. Rahel wird später zusammen mit Karl Varnhagen, spät verehelicht, wieder einen Salon eröffnen. Ihre und die Faszination ihres Salons im Dachgeschoß in der Jägerstraße, den sie während der französischen Besetzung Berlins nicht halten kann, ist ja im Gedächtnis geblieben, wenn auch die sprachschöpferische Kraft ihrer Briefe noch nicht öffentlich ist, als sie Alexander von der Marwitz in Fichtes Vorlesungen in Berlin begegnet, Privatkollegs, die dieser nach der Schließung der Hallenser Universität in Berlin hält. Aus der Begegnung Rahels mit dem blutjungen Marwitz erwächst ein Briefwechsel, der zu den bedeutendsten Liebesbriefwechseln der Weltliteratur zu rechnen ist. Natürlich wissen sie das nicht, sondern versuchen beide, sich selbst zu entdecken. Marwitz, der aus dem preußischen Junkertum stammt, das ihm fremd geworden ist, Rahel, die dank ihrer Persönlichkeit und der auf Emanzipation weisenden öffentlichen Entwicklung aus der jüdischen Isolation herausgeraten ist – beide spüren die Ambivalenz der Freiheit, beide sind unsicher und verschweigen sich das nicht. Sie haben sich mit Alltagsnot und Langeweile, mit der fremd gewordenen Familie, mit ihren eigenen Launen und dem Mißvergnügen an der „normalen" Gesellschaft herumzuschlagen. Und sie machen sich auch ein bißchen was vor. So schreibt Rahel nach Heinrich von Kleists und Henriette Vogels Selbstmord: „Und niemals hör ich dergleichen, ohne mich der Tat zu freuen. Ich mag es nicht, daß die Unglückseligen, die Menschen, bis auf den Hefen leiden, denn Wahrheit, Großes, Unendliches, wenn man es konzessiert, kann man sich auf allen Wegen nähern ... wenn es hoch und schön kommt, zu achtzig Jahren ein glücklicher imbécile werden, und wenn dreißig mich schon ekelhaft deteriotieren." So unterschlägt sie eigene zehn Jahre, hat sich aber, und das ist das Wichtige an dieser Aussage, der Schwermut Marwitzens, seiner zuweilen snobistischen Lebensunlust angepaßt. „Was machen Sie?" – „Nichts. Ich lasse das Leben auf mich regnen."

Marwitz hat die preußische Niederlage getroffen, er lehnt aber 1809 auch den Vorschlag Niebuhrs, als Staatsrat tätig zu werden, ab. Er ist, zweiundzwanzigjährig, noch nicht bereit, sich einer Aufgabe zu stellen. Er reitet statt dessen im Schillschen Freikorps mit, nimmt bei Wagram und Znaim am österreichischen Feldzug teil, läßt sich hinreißen, einen Wirt in Olmütz zu erstechen. Einzig das Studium der Altertumswissenschaften bei Friedrich August Wolff vermag ihn zu begeistern. Ein genialischer, gefährdeter, junger Mann, der die anderthalb Jahrzehnte ältere Rahel fasziniert, den sie fasziniert, weil sie eine berlinische Größe, eine ungewöhnliche Frau ist und erzählend zurückrufen kann, was durch die ökonomische Dürftigkeit nach 1806 verloren scheint: Das Beieinander von Menschen unterschiedlicher sozialer und religiöser Herkunft. Denn die berlinische Gesellschaft ist in dem nachfriderizianischen Jahrzehnt, in den Jahren nach dem Baseler Frieden so brillierend und brillant gewesen wie nur noch einmal in den zwanziger Jahren des 20. Jahrhunderts, hatte eine Urbanität probiert, wie sie nur in den alten Großstädten Europas anzutreffen war. Intelligenzen und Träumer und Planer kamen zusammen, freimaurerische Weltoffenheit und Großzügigkeit galten als modern; kaum ein Name der Zeit, der nicht mit Berlin verbunden war. Und nun, nach dieser glitzernden Euphorie, die Zeit der Reformer, der versuchten Revolution von oben. Zugleich aber sammeln sich auch die antireformerischen, konservativen Kräfte in der ›Christlich-Teutschen Tischgesellschaft‹, in der Achim von Arnim und Heinrich von Kleist politische Heimat suchen aus Sorge vor dem Ideenschub, der die bestehende Wertordnung gefährden wird. Wie immer, wenn die Zeiten aufeinanderprallen, die Unsicherheit: die Angst vor der Zerstörung und doch das Fiebern nach Neuem, nach Zukunft.

In den Briefen Rahels und Alexander von der Marwitz' spiegelt sich vom unmittelbaren Geschehen kaum etwas, als ginge sie die Aufhebung der Leibeigenschaft nichts an. Sie wissen, während sie ihr Ich auszuloten versuchen, nicht, wie nahe sie den Romantikern sind. Sie erreichen so – fast zeitlos – eine Unbefangenheit und Präzision der Beschreibung der eigenen Gefühle, die über die Schranken zwischen Mensch und Mensch, über die Banalität des Alltags hinweg zündet. Anders als Lessings und Mendelssohns Miteinander-Denken nun das Miteinander-Fühlen. Und doch findet alles nur im Kopf statt, gibt es kein Zeichen einer Zärtlichkeit, keine Berührung, die Wärme vermittelt, als sei diese fragile Erotik zu empfindlich dafür. Darum wohl auch schon nach der ersten Verwundung von Marwitz (Rahel pflegt ihn in Prag) die Entfremdung, die gestörte Balance des Fühlens. Darum Rahels Kompromiß: Ihre Verbindung mit Varnhagen. Er kann ihr den Prager Aufenthalt finanzieren. Sie ist wie viele besser gestellte Berliner dorthin geflohen, um den Kriegshandlungen auszuweichen. Ihre Reaktion auf Marwitz' Soldatentod erscheint eigentümlich verbal, als sei die fragile Erotik ganz spurlos zerfallen. Gäbe es nicht die Niederschrift ihres Traumes, der die fast unmögliche einmalige Wirklichkeit einer idealen Gesellschaft so präzis und in der Charakterisierung sowohl des Prinzen Louis Ferdinand als auch Marwitz' festhält, wie sie sich's im Umgang miteinander wohl kaum haben zugestehen wollen. Ganz frei von Herkunft und Vorurteilen ist keiner von ihnen gewesen. Aber sie haben es sein wollen. Hat das gelingen können?

Zu 3 Jahre verdorrender Wünsche folgen den Karlsbader Beschlüssen von 1819. Die Weltverbrüderungsträume von 1789, die preußische Reformpolitik, pragmatisch verwirklicht nun auch in der Bildungspolitik, vermögen nicht mehr, Begeisterungsstürme zu entfachen. Schleiermachers Predigten in der Dreifaltigkeitskirche sind zwar überlaufen, aber

›Rahel Varnhagen von Ense‹.
Bleistiftzeichnung von Wilhelm Hensel (1822)

immer polizeilich kontrolliert. Spürbarer wird wieder der Antisemitis-
mus, den Hardenbergs Reform 1811 doch hatte ausräumen wollen. Die
offene Geselligkeit der Salons altert. Die Nachahmung der Salons im gut
bestallten Beamtenbürgertum mißlingt. Schwer vorstellbar auch die äußerliche Veränderung des Stadtbildes: Gaslaternen, die Fabriken unmittelbar vor den Toren, die Heydenschen Zinshäuser, das Dampfschiff auf

der Spree, der Eisenbahnbau, die nicht mehr zu bewältigende Armut der frühen Industriegesellschaft, der Pauperismus, ausgelöst durch die Zerstörung der Handwerksbetriebe, die noch fehlende Koordination der Produktion, der Bevölkerungszuwachs, die anhaltende Zuwanderung in die Großstadt. Die erste Inflation in der modernen Gesellschaft Mitte der zwanziger Jahre bringt die Landwirtschaft fast an den Ruin (nach Aufhebung der Kontinentalsperre strömen gehortete billige Produkte auf den Markt). Aufstände in der Folge der Revolution 1830 in Paris (in Berlin kam es zu einer „Schneiderrevolution"), Unruhen in den frühen vierziger Jahren. Der Aufstand der schlesischen Weber im Frühsommer 1844 ist ein Signal. Aber nicht alle begreifen das so wie der junge Ferdinand Lassalle oder in Berlin Bettine von Arnim, die 1843 ›Dies Buch gehört dem König‹ veröffentlicht und die ›Erfahrungen eines jungen Schweizers im Vogtlande‹ beiheftet und ihn, Heinrich Grunholzer, eine Armenstatistik hatte erarbeiten lassen: Die erste umfassende Darstellung der Existenznot in den Zinshäusern vor den Toren im Norden Berlins, dem sogenannten ›Vogtland‹ (so genannt, weil dort schon im 18. Jahrhundert Saisonarbeiter aus dem Vogtland ihre Quartiere hatten).

Bettine war entschlossen gewesen, die beispielhafte Materialsammlung, die Grunholzer zusammengetragen hatte, überall in Deutschland zu ergänzen und hatte deshalb in vielen Zeitungen annonciert, so daß sie auch über die Not der schlesischen Weber informiert war. Nachdem aber der Weberaufstand durch das preußische Militär blutig niedergeschlagen, war sie vom preußischen Innenminister Graf Arnim-Boitzenburg beschuldigt worden, „die Leute gehetzt, ihnen Hoffnungen geweckt [zu haben], durch ihre Reden und Briefe und schon durch ihr Königsbuch! – Auch stand schon in der Spenerschen Zeitung ein Artikel in diesem Sinne ..." Sie hat sich also genötigt gesehen, den Druck der ersten (berlinischen) Armenstatistik nach dem 15. Bogen zu unterbrechen, da die Veröffentlichung unter den Umständen die Zensur keinesfalls hätte passieren können.

Um das Sozialgefälle zu demonstrieren, seien hier ein paar Zahlen genannt: Eine Wohnung der besseren Stände kostete in Berlin jährlich 300 bis 400 Taler, die Einnahmen der besseren Stände beliefen sich auf jährlich 3000 bis 4000 Taler. Ein Zimmer in den Zinshäusern vor dem Hamburger und Oranienburger Tor, in dem jeweils eine ganze Familie wohnte, kostete monatlich zwei Taler (jährlich also 24 Taler), die Reineinnahmen der Familien in diesen Wohnungen lagen zwischen drei und sechs Talern monatlich, also 36 und 72 Talern jährlich.

„Merkt ihr etwas? Hört Ihr's gewittern am Horizont?" Das Lassallesche Pathos nach dem Weberaufstand ist echt. „Es wird diesmal vorübergehen und noch einmal vorübergehen – aber dann wird's einschlagen!"

Zu 4 1848 schlägt es ein. Wieder ausgelöst von der Revolution in Paris, erhebt sich Wien, erhebt sich Berlin. Bettine von Arnim erlebt die Märztage in einer Euphorie, die sie mitreißt, wenn sie versucht, ihren konservativen Sohn Siegmund brieflich vom Recht der Aufständischen zu überzeugen. „Am 19ten um 6 Uhr. In diesem Augenblick ist alles still, aber eine erhabene schauerliche Demonstration ist vom Volk dem König gemacht worden. Ich will Dir alles nach der Reihe erzählen, was wir seit heute 8 Uhr, wo erst das Schießen aufhörte, erlebt und erfahren haben…" Der Glaube an den väterlichen, den liberalen König war erschüttert. Schätzungen nach war am 19. März früh Dreifünftel Berlins in den Händen der Aufständischen. Die Soldaten fraternisierten mit den Bürgern. Die Truppen waren entgegen dem Befehl des Königs nicht nur aus den Straßen, sondern aus der Stadt abgezogen und von der Bürgerwehr abgelöst. Am 20. März 1848 hallten Freudenschüsse, und Berlin war bis in die Nacht hinein illuminiert. Der König hatte die Konstitution zugesagt. „Bis jetzt ist alles nur ein Anfang", notiert Varnhagen. Ein Anfang?

Nur wenige Wochen später wird die Revolution in Polen zur Farce degradiert, werden preußische Truppen den polnischen Aufstand niederwerfen, wird die große Geste vom März, die Freilassung der polnischen Revolutionäre in Berlin, ihr Triumphzug durch die Stadt, in ihr Gegenteil verkehrt und Mieroslawski, einer der führenden Persönlichkeiten im polnischen demokratischen Verein, in Posen wieder in Haft sein. Er schreibt an Bettine, die sich in Berlin für ihn eingesetzt hatte: „Ah! ma mère noble et chérie que ne suis-je tombé avec mes compagnons dans le champs de Wozesnia? Ceux-là sont morts croyant encore à Dieu à la justice". Auch in Berlin gibt es Unruhen vor der Hausvogtei, dem Gefängnis für politisch Mißliebige, wird in der Straße Unter den Linden der Verfassungsentwurf, den der König angeboten hat, von Studenten und Arbeitern verbrannt; wird eine Verordnung gegen „Katzenmusiken" erlassen und wenige Tage später eine Lärmdemonstration Arbeitsloser auf dem Wilhelmplatz auseinandergetrieben, werden Studenten relegiert, die am Tage der Bürgerschaft schwarze Fahnen aufgesteckt und schwarze Halstücher getragen hatten, und werden die Konstabler als Sicherheitspolizeitruppe geschaffen.

Und das Ende dieses verheißungsvollen Anfangs? Die Niederschlagung der nach der Auflösung der Frankfurter Nationalversammlung wieder aufflammenden Revolution durch die preußische Armee; die preußischen Standgerichte in Rastatt. Schließlich im Sommer 1849 die ›Deutsche Union‹, der Bund von 28 deutschen Fürsten, der bis zum Vertrag von Olmütz am 29. 11. 1850 (der diplomatischen Niederlage Preußens gegenüber Österreich) fortbesteht, dann durch den wiederhergestellten ›Deutschen Bund‹ von 1815 abgelöst wird.

Der Sieg der Vergangenheit, die Niederlage der Bürger. „Von 1850 bis

60 war ganz Deutschland eine einzige große Provinz des Riesenreiches Philisteria." Bedenkt man, daß in Berlin im Jahre 1848 etwa 450 demokratische Clubs entstanden waren, so ist die Lähmung, die sich in den fünfziger Jahren ausbreitet, mehr als verständlich. In der Hamburger Wochenzeitung ›Freischütz‹ steht 1852 ein anonymes Gedicht:

Deutschland

Das Grab ist tief und stille,
Und schauderhaft sein Rand;
Es decket mit schwarzer Hülle
Ein unbekanntes Land.

Aber nicht vergessen ist der Nationalismus, der die Befreiungskriege mitgetragen hatte, seit 1819 jedoch als revolutionär verpönt war, denkt man an die Hausdurchsuchung bei Ernst Moritz Arndt in Bonn, an das Druckverbot für die Reden Fichtes 1824, an Turnvater Jahns und Hoffmanns von Fallersleben Schwierigkeiten, an das burschenschaftliche Pathos des Hambacher Festes; Nationalismus, der sich noch im Angebot der Kaiserkrone an Friedrich Wilhelm IV. durch das Frankfurter Parlament spiegelt. Das also war von der Revolution geblieben. Die deutschen Kirschen waren nur außen rot gewesen, spottet verbittert Heinrich Heine in Paris.

Zu 5 Wieder, wie schon in der Romantik, wird nach Bildern aus dem deutschen Mittelalter gesucht. Friedrich Rotbart, die Kyffhäusersage, die Schicksale mittelalterlicher Kaiser, aber auch das ›Nibelungenlied‹ werden populär. Bernhard von Lepel trägt im literarischen Sonntagsverein ›Tunnel über der Spree‹ seine Erinnerungen vor:

Kaiser Heinrich der Zweite

Das Haupt gebeugt, das Herz voll Leid,
Statt Purpurmantels im härenen Kleid –
Er trat ins Kloster statt ins Zelt,
Der zweite Heinrich, müde der Welt.
Die goldene Kron und des Zepters Stab
Trug ihm sein treuer Edelknab.

Bernhard von Lepel hat dort schon 1843 den jungen Apotheker Theodor Fontane den Offizieren, Adligen, Assessoren und Geheimräten vorgestellt, die da im Verein um die Wette dichteten, jeder mit einem Autorendecknamen ausgestattet. Nicht nur eine gesellschaftliche Spielerei, ganz sicher, denn es wird ja heftig gebeckmessert, und Autoren wie Theodor Storm, Felix Dahn, Emanuel Geibel, Paul Heyse und später Heinrich Seidel haben sich der Kritik gestellt. Franz Kugler,

Referent für die Künste im Kultusministerium, und Adolph Menzel sind immer dabei. Für Fontane ist die Zeit im ›Tunnel‹ eine Lehrzeit, für seine Balladendichtung prägend, und er gedenkt ihrer denn auch nicht ohne Ironie:

> Fünfzig Jahre werden es ehestens sein,
> Da trat ich in meinen ersten „Verein",
> Natürlich Dichter, blutjunge Ware:
> Studenten, Leutnants, Refrendare.
> Rang gab's nicht, den verlieh das „Gedicht",
> Und ich war ein kleines Kirchenlicht.

Er hat sich nach seiner Rückkehr aus England 1859 fast völlig aus dem Verein zurückgezogen, aber im Roman ›Vor dem Sturm‹ im 43. Kapitel „Kastalia" eine solche Vereinssitzung liebevoll spöttelnd beschrieben.

Immerhin sind ja die Literatur- und Kunstvereine, die im 19. Jahrhundert entstehen (ähnlich wie die Lesegesellschaften ein Jahrhundert früher) Ausdruck sich stabilisierender Bürgerlichkeit und in ihren Statuten demokratisch. „Rang gab's nicht." Das ist schon der Versuch einer innergesellschaftlichen Ortsbestimmung, wie sie ähnlich in der Musikpflege in Berlin praktiziert wird.

Zu 6   Dennoch läßt sich nicht mehr übersehen, was zur Märzrevolution geführt hatte: die große Armut, die Ausbeutung der Arbeitskraft der Besitzlosen, Ungelernten, auch der Frauen, der Kinder. Während Bismarck geschickt und unter Ausnutzung der europäischen Konflikte an der Stabilisierung der preußischen Vorrangstellung in Norddeutschland arbeitete – noch unter Umgehung der populären nationalen Idee –, formieren sich die rechtlich (durch das Dreiklassenwahlrecht in Preußen) und sozial Benachteiligten. Franz Duncker aus der bekannten Berliner Buchhändlerfamilie gründet 1865 den ›Berliner Handwerkerverein‹ und 1866 zusammen mit Max Hirsch die ›Hirsch-Dunckerschen Gewerkschaften‹, Vorläufer der Gewerkschaften. Im Dunckerschen Salon trifft sich das liberale Berlin. Es geht „fürstlich" zu, schreibt Gottfried Keller. Die Gespräche kreisen um Volksbildung, um Möglichkeiten der Aktivierung der Handwerker- und Arbeiterbevölkerung. Auch im Salon Fanny Lewalds und Adolf Stahrs, in dem Rahel Levin als das große Vorbild gefeiert wird, Bettine von Arnims politische Aktivität Anerkennung gefunden hat, sind Fragen nach demokratischen Rechten für alle an der Tagesordnung. 1868 erreicht August Bebel, daß sich der ›Verband der deutschen Arbeitervereine‹, der sich aus den überall entstandenen Arbeiterbildungsvereinen auf Anregung Leopold Sonnemanns zusammengeschlossen hatte und in dessen Vorstand Bebel tätig war, mit seinen 13000 Mitgliedern der ›Internationalen Arbeiter-Assoziation‹ anschließt. (Die Erste Internationale war

Wohnraum einer vornehmen Villa. Aquarell (um 1850)

Wohnraum einer notleidenden Familie; Bühnenbild einer Aufführung von Gerhart Hauptmanns Stück ›Die Weber‹ aus dem Jahre 1894 (5. Akt)

1864 unter Karl Marx' Führung in London gegründet worden). Auch der ›Allgemeine Deutsche Arbeiterverein ADAV‹ war schon 1863 unter der Präsidentschaft von Ferdinand Lassalle gegründet worden. Die Unterdrückten, Ausgebeuteten haben sich formiert:

> Mann der Arbeit, aufgewacht!
> Und erkenne Deine Macht!
> Alle Räder stehen still,
> Wenn Dein starker Arm es will.

So heißt es im ›Bundeslied‹, das Georg Herwegh 1863 geschrieben hat, 1869 wird in Eisenach die ›Sozialdemokratische Arbeiterpartei‹ unter Führung von Wilhelm Liebknecht und August Bebel gegründet.

Interessant und des Nachdenkens wert ist die Erklärung des Parteiausschusses der Sozialdemokratischen Arbeiterpartei vom 19. Juli 1870, dem Tag der Kriegserklärung Frankreichs an Preußen: „So gewiß wir nicht die leiseste Schuld tragen an diesem unseligen Krieg ... so gewiß haben wir als Deutsche für Deutschland einzustehen ... Unsere Aufgabe ist es, bei der Geburt des, so hoffen wir, ganz Deutschland umfassenden Staates bestimmend mitzuwirken, damit, wenn möglich, nicht der dynastische, sondern der sozialdemokratische Volksstaat ins Leben tritt ...“ Die nationale Idee findet sich dann auch in einem Flugblatt der Braunschweiger, in dem schon von der Verlegung des Schwerpunkts der kontinentalen Arbeiterbewegung von Frankreich nach Deutschland die Rede ist. (Marx reagiert darauf überaus heftig und aufgebracht im Brief an Friedrich Engels). Im November 1870 stimmen die Abgeordneten der Sozialdemokraten und der Lassalleaner endlich gemeinsam *gegen* die Bewilligung von weiteren Kriegskrediten zur Fortsetzung des Krieges gegen Frankreich. Daraufhin beantragt die preußische Regierung in Sachsen, Liebknecht und Bebel zu verhaften. Sie werden des Landesverrats angeklagt wie schon vorher die Mitglieder der Braunschweiger, der zentralen Leitung der Sozialdemokraten und die Kritiker der Annexion von Elsaß-Lothringen, unter ihnen der fünfundsechzigjährige Johannes Jacoby aus Königsberg, der bereits in den vierziger Jahren eine bekannte Persönlichkeit der demokratischen Opposition gewesen ist. Als er, nach sechswöchiger Haft in Ketten aus der Festung Lötzen in Ostpreußen freigelassen, an der Stadtverordnetenversammlung in Königsberg teilnimmt, die über eine Huldigungsadresse an König Wilhelm I. anläßlich der Proklamation zum deutschen Kaiser berät, da sich ja nun der deutsche Traum erfüllt habe, erklärt Dr. Jacoby: „Der deutsche Geist ist ein Geist der Freiheit, der Humanität! Undeutsch ist es daher, zu glauben, daß durch Zwang, durch *Blut und Eisen-Politik* eine deutsche Freiheit herzustellen ist. Wenn mein Herr Vorredner den vaterlandslos nennt, der das Gefühl für Recht und Freiheit höher achtet als die sogenannte Liebe zum Vaterland, so mag er mich immerhin vaterlandslos nennen." Georg Herwegh dichtet:

> Es wird die Fuchtel mit der Knute
> Die Heilige Allianz erneun:
> Europa kann am Übermute
> Siegreicher Junker sich erfreun.

Zu 7 Die Hoffnungen von 1848, diese für einen kurzen Augenblick in der Geschichte bestehende Übereinstimmung der Bürger mit den noch rechtlosen Arbeitern, dieser kurze Augenblick in Preußen, in dem sich die bürgerliche Identität mit der politischen gedeckt hatte, sind endgültig gescheitert. Darüber kann auch die neu aufkommende Bürgerlichkeit im Makart-Stil, darüber können die Sedan-Feiern in den Schulen nicht hinwegtäuschen. Das wirtschaftliche Tief der siebziger Jahre, die Sozialistengesetze von 1878 trennen – wie es den Anschein hat – endgültig die Bürger von den Arbeitern.

Inzwischen strömen die landlosen Proletarier nach Berlin und in die preußischen Rheinprovinzen. Gründerzeit. Ausbeutungszeit. Die Städte quellen von Menschen über. Schnell gemauerte Häuser schießen aus dem Boden, feucht, ungesund. Die großen Pleiten treffen vor allem die Besitzlosen. Nicht das gemütliche Berlin der (nicht un-frechen) Singspiele, nicht die romantische Idylle, wie sie in den Liedern aufklingt, die in den vielen neuen Gesangvereinen gesungen werden, der massive Druck von oben entmündigt die Bevölkerung, Bürger wie Arbeiter. Zynisch schreibt Otto Erich Hartleben in den achtziger Jahren:

> Da lob ich mir Berliner Sittlichkeit,
> fest garantiert von Polizeikolonnen!
> Revolver tragen sie seit kurzer Zeit,
> sind höflich gegen jedermann gesonnen,
> die besten Christen in der Christenheit –
> gar einen hab ich herzlich liebgewonnen,
> das war der Wächter, der mir morgens schloß,
> und dessen Gunst ich oft und gern genoß.

> Die Sozialisten und die Prostituierten
> behandeln sie mit stillbewegtem Fleiß,
> da die den braven Bürger sonst genierten
> und seinen sandgezognen Lebenskreis
> durch unbequemes Toben alterierten.
> Was keiner sieht, das macht auch keinen heiß,
> und also regle man – das Straßenleben,
> mag's auch im Innern tiefere Wunden geben.

Die Sozialisten sieht man bei publiquen
Begräbnisfeiern nur in – schwarzem Kreppe ...
Die Herrschaft hat mit ihren Domestiquen
im Haus nicht mal gemein – die selbe – Treppe ...
Nicht zu erröten brauchen die Pudiquen,
da auf der Wilhelmstraße keine – Prostituierte.
Kurz, wie ein friedlich rieselnd Bächlein fließt
das Leben dem hin, ders mit Maß genießt.

(Aus ›Gottvertraun zum Bajonette‹)

So also sieht die Üb-immer-Treu-und-Redlichkeit-Wirklichkeit aus,
deren Jargon Arno Holz und Johannes Schlaf einzufangen versuchen, die
den jungen Gerhart Hauptmann packt. „Um das Rosenthaler Tor sah ich
Berlin aus der Froschperspektive. Dort wurde man mit den Strömen der
Massen hin und her bewegt, jederzeit in Gefahr, darin zu versinken. Wie
oft beim Scheine des nächtlichen Gaslichts habe ich mich von ihnen drängen und schieben lassen, von der unendlichen Fülle menschlicher Typen
in Bann gehalten! ... Ich lebte damals in einer durch die Nähe Berlins mit
bedingten, tragisch großen Phantasmagorie. Trat ich des Abends vor das
Haus, so sah ich im Westen bei klarer Luft den Widerschein der Riesin
blutrot am Himmel. Das wimmelnde Leben der Weltstadt, das ich ja aus
vielen Vigilien kannte, lebte in mir. Mit einer Hellsicht, die vielleicht der
eines Fiebernden glich, sah ich die wilden schmerzlichen Verknäulungen
ihres Innern. Was wurde nicht alles aus der drei deutsche Meilen entfern-
ten Stadt an Elend und Jammer ans Ufer gespült! Kein Sommer verging,
allein hier in Erkner, ohne daß ein von Fliegen umsummter, behoster und
bekleideter Leichnam, meist eines Selbstmörders, im Forst gefunden
wurde. Das ungeheure Lebewesen und Sterbewesen Berlin ... war mir
alpartig gegenwärtig."
Das Thema ist angeschlagen, so wie es Gerhart Hauptmann im ›Abenteuer meiner Jugend‹ 1937 noch einmal heraufgeholt hat. Die jungen
Dichter greifen es auf. ›Vor Sonnenaufgang‹, ›Einsame Menschen‹, ›Die
Weber‹ sind noch nicht geschrieben, aber schon vor-erlebt. Die Freunde, die wie Hauptmann fühlen, ermutigen ihn. Das Drama hat wieder
Gegenwart, Semi-Poeterei und mittelalterliche Verkleidung bleiben zurück, auch wenn sie die Bühnen noch beherrschen. Und einer erkennt,
daß hier wieder ein Anfang ist, der alte Fontane in seinen unvergeßli-
chen Kritiken der Dramen des jungen Hauptmann, seiner Entdecker-
freude, nein mehr, seinem Gespür für eine neue – vielleicht doch mündi-
ge – Generation.

Zu 8   Und noch einmal Preußen. Die großen Romane seines Alters sind
– so scheint es – geschrieben, als Fontane am ›Stechlin‹ arbeitet, schnell,

ohne Unterbrechung, den Abschied schon wissend, dem Dialog solche Prägekraft zutrauend wie nie vorher in seinen Büchern. Und noch immer versöhnlich, so genau er auch Stellung nimmt. Versöhnlich nicht, um Konflikte zu verwischen, sondern aus der Erfahrung eines langen Lebens, das von Irrtümern weiß, von menschlichen Kleinigkeiten, von menschlicher Hilflosigkeit und versuchter Güte – und nun das Neue heraufkommen sieht, das das Preußen der Junker, die Mark-Brandenburgische Kargheit Preußens, seine Strenge verändern wird.

Sicher, „Preußen geht fortan in Deutschland auf", auch literarisch, aber immer wieder stehen die Kritiker mit dem Zukunftsentwurf im Hinterkopf gegen die Verherrlicher, gegen die Geblendeten. Nationalismus und Sozialismus bleiben unvereinbare Gegensätze und drängen doch immer wieder auch zueinander; die deutsche, die nun nicht mehr nur preußische Gefährdung zeichnet sich ab.

Der preußische Staat wird erst 1933 politisch beseitigt, aber als verlogene Tradition in das nationalsozialistische Deutschland integriert. Der noch geltende Schlußstrich wird am 25. Februar 1947 durch alliierten Kontrollratsbeschluß gezogen.

Das sah der alte Fontane nicht voraus, auch wenn er nicht den himmelstürmenden Optimismus junger Ideologen oder die wütende Anklage der jungen Dichter hat aufbringen können. Er nimmt die Veränderungen im Gefüge der Gesellschaft wahr, wie sie auch den einzelnen verändern werden. Er ahnt das Ende Preußens, ohne schon den Wahnsinn zu ahnen, der das Ende beschleunigen wird, eher vertrauensvoll, eine neue Identität des Bürgers, des Menschen im Staat erwartend.

In der deutschen Literatur ist Preußen schon zu Anfang des 20. Jahrhunderts aufgesogen, richten sich Kritiker wie Heinrich Mann gegen neue Ver-Biedermeierlichung und neuen Untertanengeist, gegen chauvinistischen Nationalismus, der nichts mehr mit den Anfängen nationalen Selbstbewußtseins zu tun hat, über das und für das Lessing nachgedacht hat, das noch in den Auseinandersetzungen in der jungen Sozialdemokratischen Partei gültig war.

Und doch das Nachwirken nationaler Emotion in dem nicht großstädtischen Strang der Literatur der Weimarer Republik und sogar noch in der Literatur der unliebsamen Dichter der Nazi-Jahre; wenn Jochen Klepper in seinem Preußenroman vom Soldatenkönig ›Der Vater‹ ein Bild von Preußen entwirft, das idealtypisch fast auf die Nazi-Ideologie paßt, auch wenn er sich an die historischen Gegebenheiten hält, so macht das die Pervertierung der Ideen und Traditionen deutlich, zu der die Nazi-Propagandisten fähig waren, den bewußten Mißbrauch nationaler und sozialistischer Traditionen. Wenn Rudolf Alexander Schröder nationale Motive anschlägt, so unterschätzt er die Perversion, die sie längst entwertet hat. Die Entfernung der Bürger zum Staat ist trotz der Intervalle des Aufbegehrens gewachsen.

Die nie ganz geglückte, dabei so leidenschaftlich versuchte Identitätsfindung der Bürger in Preußen als Thema der Literatur einzugrenzen, kann kaum gelingen, ist nur an Einzelbeispielen festzumachen, an Krisen, denen die Autoren nicht ausgewichen sind, nicht ausweichen konnten; an der kühlen Wirklichkeit eines Staates, der nicht eigentlich Heimat war, der den einzelnen entblößte und forderte: zu gehorchen – oder Stellung zu nehmen, Zukunft zu entwerfen, Leben hinter der Ratio zu entdecken (und das Scheitern mit einzukalkulieren).

Da die Geschichte Preußens nicht ohne Starrköpfigkeit ist, eine „Geschichte von oben", über den Bürger hinweg, bis auf wenige Augenblicke der Lässigkeit oder Schwäche (oder für einen geschichtlichen Moment um 1810 auch der Größe), hat die Literatur die Vorentwürfe einbringen, die Identitätsfindung der Bürger zumindest ermöglichen müssen. So darf abschließend vielleicht die Behauptung gewagt werden, daß Preußen keine ihrer selbst bewußte bürgerliche Gesellschaft hat wachsen lassen und darum auch keine eigentliche preußische Literatur hat entstehen können.

Daß das eine Chance ist, läßt sich an den zweieinhalb Jahrhunderten Literatur in Preußen ablesen – an der fast nervösen Sensibilität für Umbrüche, wie man sie erst den Intellektuellen des 20. Jahrhunderts nachsagt. Ein Stück vorweggenommene existentielle Gefährdung also. Das auch.

Kant in Preußen

Hans-Jürgen Engfer

Wenn das Bild Preußens in der Geschichte schwankt, so tut es das Bild des neben Hegel vielleicht am meisten mit Preußen identifizierten Philosophen nicht weniger. Dies gilt von der Beurteilung der Persönlichkeit Kants bis hin zu der seiner philosophischen Werke und politischen Wirkungen: Kant ist als „Mann nach der Uhr" Inbegriff prinzipientreuer Pedanterie und preußischer Engherzigkeit und als eleganter Magister zugleich Beispiel einer in deutschen Gelehrtenkreisen auch damals nicht ganz üblichen Weltläufigkeit; die Sprache seiner philosophischen Werke gilt als Muster philosophischer Klarheit und Durchsichtigkeit, und doch soll sein Stil trocken oder schwerfällig, seine Terminologie schwankend und vieldeutig sein. Philosophiegeschichtlich gilt er den einen als *Philosoph der Aufklärung* und anderen als deren entschiedenster Gegner oder endgültiger *Überwinder*, er erscheint sowohl als Inaugurator des *deutschen Idealismus* als auch als Wegbereiter der *materialistischen Philosophie* des 19. Jahrhunderts, wird von den einen als *Agnostiker* begriffen, der die Erkennbarkeit der Dinge an sich geleugnet habe, gilt anderen als der *Theoretiker der modernen Naturwissenschaft*, der sie aus den Fesseln der traditionellen Metaphysik befreit habe, und wieder anderen ganz im Gegenteil kurz und prägnant als *Metaphysiker*. In den praktischen Fragen der Ethik stellt Kant mit seiner Orientierung am Pflichtbegriff für viele geradezu so etwas wie die Inkarnation des preußischen Staatsethos dar, wobei die Bewertung dann aber wieder mit der eigenen Stellungnahme zu dieser „preußischen" Tugend der Pflicht schwankt: Entweder lehnt man diese Ethik philosophisch als bloß formal, anthropologisch als abstrakt oder menschenverachtend ab und sieht sie politisch in gefährlicher und wirksam gewordener Nähe zur *preußischen Untertanengesinnung* und zum Kadavergehorsam der Staatsdiener, oder man feiert sie umgekehrt – wie in den Jubiläumsjahren 1924 und 1974 – als den präzisesten Ausdruck des *preußischen Staatsgeistes*, oder wenigstens „seiner positiven Seiten", die „auch heute noch" den Weg aus der jeweils konstatierten Krise weisen könne. Eben dies gilt für die Einschätzung seiner Stellung zur Religion: Dem Mann, der das Wissen aufheben wollte, „um zum Glauben Platz zu bekommen", wird aus Sorge um das Seelenheil der Untertanen die Veröffentlichung religionsphilosophischer Schriften verboten, um ihn später in der Zeit des Kulturkampfes als *Wiederhersteller des Protestantismus* in eine Reihe mit Luther zu stellen und gegen widerspenstige Katholiken auszuspielen, die ihrerseits der Kantischen Philosophie erst die Tore ihrer Universitäten öffneten, sie dann über ein Jahrhundert lang energisch bekämpften, um sich gegenwärtig genauso energisch um eine Versöhnung der katholischen Theologie mit dem Kantischen Denken zu bemühen. Die Reihe dieser kontroversen Beurteilungen scheint fast unabschließbar: Kant ist für die einen Gegner und *Kritiker jeder Revolution* und der Französischen insbesondere und für die anderen der Mann, dessen Philosophie mit Recht als die *deutsche Theorie eben dieser Französischen Revolution* zu betrachten ist; er demonstriert für die einen die Lebendigkeit des *monarchischen Gedankens* in Preußen und ist für die anderen *geheimer Demokrat*, ist für die einen Interessenvertreter des deutschen Besitzbürgertums und dessen Opiat zur Einschläferung des Proletariats und für die anderen *wahrer und wirklicher Urheber des deutschen Sozialismus*.

1 Wenn also Kants Bild ebenso in der Geschichte schwankt wie das Preußens, dann hat dies in beiden Fällen allerdings unterschiedliche Gründe. Das Bild, das Preußen der Welt bot, entbehrt nicht der inneren Widersprüche und ist seltsam gemischt aus Aufgeklärtheit und Demagogenriecherei, Rechtsstaatlichkeit und rein militärischer Machtpolitik, provinzieller Beschränktheit und dem Streben zur Weltmacht und bietet in dieser Vielgestaltigkeit und nach seinem Ende jedem den gewünschten Anlaß zu traditionsverpflichteter Ergriffenheit oder inzwischen etwas verspäteter Empörung. Dagegen zeichnet sich die Kantische Philosophie in den Augen der meisten Betrachter durch „ihre imponierende Geschlossenheit" aus; seine Arbeit habe der Totalität des Erkennbaren gegolten, und er habe alle Gebiete der Philosophie systematisch aus einem neuen Gesichtspunkt bearbeitet.

Diese Einschätzung der Kantischen Philosophie bedarf allerdings einer Ergänzung: Zu Beginn seiner schriftstellerischen Tätigkeit und mindestens bis zu seinem 47. Lebensjahr erscheint der „vorkritische" Kant als typischer Vertreter und dann sogar als Exponent der deutschen *Aufklärungsphilosophie*, die man deshalb als spezifisch *preußisch* bezeichnet hat, weil ihre entschiedensten Vertreter in Preußen lehrten und weil sie ihre größten Wirkungen im Preußen Friedrichs des Großen hatte. Die Philosophie des vorkritischen Kant steht nämlich einerseits in der Tradition Christian Wolffs, des großen Begründers der deutschen Aufklärung, der seine rationalistische Philosophie erst mit überwältigendem Erfolg im preußischen Halle vertrat, dann 1723 wegen angeblich religionsgefährdender Thesen von Friedrich Wilhelm I. aus dem Amt und dem Land gejagt und schließlich von Friedrich dem Großen zu Beginn seiner Regentschaft 1740 demonstrativ wieder nach Preußen zurückberufen wurde. Und unter dem Einfluß der eigenen naturwissenschaftlichen Studien, unter denen die erstmals durch Kant vorgenommene Erklärung der Entstehung des Planetensystems aus den mechanischen Kräften der Attraktion und Repulsion die wichtigste ist, nähert sich Kant andererseits der an Newton orientierten philosophischen Position, die um die Mitte des Jahrhunderts von der Berliner Akademie vertreten wurde, nachdem Friedrich der Große sie neu und vor allem mit französischen Philosophen besetzt hatte. In den sechziger Jahren gehört Kant daher neben Mendelssohn und Lambert zu den wichtigsten Exponenten eines neuen analytischen Selbstverständnisses der Philosophie, in dem sich der Rationalismus Wolffs und der Empirismus der angelsächsischen Philosophie verbinden. Und diese analytische Haltung des jungen Kant und seiner Philosophengeneration ist die unmittelbare Quelle für die sich explizit als Aufklärung verstehende philosophische Strömung, die in Deutschland, aber vor allen Dingen in Preußen und Berlin das letzte Drittel des 18. Jahrhunderts beherrscht: Führende preußische Beamte sammeln sich in einer auch politisch einflußreichen Gesellschaft, der ›Freunde der Aufklärung‹, die ›Berlinische Monatsschrift‹ verbreitet ihre philosophischen und politischen Diskussionen in ganz Deutschland und die Berliner Akademie bleibt unter dem Einfluß von Nicolai sogar bis ins 19. Jahrhundert hinein von diesem Geist der Aufklärung bestimmt.

2   In den achtziger Jahren aber, in denen diese auch von Kant inaugurierte Aufklärungsphilosophie populär wird und das Bild des „aufgeklärten Preußen" in Deutschland und der Welt bestimmt, entwickelt Kant seinen *neuen, kritischen Ansatz* des Philosophierens, durch dessen Geschlossenheit und historische Wirksamkeit er der „Alleszermalmer" eben dieser Aufklärungsphilosophie wird. Versucht man das Gemeinsame der neuen Fragestellung in den kritischen Werken Kants zu benennen, so kann man – jenseits aller in der philosophischen Einzeluntersuchung notwendigen Differenzierungen – sicher sagen, daß in ihnen der unmittelbar analytische Zugriff der Aufklärungsphilosophie durch eine Reflexion auf die Rolle des Subjekts im Erkennen und Denken, im Wollen und Handeln, in Fragen der Religion, der Kunst, der Geschichtsphilosophie und der Weltinterpretation im ganzen ersetzt wird: Kant stellt in allen seinen Hauptwerken kritische Überlegungen über die Quellen, den Umfang und die Grenzen der erkennenden, wollenden oder beurteilenden Vernunft voran, durch die Grenzunterscheidungen zwischen den verschiedenen Anwendungsgebieten der einen Vernunft möglich und die Widersprüche der bisherigen Philosophie aufgelöst werden sollen.
    In diesem Sinne stellt die ›Kritik der reinen Vernunft‹ – man wird sagen

müssen: unter anderem – eine Theorie des Wissens und Erkennens auf und unterscheidet das Feld des Erkenn- und Wißbaren sowohl vom bloßen Denken, von der philosophischen Spekulation, als auch vom religiös bestimmten Glauben, indem sie es auf das Feld der Erfahrung begrenzt. Dabei ist der Begriff der Erfahrung für Kant einerseits durch die Geltung apriorischer Prinzipien wie zum Beispiel der Sätze der Mathematik und andererseits durch sinnliche Wahrnehmungen konstituiert, so daß jedes Objekt der Erfahrung bereits als Produkt menschlicher Erkenntnistätigkeit erscheint. Diese These hat der Kantischen Kritik von seiten einer auf der unmittelbaren wissenschaftlichen Erfaßbarkeit der Welt beharrenden Philosophie gelegentlich den Vorwurf des Agnostizismus eingetragen (Engels, Lenin), sie hat jedoch theoretisch und in der folgenden historischen Entwicklung auch faktisch zur Konsequenz, daß die empirischen Wissenschaften aus ihrer vorher vorliegenden Verknüpfung mit philosophischen und religiösen Gesamtentwürfen der Welt gelöst werden, indem beispielsweise die Fragen, ob es einen Anfang der Welt in der Zeit oder ob es einfache, nicht mehr zusammengesetzte Teile der Materie gebe, als nicht durch abstrakte Überlegungen entscheidbar, sondern als regulative Fragen erwiesen werden, an Hand derer die Wissenschaften auf Grund ihrer jeweils ermittelten empirischen Befunde immer weiter zurückfragen. Dies entbindet die empirischen Wissenschaften also von letzten Aussagen über Gott und die Welt und damit sowohl von der Verpflichtung, herrschende philosophische oder religiöse Dogmen entweder zu bestätigen oder ängstlich zu umgehen, als auch von der, selbst abschließende Gesamtentwürfe der Welt liefern zu müssen: Es befreit sie zu der empirischen Einzel- und Detailforschung, die den Erfolg dieser Naturwissenschaften im 19. und 20. Jahrhundert begründet.

Zugleich bezeichnet dies eine entscheidende Wende im Verständnis der Philosophie selbst: Umfaßte die Philosophie vor Kant und etwa noch bei Christian Wolff alle Gebiete der Wissenschaften überhaupt, von der Mathematik über die Physik und Biologie bis zur Ökonomie und Politologie, und machte sie sich als diese Gesamtwissenschaft „vernünftige Gedanken von Gott, der Welt und der Seele des Menschen, auch allen Dingen überhaupt", so überläßt die theoretische Philosophie bei und durch Kant das Feld des empirischen Erkennens den jeweiligen Einzelwissenschaften und beschränkt sich selbst auf die Untersuchung der Grundlagen des Erkennens, in der unter anderem auch die Voraussetzungen und die innere Logik der Einzelwissenschaften ermittelt werden. In diesem Sinne stellt die ›Kritik der reinen Vernunft‹, ohne daß sich ihre Bedeutung darin erschöpfte, eine der wesentlichen Quellen der modernen Wissenschaftstheorie dar: Sie spielt – so überraschend dies angesichts ihrer Beschränkung auf die Mathematik und die Naturwissenschaften auch auf den ersten Blick ist – eine entscheidende Rolle bei der Ausbildung hermeneutischer Theorien der Geisteswissenschaften durch Schleiermacher, Droysen und Dilthey, sie liefert die theoretische Grundlage für die endgültige Etablierung einer an den Naturwissenschaften orientierten Wissenschaftstheorie im Neukantianismus des späten 19. Jahrhunderts, und sie beeinflußt – nach der Überwindung einer eher empiristisch orientierten Phase – noch die Fragestellungen der gegenwärtigen wissenschaftstheoretischen Diskussion.

3   Eben dies gilt für die Bedeutung der ›Kritik der praktischen Vernunft‹. Kants Fragestellung in der Ethik reflektiert nämlich bereits die das moderne Bewußtsein bis heute beunruhigende Erfahrung, daß in verschiedenen Zeiten und in verschiedenen Ländern durchaus unterschiedliche Moral- und Sittenvorstellungen herrschen, durch die der Glaube an die Geltung eines festen Kanons inhaltlich bestimmter ethischer Regeln, wie etwa der Zehn Gebote der Bibel, erschüttert wird. Gegenüber dieser Beunruhigung durch die historische Relativität sittlicher Normen stellt Kant seine Frage nach einer obersten Regel sittlichen Handelns und findet hinter allen inhaltlichen Differenzen und Unterschieden als formales Gesetz der Sittlichkeit den *kategorischen Imperativ*, durch den nicht dieses oder jenes konkrete Handeln ge- oder verboten wird, sondern durch den geboten wird, nur nach der Maxime zu handeln, von der man wollen kann, daß sie ein allgemeines Gesetz werde. Der „Formalismus" dieser Regel ist Kant oft zum Vorwurf gemacht worden, aber dieser Vorwurf verkennt erstens, daß das Formale dieses Gesetzes geradezu Kants Antwort auf die Erfahrung der Relativität inhaltlich bestimmter Normen ist, und übersieht zweitens, daß für Kant aus diesem Gesetz trotz seiner Formalität unmittelbar inhaltliche Bestimmungen ableitbar sind: Kein Dieb kann wollen, daß Diebstahl die allgemeine und übliche Art des Umgangs mit fremdem Eigentum ist, weil er dann auch seines eigenen, gerade erst mühsam erworbenen Eigentums nicht sicher wäre; die innere Widersprüchlichkeit seiner Haltung zum Begriff „Eigentum", die deutlich wird, wenn man seine Maxime – dem kategorischen Imperativ gemäß – verallgemeinert, erweist den Diebstahl als unmoralisch.

Diesem kategorischen Imperativ zu folgen, erklärt Kant zur Pflicht und findet starke Worte zur Feier dieses Begriffs: „Pflicht, du erhabener großer Name, der du nichts Beliebtes, was Einschmeichelung bei sich führt, in dir fassest, sondern Unterwerfung verlangst …" Von welcher Pflicht und welcher Unterwerfung hier die Rede ist, dürfte nach dem Vorausgegangenen deutlich sein: Es handelt sich hier keineswegs um einen spezifisch preußischen Pflichtbegriff, durch den sich die Untertanen oder auch nur die Staatsdiener in Preußen dem Staat und seinen Vorschriften in besonderer Weise verbunden fühlten und fühlen sollten, sondern um eine Verpflichtung des Menschen gegenüber sich selbst. Denn das Sittengesetz ist für Kant kein dem Menschen von außen, auch nicht etwa von Kant auferlegtes Gebot, sondern es ist schon immer „in das Herz geschrieben"; es ist ein Gesetz, das sich jeder Mensch selbst gibt und das Kant nur aus der Undeutlichkeit der üblichen Moralvorstellungen als Prinzip jedes moralischen Handelns herauspräpariert; es ist deshalb für Kant geradezu Ausdruck der Freiheit, Autonomie und Selbstbestimmung des Menschen. Kants ethischer Pflichtbegriff ist also weit davon entfernt, auch nur in der Nähe der heute üblicherweise mit diesem Begriff verknüpften Assoziationen zu stehen, nach denen jemand „in treuer Pflichterfüllung" von außen vorgegebene Aufgaben erfüllt, „pflichtgemäß" irgendwelchen auch unvernünftigen, aber vorgeschriebenen Regeln folgt oder „in blinder Pflichterfüllung" alle, auch die moralischen Bedenken beiseite schiebt, sondern er bezeichnet die Verpflichtung des Menschen auf ein selbstgegebenes Gesetz, das unter anderem eben diese äußeren Pflichten moralisch kritisierbar macht. Diese philosophische Begründung der Moral in einem selbst gegebenen Gesetz ist so wenig spezifisch preußisch und so wenig überholt, daß sie seither nicht mehr aus der ethischen Diskussion verschwunden ist und neuerdings vor allem in Deutschland unter dem Titel der notwendigen Universalisierbarkeit von Regeln der Konsensbildung und des Zusammenlebens der Menschen erneut aktualisiert worden ist.

4   Neben den beiden Gebieten des Erkennens und des Handelns behandelt Kant vor allem in späten Schriften die Frage nach der Stellung des Menschen im Weltzusammenhang im ganzen. Diese Frage gehört für Kant nicht in den Bereich des Wiß- und Erkennbaren, sondern in den des Glaubens und Hoffens; insofern hält Kant einerseits an der strengen Begrenzung des Wissens auf den Bereich der Erfahrung fest, eröffnet aber zugleich den Blick über die Grenzen des wissenschaftlichen Erkennens. In diesem Bereich des Glaubens und Hoffens stehen bei Kant religions- und geschichtsphilosophische Ansätze nebeneinander, die heute in aller Regel als konkurrierende Modelle der Sinngebung empfunden werden. In der *Religionsphilosophie* stellt Kant dabei an die Stelle der vorher immer wieder versuchten theoretischen Gottesbeweise, die er in der ›Kritik der reinen Vernunft‹ widerlegt hat, eine moralische Rechtfertigung des menschlichen Glaubens an die Unsterblichkeit der Seele und an die Existenz Gottes. Beide Glaubenssätze sind – wie übrigens auch ihre Verneinungen – zwar theoretisch nicht als wahr zu erweisen, aber sie ergeben sich als praktische Konsequenzen aus der Geltung des moralischen Gesetzes: Wenn sich die Seele moralisch immer weiter vervollkommnen soll, muß sie unsterblich sein; wenn der Mensch darauf hofft, in dem Maße glücklich zu werden, wie er sittlich handelt, muß er, da dieses Zusammenfallen offenbar nicht naturnotwendig ist, am Glauben an die Existenz Gottes festhalten. Auf diese Weise ergibt sich für Kant als Konsequenz

seiner praktischen Philosophie eine Vernunftreligion, die sich nicht wie der Glaube an die Offenbarung auf historische Fakten bezieht, sondern unmittelbar auf einem Bedürfnis der Vernunft nach der Verbindung von Sittlichkeit und Glückseligkeit beruht, und sich also „jedem Vernünftigen zur Überzeugung mitteilen läßt".

Eben diese Frage nach dem sinnvollen Eingeordnetsein des frei handelnden Menschen in einen umfassenden Weltzusammenhang legt Kant dann aber auch *geschichtsphilosophisch* aus. Hier richtet sich die Hoffnung nicht auf eine andere Welt, sondern auf einen regelmäßigen Gang der Natur in dieser Welt, in dessen Verlauf sich die vernünftigen Ziele der Menschen historisch verwirklichen. In dieser teleologischen Betrachtungsweise, die Kant in der ›Kritik der Urteilskraft‹ in bezug auf die Phänomene des Schönen und des Organismus grundsätzlich gerechtfertigt hat, entwirft Kant eine Entwicklungsgeschichte, in der der Antagonismus der ungeselligen Geselligkeit des Menschen schließlich zu einer allgemein das Recht verwaltenden, bürgerlich-republikanischen Verfassung führt, in der die Freiheit eines jeden rechtlich so begrenzt ist, daß sie mit der Freiheit anderer zusammen bestehen kann, und in der der Antagonismus der Staaten endlich zu einem Föderalismus freier Staaten führt, in dem der „ewige Friede" garantiert wäre. Bei der Würdigung der damit bezeichneten grundsätzlichen politischen Ziele Kants darf aber nicht übersehen werden, daß sich auch diese geschichtsphilosophischen Entwürfe für Kant im Felde des Hoffens und Glaubens bewegen: Die Annahme eines solchen Naturplanes in der Geschichte verhindert für ihn die Verzweiflung, eröffnet „eine tröstende Aussicht in die Zukunft" und befördert gerade dadurch diese Entwicklung selbst. *Ein* empirisches „Geschichtszeichen" allerdings, das die Tendenz des menschlichen Geschlechts im ganzen und die Richtigkeit der geschichtsphilosophischen Spekulation erweisen könnte, entdeckt Kant dann doch: Es ist zwar nicht die Französische Revolution selbst, deren Elend er deutlich genug sieht, sondern die innere Teilnahme an ihren Zielen, die alle ihre Zuschauer erfüllt: Diese Denkungsart beweist für ihn einen moralischen Charakter des Menschengeschlechts, der das Fortschreiten zum Besseren hoffen läßt.

5   Die Antwort auf die oben gestellte Frage nach dem Grund für den anhaltenden Meinungsstreit um Kant dürfte schon nach dem hier Gesagten deutlich sein: Kants Philosophie war in den vergangenen beiden Jahrhunderten und ist auch heute weder in erkenntnistheoretischer noch in ethischer Hinsicht, weder in Fragen der Religions- noch in denen der Geschichtsphilosophie antiquarisch als eine so oder so etikettierte Position in den Philosophiegeschichten abgelegt, sondern sie hat Fragestellungen entwickelt und Antworten gegeben, die – ob dies den jeweils Diskutieren-

den bewußt ist oder nicht – den Meinungsstreit bis heute bestimmen. Daß Kants Bild in der Geschichte schwankt, ist also nicht auf die Vieldeutigkeit oder Uneinheitlichkeit seiner philosophischen Position zurückzuführen, sondern dokumentiert unmittelbar die beständig andauernde und nicht erst heute konstatierte „Aktualität Kants" in einer bewegten Geschichte, die ihre eigenen Spannungen und Gegensätze in der immer wieder erneuerten Auseinandersetzung mit Kant reflektiert. Dies gilt natürlich nicht nur, aber doch in besonderer Weise für die geistige Geschichte Preußens und Deutschlands: Die Geschichte der Philosophie des 19. und 20. Jahrhunderts und die der damit verknüpften geistigen und politischen Strömungen in Deutschland ist ohne den beständigen Bezug auf Kant kaum darstellbar, weil die in ihr ausgefochtenen Meinungskämpfe immer auch Auseinandersetzungen mit der Kantischen Philosophie waren, die der gemeinsame Bezugspunkt und häufig sogar der gemeinsame Boden für alle folgenden Auseinandersetzungen ist.

Dies zeigt sich bereits an der Beurteilung und Einschätzung der Aufklärung des 18. Jahrhunderts: Die Gebrochenheit und Ambivalenz, mit der ihr im 19. Jahrhundert und bis heute begegnet wird, ist bereits bei Kant angelegt. Denn so entschlossen Kant in der Erkenntniskritik die scheinbaren Selbstverständlichkeiten des in der Aufklärung so gern zitierten gesunden Menschenverstandes hinterfragt und so entschieden er sich mit seiner Ethik der Pflicht gegen die aufklärerischen Lust- und Glücksethiken wendet, so deutlich nimmt er in Fragen der politischen und intellektuellen Praxis auch weiterhin die Partei der Aufklärung: Sein Aufsatz ›Was ist Aufklärung?‹ erscheint in der ›Berlinischen Monatsschrift‹, dem führenden Organ der Aufklärung in Preußen, und erklärt einerseits den Mut, sich seines eigenen Verstandes zu bedienen, und andererseits das Recht, die dabei gefundenen Ergebnisse auch zu veröffentlichen, zu den Bedingungen seines „Zeitalters der Aufklärung", dem „Jahrhundert Friedrichs". Und entsprechend wendet sich die nach dem Tode Friedrichs des Großen einsetzende Reaktion nicht nur allgemein gegen die „Aufklärung", sondern auch gezielt gegen Kant, dem persönlich angedroht wird, er habe sich bei weiterer Veröffentlichung religionsphilosophischer Schriften und also „bei fortgesetzter Renitenz unfehlbar unangenehmer Verfügungen zu gegenwärtigen".

Steht Kant so in der politischen Praxis eindeutig auf seiten der Aufklärung, deren theoretischer Ansatz in seinen kritischen Schriften gerade überwunden wird, so bestimmen eben diese kritischen Schriften das intellektuelle Selbstverständnis der Jahrzehnte um die Wende vom 18. zum 19. Jahrhundert in einem Maße, das sowohl der Breite als der Tiefe nach in Deutschland beinahe einzigartig ist. Die populäre Breitenwirkung Kants setzt schon in den neunziger Jahren des 18. Jahrhunderts ein: Kantianer besetzen die Lehrstühle der Universitäten, Hunderte von Büchern und Kommentaren, Tausende von Aufsätzen pro und contra Kant werden publiziert, und schließlich werden sogar Zeitschriften ausdrücklich mit dem Auftrag gegründet, den „Geist der kritischen Philosophie" nicht etwa einem philosophischen Fachpublikum, sondern der ganzen gebildeten Öffentlichkeit zu vermitteln. Entsprechend breit ist der Einfluß der Kantischen Philosophie auf die führenden Köpfe dieser „Blütezeit des deutschen Geistes" zwischen Klassik und Romantik. Kant wird nicht etwa allein von Philosophen „vom Fach", sondern auch von Wieland und Jean Paul, Humboldt und Schlegel, Kleist und Novalis gelesen, studiert, exzerpiert und immer wieder diskutiert. Nur Goethe wahrt die ihm angemessene Distanz, Schiller aber, auch darin sein Antipode, unterbricht geradezu seine dichterische Produktion für mehrere Jahre zur Auseinandersetzung mit der Kantischen Philosophie; die daraus entstehenden bedeutenden ästhetischen und kulturanthropologischen Schriften der neunziger Jahre beruhen denn auch trotz aller Differenzierungen im einzelnen nach den eigenen Worten Schillers „ganz auf den Grundsätzen der Kantischen Philosophie". Es ist diese breite und anregende Wirkung der Kantischen Philosophie auf den deutschen Zeitgeist zu Ende des 18. Jahrhunderts, die die Parallelisierung zwischen der Kantischen Revolution der Denkart und der Revolution in Frankreich zuerst nahelegte: Für Hegel und Schelling, Heine, Michelet und Hinrichs, Marx und Engels und die vielen anderen, die diese Parallele dann immer wieder gezogen haben, hat die kritische Philosophie in Deutschland intellektuell eine ähnlich umfassende Wirkung wie die gleichzeitigen Ereignisse in Frankreich.

6   Diese Funktion des revolutionären Umbruchs wird der kritischen Philosophie dann aber vor allem in Hinblick auf ihre Bedeutung für die weitere Entwicklung der Philosophie in Deutschland zugeschrieben. Dies gilt insbesondere für ihre Rolle bei der Entstehung des deutschen Idealismus. Seine führenden Vertreter, Fichte, Schelling und Hegel, die alle – allerdings nicht immer zur Zeit ihrer größten Wirksamkeit – an der neugegründeten Berliner Universität lehren und von hier aus das geistige Klima Preußens und Deutschlands im ersten Drittel des 19. Jahrhunderts fast mit Ausschließlichkeit bestimmen, erhalten die entscheidenden Impulse aus der Kantischen Philosophie und verstehen sich selbst entweder – wie Fichte eigentlich sein Leben lang – als Apologeten des Geistes der kritischen Philosophie oder – wie Schelling und vor allem Hegel – als die Vollender eines mit ihr gemachten Anfangs. Für sie alle bleibt dabei die Kantische „Revolution der Denkart", der Ausgang des Philosophierens vom Begriff des Subjekts, bestimmend, aber sie wollen darin über Kant hinausgehen, daß sie die Gegensätze und Grenzunterscheidungen zwischen Subjekt und Objekt, zwischen Form und Inhalt, zwischen Freiheit und Determiniertheit zu einer neuen Einheit zu vermitteln suchen. Fichte will

diese Einheit in einer Wissenschaftslehre vom sich selbst setzenden Ich begründen, Schelling sucht den systematischen Einheitspunkt in einer unendlich tätigen Natur, und Hegel schließlich entwirft eine Philosophie des absoluten Geistes, in der die festen Bestimmungen der Kantischen Transzendentalphilosophie als historisch vermittelt und als durch Reflexion überholbar erscheinen. So weit sich diese nachkantischen Systementwürfe inhaltlich dann aber auch von Kant entfernen, und so sehr insbesondere Hegel sich kritisch, ja polemisch gegen Kant abgrenzt: auch seine Philosophie, die über die Rechten unter seinen Anhängern vorwiegend innerhalb und über die Linken unter ihnen eher außerhalb der preußischen Universitäten bis zur Mitte des 19. Jahrhunderts den Geist der Zeit beherrscht, hat – und dies betonen gerade seine Anhänger – ihre erste Quelle im transzendentalen Idealismus Kants. Dies hindert allerdings nicht, daß in Hinblick auf die politischen Wirkungen der Philosophie die Alternative „Kant oder Hegel" schon in der Mitte des Jahrhunderts gestellt wird: Hegel – und nicht etwa Kant – erscheint jetzt als der Philosoph eines reaktionären Preußens (Haym), der durch seine Versöhnung des Seins mit dem Sollen, in dem Gedanken, daß das Wirkliche vernünftig und das Vernünftige wirklich sei, die kritische Kraft der Kantischen Ethik unwirksam gemacht und sie quietistisch mit dem So- und Nicht-anders-Sein des preußischen Staates versöhnt habe.

Weniger bekannt, aber nicht weniger bedeutend ist der Einfluß Kants auf die Vertreter materialistischer Positionen, die nach Hegel in der Mitte des 19. Jahrhunderts an Einfluß gewinnen. Zwar scheint Kants Philosophie jeden transzendentalen Realismus und also Materialismus so gründlich auszuschließen, daß man sich sein Auftreten nach Kant nur daraus erklären konnte, daß dieser Philosophie ihr kritischer Geist im Laufe ihrer idealistischen „Weiterentwicklung" ausgetrieben worden sei (Lange). Aber die materialistischen Positionen, die in Deutschland nach Hegel zunächst von den Jungdeutschen, dann von Feuerbach und Marx und schließlich von Moleschott, Büchner und Czolbe vertreten werden, zeichnen sich durch eine Besonderheit aus: Sie spekulieren nicht mehr unmittelbar über die Struktur der Materie und deren Gesetze, sondern setzen durchgehend an anthropologischen Fragestellungen über das Wesen des Menschen an und zollen so – wenn auch in vergegenständlichter Gestalt – noch der Kantischen Revolution der Denkart und ihrem Ausgang vom erkennenden und wollenden Subjekt ihren Tribut.

Und ebenso bleibt eine dritte philosophische Strömung, die zuerst vor allem durch Schopenhauer und dann durch Nietzsche repräsentiert wird und die im 19. Jahrhundert eher neben der akademischen Philosophie verläuft, aber zu Anfang des 20. Jahrhunderts eine unerwartete Breitenwirkung erlangt, trotz aller Abweichungen stark von Kant beeinflußt: Schopenhauer, der von 1820 bis 1831 in unerquicklicher Konkurrenz zu

Hegel in Berlin lehrt, benutzt die Kantische Differenzierung zwischen der praktischen und der theoretischen Anwendung der Vernunft unmittelbar als Strukturprinzip seines Hauptwerkes ›Die Welt als Wille und Vorstellung‹, wobei er die Kantische These vom Primat der praktischen Vernunft in die vom Primat eines unbewußten und irrationalen Willens umdeutet, so daß ihm als ethisches Ziel schließlich nur die asketische Verneinung dieses Willens bleibt. Und auch Nietzsche, der denselben irrationalen Willen positiv bewertet, ihn gegen alle Objektivität des Erkennens und gegen alle moralischen Werte ausspielen will und damit nicht nur die Lebensphilosophie, sondern wohl auch unmittelbar das politische Leben des 20. Jahrhunderts beeinflußt, bezieht sich durchgehend – wenn auch zumeist negativ – auf Schopenhauer und durch diesen hindurch auf Kant.

Neben und nach all diesen Fortentwicklungen und Auslegungen, die Kantische Thesen in der Philosophie des 19. Jahrhunderts erlebt und zum Teil erlitten haben, setzt dann im letzten Drittel des 19. Jahrhunderts eine breite Rückbesinnung auf Kant ein, die sich selbst unter das Motto „Zurück zu Kant" stellt und die philosophische Geschichte des 19. Jahrhunderts unter dem polemischen Titel „Kant und die Epigonen" abhandelt. Dieser *Neukantianismus* beruft sich gegenüber den spekulativen Systementwürfen des deutschen Idealismus wie gegenüber den zeitgenössischen Positivismen auf den Erkenntnistheoretiker Kant und entwirft in der Marburger Schule (Cohen, Natorp, Liebert, Cassirer) eine umfassende Theorie der naturwissenschaftlichen Erkenntnis; er entwickelt in der südwestdeutschen Schule (Windelband, Rickert) die spezifischen Ansätze der Kultur- und Geisteswissenschaften weiter, sucht auch die Ethik Kants als unüberholt und als politisch unmittelbar anwendbar (Cohen, Stammler, Vorländer) zu erweisen und strukturiert in dieser Neuanknüpfung an Kant den Boden für die philosophischen Diskussionen bis weit ins 20. Jahrhundert.

7   Ist so der Einfluß, den die Kantische Philosophie auf die intellektuelle und kulturelle Geschichte Preußens und Deutschlands im 19. Jahrhundert ausübt, beinahe nicht zu überschätzen, so gilt das für die politische Geschichte Preußens nicht in demselben Umfang. Zwar ist beispielsweise Humboldt bei der Gründung der Universität Berlin 1810 und bei der Konzeption seiner Bildungsreform auch von Kants Eintreten für die Freiheit der wissenschaftlichen Öffentlichkeit bestimmt, bedeutsamer für die inhaltliche Ausgestaltung der Universität und des Gymnasiums sind bei ihm aber schon andere, neuhumanistische und romantische Tendenzen. Eben dies gilt von den Stein-Hardenbergschen Reformen: Zwar kann man die Aufhebung der Erbuntertänigkeit 1807, die Bemühungen um eine Aufhebung der Adelsprivilegien und um die Realisierung der Rechtsgleichheit in Zusammenhang mit entsprechenden Forderungen Kants bringen,

doch sind diese Reformen eher allgemein vom Geist der Aufklärung und daneben von der altdeutschen Idee ständischer Freiheit als speziell von Kant bestimmt. Auch die Einführung der allgemeinen Wehrpflicht durch Scharnhorst und Gneisenau 1814 ist nicht so sehr auf die Wirkung der Kantischen Ablehnung stehender Söldnerheere als auf die preußischen Erfahrungen mit dem französischen Volksheer und auf das neuerwachende Nationalbewußtsein der Deutschen zurückzuführen, so daß man selbst für diese Zeit der preußischen „Revolution von oben" nur sehr zögernd von einer durchgängigen oder gar richtungsweisenden Wirkung Kants auf die Politik Preußens sprechen könnte. Dies gilt in noch stärkerem Maße von der darauffolgenden Restaurationszeit bis 1848 und für die Zeit der preußischen Hegemonie in Deutschland bis 1918. Kant war ein zunehmend gern zitierter Philosoph in Preußen, aber nie Philosoph Preußens in dem Sinne, daß seine politischen Grundsätze die offizielle Politik nach innen und außen entscheidend bestimmt hätten; dazu waren sie zu liberal und republikanisch, zu wenig nationalistisch und zu sehr am Gedanken des Weltbürgertums orientiert.

Anders hätte das Verhältnis der politischen Opposition in Preußen zu Kant sein können. Und tatsächlich berufen sich die Liberalen und Demokraten in Preußen nach der französischen Julirevolution 1830 und in der Revolution von 1848 regelmäßig auch auf Kant. Aber der deutsche Liberalismus hat im 19. Jahrhundert das besondere Schicksal gehabt, neben dem grundsätzlichen Ziel einer konstitutionellen oder republikanischen Verfassung das politisch näherliegende Ziel einer Einigung Deutschlands verfolgen zu müssen. Und diese Einigung wurde nicht als Resultat liberaler und demokratischer Bestrebungen, sondern 1871 durch die „Realpolitik" Bismarcks erreicht, was zu einer Anpassung insbesondere der Nationalliberalen an die politischen Gegebenheiten des Deutschen Reiches von 1871 bis 1918 führte. Und erst nach dem Ersten wie wieder nach dem Zweiten Weltkrieg formulieren die Liberalen der DDP und der FDP ihre grundsätzlichen politischen Ziele erneut unter ausdrücklichem Hinweis auf die liberalen Elemente der Kantischen Philosophie und berufen sich auf Kants Begriff der bürgerlichen Verfassung, in der die Freiheit jedes Einzelnen nur an der Freiheit jedes Anderen ihre Grenze finde, in der eben dies durch das Recht garantiert sei und in der dieses Recht auch die Macht des Staates selbst begrenzt. Die politischen Wirkungen Kants sind also nicht auf die historischen Grenzen Preußens beschränkt, sondern weisen entschieden über diese Grenzen in die Gegenwart.

Eben dies gilt für die Rezeption Kants innerhalb der Sozialdemokratie. Hier allerdings findet eine erste, erbittert geführte Auseinandersetzung bereits innerhalb der historischen Grenzen Preußens im engeren Sinne statt. Nachdem sich nämlich die deutsche Sozialdemokratie 1875 im ›Gothaer Programm‹ endgültig als Partei konstituiert hatte, entbrannte inner-

halb und außerhalb der Partei eine Auseinandersetzung um ihre philosophischen Grundlagen, die unter die Schlagworte „Kant oder Marx" oder
– wie schon in der philosophischen Diskussion – „Kant oder Hegel" gestellt wurde. Philosophisch wird diese Auseinandersetzung von einer ganzen Reihe von bedeutenden Neukantianern (Cohen, Staudinger, Adler,
Vorländer) geführt, die sich zwar zu den Zielen der Sozialdemokratie
bekennen, aber die marxistische Begründung dieser Ziele und die aus
dieser Begründung resultierende Politik kritisieren; innerparteilich wird
die Position dieser in polemischer Absicht „Kathedersozialisten" genannten Gruppe von dem ebenso polemisch als „Revisionist" bezeichneten Bernstein vertreten. Sowohl für die Neukantianer als für Bernstein
ergibt sich daraus eine doppelte Frontstellung. Einerseits wenden sie sich
politisch nicht nur gegen den Bismarckschen Staat der Sozialistengesetze,
sondern theoretisch auch gegen eine liberalistische Wirtschaftstheorie,
die vor der Existenz einer besonderen „Arbeiterfrage" unter Hinweis auf
die rechtliche Unbedenklichkeit der freien Vertragsgestaltung oder auf
ökonomische Notwendigkeiten die Augen schließt. Ihr gegenüber begreifen die Neukantianer die ökonomische Abhängigkeit des Arbeiters vom
Eigentümer der Produktionsmittel mit Marx als eine Form der Herrschaft
des Menschen über den Menschen, die mit Kant ethisch kritisierbar ist
und insbesondere der Formulierung des kategorischen Imperativs bei
Kant widerspricht, wonach kein Mensch von einem anderen bloß als Mittel, sondern immer zugleich als Zweck zu betrachten und zu behandeln
sei. Diese Berufung auf die Ethik bringt den „kritischen Sozialismus"
allerdings zugleich in den schärfsten ideologischen Gegensatz zur sozialistischen Orthodoxie marxistischer Prägung, die den Sozialismus nicht in
einer anzustrebenden ethischen Norm, sondern in einem wissenschaftlich
faßbaren Geschichtsprozeß fundiert sehen will, demzufolge die Akkumu-
lation des Kapitals und die fortschreitende Verelendung des Proletariats
mit historischer Notwendigkeit auf eine revolutionäre Aufhebung der
sich verschärfenden Widersprüche hinauslaufe.

Gegenüber dieser Vorstellung von historischer Notwendigkeit, die die
Neukantianer bereits bei Hegel kritisiert hatten und deren marxistische
Version schon in der zweiten Hälfte des 19. Jahrhunderts in immer deut-
licheren Widerspruch zur historischen Wirklichkeit tritt, weil sich die
ökonomische Lage des Proletariats und der Mittelschichten entgegen der
Voraussage eher verbessert, beharren die Neukantianer darauf, im Sozialismus ein ethisch gefordertes Ideal zu sehen, das sich historisch nicht
verwirklichen müsse, aber bei entsprechender Anstrengung verwirklichen könne. Demzufolge sehen sie und mit ihnen Bernstein denn auch
nicht die Revolution, sondern die beständige Reform als das geeignete
Mittel zur Verbesserung an und messen dabei der Institution des Rechts,
die dem Marxismus immer als bloßer Ausdruck ökonomischer Machtver-

hältnisse verdächtig bleibt, die entscheidende Rolle bei der Einschränkung und Begrenzung ökonomischer Macht bei: Übertriebene Einkommensunterschiede sollen durch steuerpolitische Maßnahmen eingeebnet, ungerechtfertigte Profite und Wertsteigerungen durch eben dieses Mittel sozialisiert, Enteignungen an Grund und Boden gegen Entschädigung durchgeführt werden, die Bildung von Gewerkschaften soll die Abhängigkeit der wirtschaftlich Schwachen kompensieren. Man sieht, daß diese Punkte heute die offizielle Politik der Sozialdemokratischen Partei bestimmen und darüber hinaus mehr oder weniger in den Programmen aller wichtigen Parteien der Bundesrepublik enthalten sind. Gegen Ende des 19. Jahrhunderts aber setzt sich in der Sozialdemokratischen Partei ideologisch nicht dieser ethisch fundierte oder kritische Sozialismus, sondern seine marxistische Version durch: Zwar betreibt die Partei schon damals in der politischen Praxis faktisch eine Politik der Reformen, theoretisch aber hält sie mit Bebel, Liebknecht und Kautsky vor allem aus taktischen Gründen an der Beschwörung des „revolutionären Bewußtseins" und an der „Gewißheit" des historisch notwendigen Zusammenbruchs der kapitalistischen Gesellschaft fest, um sich erst in und nach Godesberg nicht ohne inneres Widerstreben auf den „Revisionisten" Bernstein und die Neukantianer und über beide hinaus auf Kant zurückzubeziehen. Dies allerdings tun mit gleichem Recht auch die anderen Parteien, wenn sie sich auf die liberalen und die rechtstaatlichen Tendenzen des Kantischen Denkens oder auf seine Kritik des paternalistischen Wohlfahrtsstaates berufen. Auch in diesem Sinne also ist Kant nicht der Philosoph Preußens, dessen Wirkungen in der preußischen Geschichte beschlossen wären: Kant war Philosoph in Preußen, und zwar in einer Zeit relativer geistiger Liberalität; seine Wirkungen aber reichen nicht nur in Fragen der philosophischen Reflexion, sondern auch im politischen Sinne über die mit 1919 oder 1947 abgeschlossene staatliche Existenz Preußens hinaus.

II Mißglückte Identifikation

Prinz Louis Ferdinand – ein preußischer Mythos

Eckart Kleßmann

Als der Fürst Charles Joseph de Ligne 1805 Berlin besuchte und dabei die Mitglieder des preußischen Königshauses kennenlernte, machte er auch die Bekanntschaft des Prinzen Louis Ferdinand. Enthusiasmiert schrieb der Fürst, wieder zurück in Wien: „Der Prinz Louis Ferdinand ... ist ein Held für einen Roman, die Weltgeschichte oder eine Sage. Damals erblickte man in ihm einen Halbgott. Durch seine Liebenswürdigkeit, seine Anmut und seinen Leichtsinn ist er Mars, Adonis und Alkibiades in einer Person. Wie reich ist seine militärische Begabung, wie groß sein Mut und seine Leutseligkeit!"

22 Jahre später schwärmte der Dichter Friedrich de La Motte-Fouqué in der Erinnerung an den 1806 gefallenen Prinzen: „Ob irgend jemand wagen darf, sein Leben zu beschreiben, weiß ich nicht. Am wenigsten weiß ich, wo er die Farben dazu hernehmen sollte: es seie denn, Wolkenschatten und Blitzeslichter und Nacht und Frührot und andere ähnliche unmalbare Dinge gäben sich ihm zur Ausführung seines Werkes dienstbar her. – Aber so wird es wohl unabgebildet bleiben durch Worte, jenes früheste Heldengestirn meines Lebens, und so vieler anderen Leben gewaltig vorleuchtendes Gestirn: Prinz Ludwig Ferdinand!"

Ausgenommen König Friedrich II. ist kaum eine Gestalt der preußischen Geschichte schon so früh zu mythischer Größe emporstilisiert worden wie Louis Ferdinand: Ein Märchenprinz bei Lebzeiten, ein Halbgott nach seinem frühen Tode. Geliebt von seinem Volk, vergöttert von der Armee, aber verachtet von seiner Familie. Es liegt ein Schatten von Tragik über diesem Dasein, über dieser zutiefst preußischen Existenz.

Er kam am 18. November 1772 auf Schloß Friedrichsfelde zur Welt als fünftes Kind des Prinzen Ferdinand und der Markgräfin Anna Elisabeth Luise von Brandenburg-Schwedt. Aber war Prinz Ferdinand, der Sohn König Friedrich Wilhelms I., wirklich sein leiblicher Vater? Bis heute sind die sehr berechtigten Zweifel nie verstummt, die schon den Zeitgenossen gekommen waren: Der wahre Vater sei Graf Wilhelm von Schmettau gewesen, der Adjutant des Prinzen Ferdinand und enge Vertraute von dessen Gemahlin. Beweise gibt es nicht, es ist auch nicht wichtig, man sollte den Verdacht aber auch nicht verschweigen.

Getauft wurde das Kind auf den Namen Friedrich Ludwig Christian, Louis gerufen und später – um eine Verwechslung mit dem Prinzen Louis, dem Sohn König Friedrich Wilhelms II. auszuschließen – Prinz Louis Ferdinand genannt. Er bekam eine sorgfältige Ausbildung durch zwei Hauslehrer und wurde früh im Klavierspiel unterwiesen. Über die Art des Unterrichts wissen wir nichts, aber ein kleines Büchertagebuch, das der Prinz von 1780 bis 1787 führte, läßt uns einen Blick auf seine Lektüre in jenen Jahren werfen.

Da sind die Schriften jener Pädagogen verzeichnet, die damals in Deutschland hohes Ansehen genossen: Christian Felix Weiße, Friedrich Eberhard von Rochow, Joachim Heinrich Campe, Christian Gotthilf Salzmann. Von den antiken Klassikern stehen die Lebensbeschreibungen Plutarchs ganz oben an, die der Prinz in französischer Übersetzung las („les plusieurs fois", wie er vermerkt), denn Französisch war die einzige Fremdsprache, die er lernte, selbst die Lateiner las er nicht im Original. Militärische Schriften und historische Literatur nehmen einen breiten Raum ein; in der Belletristik fallen die Dramen Voltaires auf, und mit fünfzehn Jahren liest er sogar den vollständigen ›Messias‹ Klopstocks, wobei jede Lektüre mit einem kurzen Kommentar versehen wird.

Ein Buch, das es ihm besonders angetan hat, ist der damals vielgelesene ›Philosoph für die Welt‹ von Johann Jakob Engel, in dem ihn der Essay ›Über den Tod‹ so fesselt, das er ihn gleich dreimal liest. Der Tod wird hier als unabdingbarer Kontrapunkt des Lebens charakterisiert, von dem aus alles Leben erst seinen Sinn erhält. Der Vierzehnjährige kommentiert: „Das was mich [!] am meisten gefällt ist die Bestimmung zum Tode."

Für uns heute ist dieses – übrigens bislang unveröffentlichte – Büchertagebuch eine faszinierende Lektüre, aus der man immer wieder zitieren möchte, belegt es doch genau das Bücherwissen eines jungen Menschen jener Zeit, freilich eines Sohns aus großem Hause, dem – anders als den meisten Zeitgenossen – eine umfangreiche Bibliothek zur Verfügung stand. Überraschend ist die Vielseitigkeit seiner Lektüre und seine Aufgeschlossenheit gegenüber vielen Bereichen. Auf das Etikett seines Heftes hat er Noten und eine Schlachtenreihe gezeichnet, Abbreviaturen jener beiden Neigungen, die sein ganzes Leben bestimmen sollten.

Nein, Varnhagens Behauptung: „Aus Büchern lernte er wenig", ist ganz unhaltbar. Wäre er der literaturverachtende Haudegen gewesen, der in der preußischen Tradition hier und da traurigen Ruhm genoß, dann hätte er später mit Rahel Levin nicht über Goethe diskutieren können.

Was wir sonst von Louis Ferdinands Kindheit und Jugend erfahren, ist der übliche bunte Anekdotenstrauß. Auffallend daran ist einzig, daß alle diese rührenden Geschichten die Großherzigkeit des jungen Prinzen hervorheben, sein Bedürfnis, mittellosen Menschen Gutes zu tun und darüber dann verschwenderisch zu werden. Hier hat die Legende nicht hinzugedichtet, denn eben dieser Charakterzug begegnet uns später auch in gesicherten Dokumenten. Mit Geld wurde Louis Ferdinand knapp gehalten; er hat nie gelernt, damit umzugehen. Und leider wurde auch mit Liebe gegeizt. Der Junge hat früh erfahren müssen, daß sein Bruder August ihm stets vorgezogen wurde, und wenn er so gerne schenkte, so war es wohl das Sichverschenken eines jungen Menschen, der Liebe und Zuwendung schmerzlich entbehrte. Liebe erfuhr er nur von seiner Tante, Prinzessin Anna Amalia, mit der er viel musizierte, und von seinem Onkel, dem Prinzen Heinrich, und man kann lange darüber nachdenken, warum es wohl gerade diese beiden waren, die großen Außenseiter der Familie, die ihren Neffen Zuneigung empfinden ließen.

Als Zwanzigjähriger rückte Louis Ferdinand erstmals ins Feld: 1792 war der Krieg mit dem revolutionären Frankreich ausgebrochen. Der Prinz stand im Rang eines Oberstleutnants; anderes als eine militärische Laufbahn war für einen Prinzen nicht vorgesehen. Nun, er litt nicht darunter und liebte seinen Beruf, in dem er sich durch unbesonnene Draufgängerei hervortat, was Goethe, der vor Verdun seine Bekanntschaft machte, sorgenvoll konstatierte. Aber in diesem Feldzug lernte Louis Ferdinand nicht nur den Pulverdampf schmecken und schneidige Attacken reiten: Er erfuhr unmittelbar das Elend des Krieges, das Elend einer demoralisierten, hungernden, von Seuchen heimgesuchten Armee. Der Feldzug gegen Frankreich wurde nicht der gemütliche Spaziergang nach Paris; die Franzosen warfen die verbündeten Österreicher und Preußen zurück, und ihr Rückzug wurde zum Desaster im Dauerregen und Schlamm.

Im Jahr darauf wird Louis Ferdinand im Kampf um das belagerte Mainz von einem Granatsplitter verwundet. Kurz zuvor hatte er unter Lebensgefahr einen verwundeten Österreicher geborgen und im Kugelregen auf seinem Rücken in die eigenen Reihen getragen; eine Tat, die ihn zum erklärten Liebling der Soldaten machte. Höheren Orts beobachtet man den jungen Helden mit Skepsis. Der unterhält sich zu oft mit den französischen Gefangenen und zeigt verdächtige „orleanistische Neigungen" (in Anspielung auf den „roten" Herzog von Orleans, genannt Philippe Égalité, der für den Tod Ludwigs XVI. gestimmt hatte), will sagen: Er gibt Anlaß, ihm Sympathien für die Ideen der Revolution zu unterstellen. Hat er doch auch befohlen, im eroberten Mainz eine Ehrenwache vor das Haus Georg Forsters zu stellen, der – deutscher Jakobiner – gerade in Paris für den Anschluß von Mainz an die Französische Republik plädiert hat. Die Wache verhindert, daß der Besitz des Schriftstellers und Weltreisenden geplündert wird. Aber Sympathien für den Jakobiner Forster dürften den Prinzen schwerlich bewogen haben, so zu handeln, er wußte allerdings („aus Büchern lernte er wenig"!), wer Georg Forster war.

Demgegenüber steht freilich, daß er 1794 Abgesandten der Französi-

Titelblatt des Originaldrucks von Prinz Louis Ferdinands
›Klavierquartett f-Moll‹, op. 6

schen Republik die Trikoloren von den Kutschen reißen läßt (was ihm
einen scharfen Verweis einträgt) und daß er ein Jahr später über den Frie-
densschluß mit Frankreich so außer sich gerät, daß er lautstark wünscht,
die Armee möchte sich einem Frieden widersetzen, er werde sich dann
„an die Spitze derselben stellen". Ein törichtes, unreifes Verhalten und
ein in seinen Folgen für ihn höchst nachteiliges, denn solche Kraftausbrü-
che werden sorgfältig registriert.

Erste Seite der Klavierstimme des ›Klavierquartetts f-Moll‹

Louis Ferdinand wird Chef eines Infanterie-Regiments und bekommt die Garnison Magdeburg zugewiesen. Er nutzt die Zeit, um sich weiterzubilden und holt sich den emigrierten französischen Schriftsteller Dampmartin, mit dem er täglich acht Stunden Mathematik, Militärwissenschaft, Literatur, Geschichte und Philosophie studiert, und der Franzose attestiert ihm „einen guten Geschmack, einen scharfsinnigen Kopf und eine lebhafte Einbildungskraft". Und was des Prinzen Klavierspiel betrifft, so hat Dampmartin „Mühe, sich zu überreden, daß das Klavier nicht von einem Künstler ersten Ranges gespielt wurde", sondern von einem Amateur.

Das findet auch ein weit kompetenterer Zeitgenosse. Im Juni 1796, auf Urlaub in Berlin, lernt der Prinz Beethoven kennen, der dort zu Besuch weilt. Der hört Louis Ferdinand am Klavier, und der republikanisch gesonnene Beethoven, der sich oft genug aristokratisches Dilettieren anhören muß, stellt überrascht fest, der junge Mann „spiele gar nicht königlich oder prinzlich, sondern wie ein tüchtiger Klavierspieler".

Im Herbst muß Louis Ferdinand sein Quartier wechseln und mit seinem Regiment ins lippische Lemgo rücken, ein winziges Städtchen, in dem er sich zu Tode langweilt und wo er nur in dem dortigen Gymnasialrektor einen geistvollen Gesprächspartner hat. Zwei Jahre muß er in „diesem verwünschten Dorf" versauern, und während der junge General Bonaparte seine strahlenden Siege in Oberitalien erringt, darf er nur „Galle destillieren". Die Versetzung nach Hoya an der Weser, zwei Jahre später, ist nur ein Wechsel vom Regen in die Traufe.

Aber von dort ist es nicht weit nach Hamburg, wo sich Louis Ferdinand Ende Oktober 1799 incognito einmietet. Er ist jetzt Generalleutnant, sein Regiment hat soeben bei der Inspektion durch den König glänzend abgeschnitten, soll er die Wintermonate in Hoya versauern? In Hamburg kauft er als erstes Noten, hört Konzerte, lernt den Pianisten Johann Ladislaus Dussek kennen, komponiert selber und macht in der Hansestadt die Bekanntschaft französischer Emigranten (von Antoine Rivarol läßt er sich Literaturunterricht geben) und der tonangebenden Gesellschaft. Die hat ein Faible für Frankreich und pflegt mit Maßen „orleanistische Neigungen". Auch jakobinisch inspirierte Gazetten gibt es hier und noch mehr in Altona, wo sich der Prinz oft aufhält.

Aber das Glück, von dem Louis Ferdinands Hamburger Briefe sprechen, ist kurz: Der preußische Gesandte alarmiert die Regierung in Berlin, und da der Prinz auf schriftliche Befehle zur sofortigen Rückkehr nicht reagiert, vielmehr seiner Schwester aufgeräumt schreibt, er stehe in Hamburg „über allem Rangesvorurteil" und gelte bei einigen Leuten als „wütender Republikaner", läßt ihn der König im Februar 1800 zwangsweise durch einen Offizier abholen. Der – es ist der berühmt-berüchtigte Oberst von Massenbach – bekommt auf der gemeinsamen Heimfahrt garstige Dinge zu hören. Den König, Friedrich Wilhelm III., heißt er „einen Feldwebel, einen Stiefeletten-Sergeanten, einen Uniform-Schneider, einen Menschen ohne Phantasie, ohne Genie" und erzählt dem schockierten Obristen recht unzart von seinen erotischen Abenteuern mit Prinzessin Friederike, der freisinnigen Schwester der Königin Luise.

Gern hat man Prinz Louis Ferdinand und Königin Luise zu einem Geschwisterpaar im Geiste stilisiert und der Königin besondere Sympathien für den Prinzen nachgesagt. Aber wie wenig das zutrifft, belegt ein Brief der Königin, der folgende, bislang unpublizierte Sätze enthält. Er ist datiert vom 18. 6. 1797 und an den Hauptmann Hünerbein gerichtet, den Adjutanten des 1796 verstorbenen Prinzen Louis, und bittet ihn, Friederike nachdrücklich vor dem Prinzen Louis Ferdinand zu warnen, dessen ganze Familie sie von Herzen verabscheut: „Nun fordere ich Ihnen auf, ihr meiner Schwester die Wahrheit zu sagen, und ihr Ihn zu schildern so wie er ist. Sagen Sie ihr, dass er wirklich nicht gut ist, und dass, wenn sie ein Schritt in der Familie thut, so trit sie in ein Nest von Schlangen und Ottern, die Ihr Gift auf Sie schleudern werden ... Die Familie ist gehasst hier im Publikum, sie wird sie nicht mit ihm aussöhnen ... Denn mit einem Worte, er taugt nichts und würde Friederike unaussprechlich unglücklich machen ... Stellen sie ihr doch recht vor, welcher Mensch er ist; der Verklärte fehlte aus Kinderey und mit Schonung, dieser fehlt mit Vorsatz und werde nicht schonen; da er eigentlich kein Caracter hat, und doch über alles hinaus ist."

Es war nicht allein das dem Prinzen nachgesagte Jakobinertum (übrigens ein ganz abwegiger Vorwurf), mehr noch sorgte sich die Familie um die immensen Schulden Louis Ferdinands. Wir wollen sie nicht beschönigen, sie waren wirklich ungeheuer (im Juni 1800 beliefen sie sich auf 185 588 Taler!), aber man muß auch sagen, daß der Prinz von seinem Vater dermaßen knapp gehalten wurde und seine dienstlichen Bezüge so gering waren, daß damit bei dem von einem Prinzen verlangten Repräsentationsaufwand schwerlich zu leben war. Vor allem aber: Niemand hatte Louis Ferdinand beigebracht, mit Geld umzugehen. Diese Schulden hätten aber getilgt werden können, denn Prinz Heinrich, der 1802 starb, hatte den Neffen zum Haupterben eingesetzt. Viel von dem beträchtlichen Vermögen des Onkels hat Louis Ferdinand nicht gesehen; seine Eltern setzten ihn so unter Druck, daß er schließlich angewidert auf die Erbschaft zugunsten der Familie verzichtete, womit die Schulden blieben.

Doch immerhin: Seine Situation konsolidierte sich, die Sturm- und Drangzeit war vorüber, der König erlaubte nicht nur häufigere Aufenthalte in Berlin, sondern auch den Erwerb eines kleinen Guts bei Magdeburg namens Schricke. Hier lernte der Prinz die sechzehnjährige Henriette Fromme kennen, die seine Geliebte wurde und ihm zwei Kinder gebar.

In Berlin, wo er ein Haus an der Weidendammerbrücke besaß und gelegentlich im Salon der Henriette Herz verkehrte, traf er 1800 mit Rahel Levin zusammen: „Wissen Sie, wer jetzt meine Bekanntschaft gemacht hat? Prinz Louis. Den find' ich gründlich liebenswürdig. Er hat mich gefragt, ob er mich öfter besuchen dürfe, und ich nahm ihm das Versprechen ab. Solche Bekanntschaft soll er noch nicht genossen haben. Ordentliche Dachstuben-Wahrheit wird er hören."

Dachstuben-Wahrheit: Das meinte den ungezwungenen Umgangston in Rahels Mansarde, wo sie „Salon" hielt und wo Standesunterschiede nicht galten. Hier verkehrten Gentz, Schleiermacher, Friedrich Schlegel, Dorothea Veit, die Brüder Humboldt, Ludwig und Friedrich Tieck und viele andere, und kam der Prinz, so unterhielt er die Gesellschaft mit seinem Klavierspiel. Hier fühlte er sich wohl, „über allem Rangesvorurteil", und im Gespräch mit den zumeist bürgerlichen Literaten und Künstlern empfing er Anregungen; die Goethe-Verehrerin Rahel machte ihn mit dem Werk des Dichters bekannt. Daraus erwuchs eine Freundschaft, auf die Rahel – vom Prinzen mit „Rahel" oder „Kleine" angeredet – zeitlebens stolz gewesen ist.

Und schließlich lernte er bei Rahel die so schöne wie zwielichtige Pauline Wiesel kennen, die seine Geliebte wurde. Die zum Teil recht stürmische Liebesbeziehung der beiden soll hier nicht ausführlich erörtert werden, noch weniger die Behauptung, die Liebe des Prinzen habe einer „Unwürdigen" gegolten. Ein Abschnitt aus einem Brief Louis Ferdinands an Pauline aber mag zitiert werden, weil er einen tiefen Einblick gewährt: „Du beurteilst mich falsch, die erbärmlichen bonnes fortunes sind für mich nicht reizend, und o wie sehr oft wünschte ich und wünsche ich noch, nie mehr als *ein* Weib geliebt zu haben! Wie glücklich ist der, dessen erste Liebe sein ewiges Glück machte! Liebe wünschte ich, Liebe ist der einzige Wunsch meines Herzens, das Ideal, nach dem ich strebte. Sanft und wohlwollend ist mein Charakter und feurig brennend jeder oder viele einzelne Züge; die Farbe, das Kolorit, was meine Handlungen tragen, ist deswegen, daß es andern gleicht, nicht dasselbe. Ich habe so hohe, heilige Begriffe von der Liebe, daß sie Dir, daß sie so manchem vielleicht unbegreiflich scheinen würden. Überdem handle ich mit stetem Wunsch, glücklich, höchst glücklich zu sein, ohne jedoch je das Glück meines Lebens auf ein gewagtes, zu unsicheres Spiel zu setzen. Mein Herz haben die herben Erfahrungen der Welt nicht erkaltet, nicht ist in mir erstorben diese himmlische Poesie des Lebens, die allein glücklich macht, diese Hoffnung auf Liebe und Freundschaft und auf alle höheren Gefühle, die edle Menschen auszeichnen – aber, Pauline, bei Gott, bei allem, was Wert für Deine Augen hat, Du kennst mich nicht, wenn der Gedanke, daß ich Frauen leicht liebe, der Wunsch nach Besitz in mir stets rege ist, Dich beherrscht. Ich liebe Weiber, ich finde etwas Sanftes in ihrer Gesellschaft, die Freundschaft der Levi hat einen Charakter, der viel süßer als alles übrige ist, das ist's, was ich lebhaft fühle, der Männer Freundschaft ist so selten, und – sei es immer gesagt – ich bedarf sie nicht. Ich finde es angenehm, mit Frauen umzugehen, und auch der entfernteste Gedanke an Liebe, an Besitz ist nicht in meinem Herzen."

In Anekdoten und Trivialromanen hat man Louis Ferdinand das Odium eines Schürzenjägers gegeben, der er nicht gewesen ist. Seine in der Tat nicht wenigen Amouren, die uns die Zeitgenossen so sorgsam aufgelistet haben, waren anderer Natur als die des einer Bindung unfähigen Casanova. Was Louis Ferdinand suchte und ersehnte – das Briefzitat beweist es –, war jene Liebeserfüllung, die das Trauma der liebesleeren Kindheit heilen sollte. Er suchte nicht das erotische Abenteuer, er suchte die Partnerin. Es verlangte ihn, den zeitlebens unruhigen, fast gehetzten Menschen, nach liebevoller Geborgenheit. Henriette Fromme, die Mutter seiner beiden Kinder, war zu jung und zu unreif, ein geistig recht unbedarftes Hausmütterchen; die Beziehung zu ihr kühlte rasch ab. Pauline Wiesel war fast ihr Gegenteil und zweifellos eine erotische Naturbegabung, aber sie war zu flatterhaft, zu leichtsinnig, zu extravertiert, um dem Prinzen je die Partnerin zu sein, die er ersehnte. Sie kannte ihre eminente Macht über diesen Mann und nutzte sie aus. Wirklich geliebt, so mußte sich Louis Ferdinand kurz vor seinem Tode eingestehen, habe sie ihn wohl nie. „Sie fällt mir nie ein, wenn ich Fortepiano spiele, bei meinen edelsten Stimmungen und Ideen", gestand er Rahel.

Die stete Unruhe und das Gefühl, seine Bestimmung verfehlt zu haben, trieben den Prinzen in politische Aktivitäten. Im September 1804 reiste er nach Wien, um dort die Möglichkeit einer preußisch-österreichischen Allianz gegen Napoleon zu sondieren. Man empfing ihn höflich, hörte ihn an, machte ihm aber keine Hoffnungen, denn schließlich war er auf eigene Faust und ohne Auftrag der Regierung gereist. Außerdem fand Metternich, der „unmäßige Gebrauch starker Getränke" empfehle Louis Ferdinand nicht als seriösen Verhandlungspartner.

Dieser Vorwurf war begründet. Über die häufige Trunkenheit des Prinzen klagt auch Madame de Staël, die ihn damals in Berlin kennenlernte, und auch Pauline machte ihm deswegen Vorwürfe. Zwar habe er auch im Rausch nie seine Würde und Vornehmheit verloren, berichtet uns ein Zeitgenosse, aber sie alle sahen die Gefahr des gesundheitlichen Ruins. Mag sein, daß ihm der Alkohol ein notwendiges Stimulans gewesen ist, mehr aber noch wird das gegen Ende seines Lebens zunehmende exzessive Trinken als Symptom unbewußter Selbstzerstörung zu deuten sein.

Die Wiener Mission mußte scheitern. In guter Erinnerung aber blieben die Begegnungen mit Beethoven, der ihm sein drittes Klavierkonzert widmete und dessen noch nicht uraufgeführte ›Eroica‹ sich der Prinz vom Hausorchester des Fürsten Lobkowitz dreimal vorspielen ließ.

Als dann im Herbst 1805 die preußische Armee mobil machte, weil der Krieg zwischen Frankreich und der österreichisch-russischen Koalition eine gefährliche Lage schuf, war dem Prinzen endlich eine Aufgabe gestellt; er durfte mit seinem Regiment ausrücken. Seine Hoffnung, Preußen würde nun endlich gegen den ihm verhaßten Napoleon antreten, erfüllte sich nicht. Daß Frankreichs Kaiser die leere Drohgebärde Preußens heimzahlen würde, sobald Preußen ohne Verbündete dastünde, hat Louis Ferdinand richtig vorausgesagt, und er wußte, daß dieser Krieg dann mit einer Niederlage Preußens enden müßte.

Daß er dennoch 1806 zum Krieg drängte, scheint daher einigermaßen unverständlich. Vielleicht hat er geglaubt, der Alleingang Preußens würde das übrige Europa mitreißen (ein Irrtum, dem 1809 auch Österreich erlag), wahrscheinlicher aber ist der Gedanke, nicht länger die Demütigungen Napoleons hinnehmen zu dürfen, und wenn schon zu fallen, dann wenigstens ehrenhaft. Das ist menschlich verständlich, als politisches Konzept freilich selbstmörderisch.

Als dann der Krieg zwischen Frankreich und Preußen im Oktober 1806 ausbrach, übertrug man Louis Ferdinand das Kommando der Avantgarde. Eine schwerwiegende Fehlentscheidung, denn gerade die Avantgarde durfte nicht von einem Mann geführt werden, dem taktisches Finassieren verhaßt war und der vielmehr die rasche Entscheidung suchte. Aber Louis Ferdinand war so etwas wie die Galionsfigur der preußischen Armee und die Seele des antifranzösischen Widerstands, mit ihm an der Spitze glaubte man wohl ein Zeichen setzen zu müssen. Als dann aber am 10. Oktober die Avantgarde des Prinzen bei Saalfeld vernichtend geschlagen wurde und er selbst dabei den Tod fand, ließ sich leicht über die falsche Entscheidung jammern und ihn als Schuldigen bezichtigen.

Eine genaue Nachprüfung der Vorgänge vom 10. Oktober zeigt aber, daß Louis Ferdinand keineswegs übereilt und eigenmächtig gehandelt hat und daß die Befehle, die ihm den Rückzug befahlen, ihn nicht mehr rechtzeitig erreichten. Er fiel im Reiterkampf mit französischen Husaren, denen er sich nicht ergeben wollte, schon getrennt von seinen Truppen, die sich zur Flucht wandten. Daß er den Tod gesucht habe, wurde später entschieden bestritten. Aber daran ist kein Zweifel, denn der Prinz hat noch am Vorabend seines Todes geäußert, er werde eine Niederlage nicht überleben, und die Berichte über sein Ende beweisen den Vorsatz allzu deutlich.

Die Nachricht von seinem Tode traf die Nation ins Herz und weckte böse Ahnungen. Tieferschüttert teilten die Menschen einander die Nachricht mit. „Klaget Preußen, ach, er ist gefallen / Der geliebte Menschenfreund als Held", wurde auf den Straßen gesungen. Nur zwei Menschen nahmen die Nachricht unbewegt, ja völlig gleichgültig auf: die Eltern.

Der Epilog war elend. Der Leichnam wurde 1811 nach Berlin überführt und im Dom beigesetzt. Danach begann ein jahrzehntelanges Feilschen um die hinterlassenen Schulden (325 498 Taler), wobei sich der preußische Staat von seiner schäbigsten Seite zeigte, um die berechtigten Forderungen der Gläubiger abzuwiegeln. Erst 1857 war der Liquidationsprozeß abgeschlossen, und das lange Zuwarten hatte sich gelohnt: 51 Jahre nach des Prinzen Tod waren auch viele Gläubiger nicht mehr am Leben. Dennoch durfte dann der Heldenmythos des Toten geschätzter Bestandteil der preußischen Hagiographie werden, und es ist schon drollig, wie sich die Poeten überboten, in Gedichten und vaterländischen Erweckungsdramen ein Bild des Prinzen zu malen, das mit ihm selbst nicht viel, mit der jeweils erwünschten Staatsideologie aber alles zu tun hat. Nur eine einzige Dichtung von überdurchschnittlichem Rang ist daraus hervorgegangen, aber sie vermeidet auch bezeichnend genug den Namen Louis Ferdinand und die Zeitumstände: Kleists ›Prinz von Homburg‹.

Im wohl nie auszudiskutierenden Meinungsstreit um Preußen wird eine Gestalt wie Prinz Louis Ferdinand immer zu den positiven Emanationen Preußens gehören. Rahel schrieb kurz nach seinem Tode: „Er ist ein geschichtlicher Mann. Er war die feinste Seele: von beinah niemand gekannt, wenn auch viel geliebt; und viel verkannt." Als den „menschlichsten Menschen" charakterisierte sie den Prinzen: „Das Menschlichste im Menschen faßte er auf; zu diesem Punkte hin wußte sein Gemüt jede Handlung, jede Regung der anderen zurückzuführen. Der war ein Maßstab, sein Probierstein; in allen Augenblicken des ganzen Lebens. Das ist das Schönste, was ich von ihm weiß."

Ein einziges Mal in der Geschichte Preußens konnte ein Prinz und ein General zum Vertrauten bürgerlicher Zirkel werden (was ihm der General von Yorck auch sehr verdacht hat), zum Gesprächspartner von Künstlern, ja sogar selbst zum Künstler, der er nicht hat sein dürfen. Seine Kompositionen, so Robert Schumann über das musikalische Werk des „romantischsten aller Fürstensöhne", sichern „ihm in der Geschichte der Musik ein unvergängliches Andenken".

So ist Louis Ferdinand in die Geschichte eingegangen: Als preußischer Mythos, der längst die eigentliche Persönlichkeit dieses Mannes überwuchert hat. Zugrunde gegangen am Preußen seiner Zeit, am Dualismus seiner Epoche, an einer Staatsideologie, die für einen so ungewöhnlichen Menschen keine Verwendung hatte bei Lebzeiten, ihn aber nach seinem Tode zu wohlfeilem Denkmalskult gut zu gebrauchen verstand. „Ein Held für einen Roman, die Weltgeschichte oder eine Sage", wie der Fürst de Ligne prophetisch erkannte, aber nicht den Schatten sah, der sich so früh schon über das strahlende Bild senkte. Eher will uns das melancholische Wort des Prinzen aus Hofmannsthals ›Turm‹ in die Erinnerung kommen, ein Wort, das so recht das Lebensmotto Louis Ferdinands hätte sein können: „Gebet Zeugnis, ich war da, wenngleich mich niemand gekannt hat."

Mißglückte Identifikation

Der preußische Traum und das preußische Trauma
bei Heinrich von Kleist

Friedmar Apel

Die fruchtbarste und bewegteste Epoche der deutschen Literatur, den
Zeitraum von 1780 bis 1832, nennt man auch die Goethe-Zeit, was besa-
gen will, daß man glaubt, die Charakteristik dieser Zeit durch den Namen
eines Mannes bezeichnen zu können. Wenngleich diese Bezeichnung auf
die unhistorische Literaturbetrachtung der Geistesgeschichte, vor allem
auf Hermann August Korff zurückgeht, bei dem Klassik und Romantik
schließlich als bruchlose Einheit erscheinen, so ist dennoch nicht zu leugnen, daß – hält man überhaupt Periodisierungen nach Werk und Person
eines Dichters für sinnvoll – einzig von Goethe her eine Zusammenfas-
sung der heterogenen Momente der geistigen Produktion jener Zeit möglich ist. Zur Probe könnte man einmal versuchen, innerhalb dieser Epoche eine Brentano-Zeit, eine Hölderlin-Zeit oder eben eine Kleist-Zeit
abzugrenzen – um nur jene drei Dichter zu nennen, die Goethe an
Sprach- und Gestaltungskraft zumindest gleichkamen. Jeder in der Epoche einigermaßen Belesene wird eine Durchführung dieses Versuchs
nicht für sinnvoll halten: Aus den Kunststücken des Sprachmagiers Brentano, in denen er Welten aufbaut und sie wieder zusammenstürzen läßt,
wo noch im zierlichsten Vers die Empfindung einer existentiellen Bedrohung anwesend bleibt, aus Hölderlins Gestaltungen der Erfahrung der
Wirklichkeit seiner Zeit als einer Götterferne, schließlich aus Kleists radi-
kalen Gestaltungen des an der Wirklichkeit zugrunde gehenden Ichs, lassen sich keine Gesichtspunkte ableiten, unter denen der Erfahrungshori-
zont der jeweiligen Zeit zusammenfassend dargestellt werden könnte.
Damit ist nichts gesagt über die Qualität der Dichtungen der drei Genannten, auch nicht über die Wahrhaftigkeit der Wirklichkeitserfahrung
in ihrem Werk, sondern nur soviel, daß durch die Radikalität ihrer Positionen die Sicht auf die einheitlichen Züge der geistigen Produktion jener
Zeit verlorengeht.

Gerade am Gegensatz zwischen Goethe und Kleist könnte es so scheinen, als sei auch die Literaturgeschichte wesentlich Erfolgsgeschichte,
indem sie ihre leitenden Gesichtspunkte von den Siegern bezieht, jedoch
hat der Goethe-Mythos der Geistesgeschichte nur allzulange darüber hin-
weggetäuscht, daß Goethe jedenfalls nicht durchgängig und nicht auf je-

Gustav Taubert: Im Berliner Lesecafé, 1832. Gemälde mit einer zeitgenössischen Inschrift auf der Rückseite: „Alles ließt alles".

Siegfried Dehn, Leiter der Musikbibliothek in Berlin, mit Familie

Alexander von Humboldt in seiner Bibliothek

Blick um 1850 in den festlich erleuchteten Zuschauerraum des Opernhauses
zu Berlin

Max Liebermann, ›In der Philharmonie‹, Gemälde

Carl Friedrich Fasch, Gründer der Berliner Singakademie

Gaspare Spontini, Generalmusikdirektor der Oper

Kinderaufführung von Drydens Drama ›Der indianische Kaiser oder die Eroberung von Mexiko‹ mit Mitgliedern führender englischer Adelsfamilien im St.
Jame's Palace zu London im Jahre 1731. Dargestellt ist eine Szene mit zwei rivalisierenden Prinzessinnen aus dem 4. Akt. Das Bild dokumentiert die nur leicht
historisierende Art der Kostümierung und belegt die Aktualität solcher Stoffe
nicht weniger deutlich als die Oper ›Montezuma‹ von Friedrich II. und Graun.
Gemälde von William Hogarth (1732)

Der Kapellmeister Johannes Kreisler in Haustracht. Nach dem Leben gezeichnet von Erasmus Spinher

Szenenbild aus ›Der große König. Zum 200. Geburtstag Friedrichs des Großen‹ von J. Lauff (24. 1. 1912)

K. Fr. Schinkel, Burg Ringstetten, Bühnenbild zu E. T. A. Hoffmanns Oper ›Undine‹

dem Gebiet als Sieger erscheint, geschweige denn sich selbst als solcher fühlte. So hat Hans Mayer in seinen Goethe-Studien darauf hingewiesen, daß „der fragwürdige Begriff der Größe bei Goethe weit eher an den Mißerfolgen ablesbar ist, den Disharmonien, viel Halbgeglücktem: oft praktiziert als Abreise aus der Zeit. Ablesbar zugleich an den Enttäuschungen, die er bereitet und erlebt hat." Was Goethe im Gegensatz zu Kleist als umfassend repräsentativ für seine Zeit erscheinen läßt, ist viel weniger der Erfolg, als der unter allen Umständen immer wiederholte Versuch, in den Entscheidungen der Person wie in der dichterischen Gestaltung Identifikation herzustellen zwischen Individualität und gesellschaftlicher Konstellation in ihrer Zeitlichkeit. Daß diese Identifikationen als persönliche Entscheidungen und literarische Gestaltungen immer wieder glückten, mag – wie man Goethe vorwerfen könnte – mit dem Rückzug aus drängenden Problemen der Zeit erkauft sein: persönlich aus dem Rückzug in die (scheinbar) idyllischen gesellschaftlichen Verhältnisse Weimars, geistig-literarisch aus dem Rückzug auf übergreifende Ideale, aber gar so unproblematisch waren Goethe weder die Weimarer Konstellation noch jene supranationalen und überstaatlichen Ideen, daß er nicht die zentralen Widersprüche seiner Zeit erfahren hätte, wenngleich in mannigfaltig abgemilderter und versöhnlicher Form.

Gleichviel: Wo bei Goethe die Identifikation persönlich und literarisch in wie immer auch problematischer Gestalt glückt, ist Kleists Leben und Werk von mißlungenen Identifikationen geprägt, und dieses Mißlingen ist wesentlich und unzertrennlich damit verknüpft, daß sich Kleists Vorstellungen von der gesellschaftlichen Konstellation und damit dialektisch auch seine Vorstellung des Individuums positiv wie negativ aus der Ideologie und der Erfahrung des preußischen Staates ableitet, zu dem Kleist ein verkrampftes Verhältnis hatte, der Sohn des bürgerlichen Kaiserlichen Rates aus Frankfurt, der weimarische Minister und Kosmopolit aber ein gänzlich lockeres bis zur Gleichgültigkeit.

Mißglückte Identifikationen in Kleists Leben

Heinrich von Kleist entstammt – in kompletter Umkehrung der Goetheschen Verhältnisse – einem alten, ursprünglich pommerschen Adelsgeschlecht von nur bescheidener Begüterung. Die Familie Kleist ist eine ausgesprochene Soldatenfamilie, die bis auf den 1777 geborenen Heinrich bereits achtzehn preußische Generäle hervorgebracht hatte. In der Familientradition – preußisch und protestantisch streng – wird Kleist erzogen, und wenig deutet lange Zeit darauf hin, daß er nicht den vorgezeichneten Weg eines preußischen Junkers gehen wird: Während in Weimar und Jena die Arbeit an einem neuen Menschenbild der freien Selbstbestimmung und Selbstvollendung in Bildung und geistigem Schaffen schon in vollem Gange ist: 1792, tritt der junge Kleist eben in das Garderegiment zu Potsdam ein, das für seinen Kadavergehorsam berüchtigt ist. Eben dies aber fördert Kleists Bewußtsein für Entfremdungszustände. Die Erfahrung des Militärs resultiert in der ersten einer Reihe von mißlungenen Identifikationsversuchen, die Kleists Dichterleben immer wieder bestimmt haben. Im März 1799 schreibt Kleist an seinen Lehrer Christian Ernst Martini: „... wurde mir der Soldatenstand, dem ich nie von Herzen zugetan gewesen bin, weil er etwas durchaus Ungleichartiges mit meinem ganzen Wesen in sich trägt, so verhaßt, daß es mir nach und nach lästig wurde, zu seinem Zweck mitwirken zu müssen. Die größten Wunder militärischer Disziplin, die der Gegenstand des Erstaunens aller Kenner waren, wurden der Gegenstand meiner herzlichsten Verachtung; die Offiziere hielt ich für so viele Exerziermeister, die Soldaten für so viele Sklaven, und wenn das ganze Regiment seine Künste machte, schien es mir als ein lebendiges Monument der Tyrannei. Dazu kam noch, daß ich den übeln Eindruck, den meine Lage auf meinen Charakter machte, lebhaft zu fühlen anfing. Ich war oft gezwungen, zu strafen, wo ich gern verziehen hätte, oder verzieh, wo ich hätte strafen sollen; und in beiden Fällen hielt ich mich selbst für strafbar. In solchen Augenblicken mußte natürlich der Wunsch in mir entstehen, einen Stand zu verlassen, in welchem ich von zwei durchaus entgegengesetzten Prinzipien unaufhörlich gemartert wurde, immer zweifelhaft war, ob ich als Mensch oder als Offizier handeln mußte; denn die Pflichten beider zu vereinen, halte ich bei dem jetzigen Zustande der Armeen für unmöglich. Und doch hielt ich meine moralische Ausbildung für eine meiner heiligsten Pflichten, eben weil sie, wie ich eben gezeigt habe, mein Glück gründen sollte, und so knüpft sich an meine natürliche Abneigung gegen den Soldatenstand noch die Pflicht, ihn zu verlassen."

Bereits hier erfaßt Kleist den Widerspruch zwischen Selbst- und Fremdbestimmung, zwischen überlieferten Normen und persönlicher Empfindung in voller Klarheit. Preußens Stolz, die Armee, erscheint ihm als das absolut Fremde, das mit Individualität, Seele nicht zu durchsetzen ist, als Abbild einer gesellschaftlichen Konstellation, die sich auf abstrakte Normen gründet und an der das Individuum keinen handelnden Anteil nehmen kann, ohne sich selber fremd zu werden. Folgerichtig gründet Kleist daher im selben Brief das Glück vor allem auf die Standhaftigkeit des Ich gegenüber den äußeren Verhältnissen, nicht aber mehr auf die Identifikation mit ihnen. Dabei wird jedoch deutlich, daß Kleist gerade darin noch an den Identifikationswunsch mit einer wahren und darin menschlichen Konstellation gebunden bleibt, wie er ja analog dazu sein Ausscheiden aus dem Militärdienst noch mit dem preußischen Zentralbegriff der Pflicht begründet.

Die Kraft, den Bruch zu wagen, schöpfte Kleist zu dieser Zeit noch aus dem Gedanken der Möglichkeit der Einheit von Subjektivität und Objektivität im Wissen, aus dem Glauben, objektive Wahrheit gegen die gesellschaftliche Realität geltend machen zu können. Die Zeit von 1799 bis 1801 kann als Versuch beschrieben werden, sich im Studium mit einem (objektiven) Ganzen zu identifizieren, aus dem heraus die Handlungen des Individuums sinnvoll werden, Glück erzeugen. Auch dieser Identifikationsversuch scheitert und fügt der Erfahrung der Entfremdung neben dem Normenverlust die Komponente des Sinnverlustes hinzu. Wie sehr sich Kleist vor der Vereinzelung fürchtete, zeigt sich vor allem daran, daß er die letztlich durchaus optimistische und weltzugewandte Lehre Kants ganz und gar einseitig auffaßt. Der Gedanke, daß der Mensch in sein Bewußtsein eingebunden ist und daher die Frage nach der objektiven Wahrheit nicht beantworten kann, deprimierte Kleist so tief, daß er die aus eben diesem Gedanken resultierenden positiven Möglichkeiten des Erkenntnisvermögens nicht mehr wahrnehmen konnte. Im März 1801 schreibt Kleist an seine Braut Wilhelmine von Zenge: „Vor kurzem ward ich mit der neueren sogenannten Kantischen Philosophie bekannt – und Dir muß ich jetzt daraus einen Gedanken mitteilen, indem ich nicht fürchten darf, daß er Dich so tief, so schmerzhaft erschüttern wird, als mich . . . Wir können nicht entscheiden, ob das, was wir Wahrheit nennen, wahrhaft Wahrheit ist, oder ob es uns nur so scheint. Ist das letzte, so ist die Wahrheit, die wir hier sammeln, nach dem Tode nicht mehr – und alles Bestreben, ein Eigentum sich zu erwerben, das uns auch ins Grab folgt, ist vergeblich. – Ach, Wilhelmine, wenn die Spitze dieses Gedankens Dein Herz nicht trifft, so lächle nicht über einen andern, der sich tief in seinem heiligsten Innern davon verwundet fühlt. Mein einziges, mein höchstes Ziel ist gesunken, und ich habe nun keines mehr –."

Während die Romantiker aus der Erkenntnis der Nichtexistenz objektiver Wahrheit die Subjektivität des Dichters gerade legitimierten, aus ihr das Recht des Dichters ableiteten, weltenerzeugend zu wirken, während bei ihnen die gewußte, reflektierte Subjektivität zum Weltmodell erhoben wird, hat sich Kleist von dem niederschmetternden Gedanken der Undurchdringlichkeit der Wirklichkeit niemals vollständig erholt. Während bei den Romantikern der Freundschafts- und Gesellschaftskult in voller Blüte steht, während sie ihre Tisch- und Abendgesellschaften als Modelle der Kommunikation freier, gleicher und selbstbestimmter Individuen erproben, erfährt sich Kleist als Vereinzelter, der sich mit einer gesellschaftlichen Konstellation nicht anders als lügenhaft identifizieren kann: „. . . wenn ich mich in Gesellschaften nicht wohl befinde, so geschieht dies weniger, weil andere, als vielmehr weil ich mich selbst nicht zeige, wie ich es wünsche. Die Notwendigkeit, eine Rolle zu spielen, und ein innerer Widerwillen dagegen machen mir jede Gesellschaft lästig, und froh kann ich nur in meiner eigenen Gesellschaft sein, weil ich da ganz wahr sein darf."

Solche Bemerkungen bzw. Erfahrungen Kleists zeigen auch, wie sehr ihn sein bürgerlich-aufklärerisches Erkenntnisstreben seiner Klasse entfremdet hat. Rückzug in Einsamkeit, Innerlichkeit – das war im Deutschland des 18. Jahrhunderts eigentlich eine Reaktion des gebildeten Bürgers, die gegen die repräsentative Öffentlichkeit der Adelsgesellschaft ausgespielt wurde. Im inneren Exil erfuhr sich der Bürger in seinem wahren Menschsein und kompensierte damit das in der Realität ihm Versagte. Während jedoch der bürgerliche Schriftsteller in der Identifikation mit seiner Klasse den Rückzug in die Innerlichkeit als um die Erfahrung der Subjektivität bereicherte neue, in die Zukunft weisende Form der Humanität begreift und so noch in dieser Isolierung in eine bestimmte gesellschaftliche Konstellation eingebunden bleibt, hat der preußische Adelige Kleist die Identifikation mit seiner Klasse aufgekündigt, ohne daß er in einer neuen Gemeinschaft einen Halt gefunden hätte.

Aus der Erfahrung der Isolierung in der Gesellschaft entsteht beinahe folgerichtig der Versuch, sich in einem einfachen Leben auf dem Lande mit seinem Schicksal auszusöhnen: 1802 zieht Kleist in die Schweiz und spielt bereits mit dem Gedanken, dort ein kleines Anwesen zu erwerben, als ihn Bauernaufstände wieder vertreiben. Selbst in der Rousseauschen Idylle jedoch mißlingt Kleist die Identifikation mit der eigenen Innerlichkeit. Mit jener Klarsicht, die ihm Zeit seines Lebens eigen war, und die ihm sein Schicksal um so unerträglicher machte, erkennt er immer wieder die Entstehung seiner Problematik aus der versagten gesellschaftlichen Anerkennung wie aber auch aus dem eigenen überhöhten Anspruch. So in einem Brief vom Mai 1802 an seine Braut, in dem sich bereits die Trennung von ihr ankündigt: „Ich werde wahrscheinlicherweise niemals in mein Vaterland zurückkehren. Ihr Weiber versteht in der Regel ein Wort in der deutschen Sprache nicht, es heißt Ehrgeiz. Es ist nur ein einziger Fall in welchem ich zurückkehre, wenn ich in der Erwartung der Menschen, die ich törichter Weise durch eine Menge von prahlerischen Schritten gereizt habe, entsprechen kann. Der Fall ist möglich, aber nicht wahrscheinlich. Kurz, kann ich nicht mit Ruhm im Vaterlande erscheinen, geschieht es nie. Das ist entschieden, wie die Natur meiner Seele."

1803 folgt ein übersteigerter Versuch Kleists, seine Depersonalisierung komplett zu machen und sich darin aufzugeben: Er tritt in die Armee des verhaßten Napoleon ein, um auf der Überfahrt nach England den Tod zu suchen. Auch dieser Versuch scheitert, wirkt jedoch heilsam. Unter dem Eindruck der zunehmenden napoleonischen Bedrohung überprüft Kleist sein Verhältnis zum preußischen Staatswesen und findet in der Arbeit an den preußischen Reformen vorübergehend neuen Sinn. Er arbeitet von 1804 bis 1806 im Finanzdepartment in Berlin und in der Domänenkammer in Königsberg. Mangelnde Gesundheit, aber wohl auch mangelnde Geduld und Skepsis gegenüber dem zähen Prozeß der bürokratisch durchgeführten Reformmaßnahmen verhindern auch hier eine dauerhafte Identifikation mit einer Stellung im preußischen Staatswesen.

Nach Jena und Auerstedt schließlich der Versuch, die Entfremdung von Staat und Klasse durch Identifikation mit der Nation zu ersetzen. Kleist wird ein patriotischer Dichter. Mit der den spät Bekehrten eigenen Übersteigerung schießt er dabei weit übers Ziel hinaus, wie besonders an den auch künstlerisch fragwürdigen Gedichten der ›Germania‹-Zeit deutlich wird, in denen in gewalttätiger Sprache der Krieg gegen die Franzosen als Jagd auf wilde Tiere dargestellt wird:

> Eine Lustjagd, wie wenn Schützen
> Auf die Spur dem Wolfe sitzen!
> Schlagt ihn tot! Das Weltgericht
> Fragt euch nach den Gründen nicht!

Das von einer inhumanen Gesellschaft beschädigte Individuum dreht hier seine Empfindungen um und macht sich selber zum Motor der Inhumanität, was dennoch ein Indiz dafür bleibt, mit welcher Anstrengung Kleist eine Identifikation mit einer Gemeinschaft anstrebte.

Tatsächlich erscheint Kleist niemals als der heroische Einzelne. Die Goethesche Gelassenheit dem Gesellschaftlichen gegenüber hat er nie auch nur annähernd besessen, vielmehr die gesellschaftliche Anerkennung immer wieder und oft mit befremdlicher Hartnäckigkeit zu erzwingen versucht; und es gehört zu seiner Tragik, daß er dies nicht wie viele andere Dichter seiner Zeit in einem der liberalen Kleinstaaten versuchte, sondern eben in Preußen. Auch Kleists letztes Lebensjahr vergeht in solchem Kampf. In der Auseinandersetzung um die Abendblätter im Briefwechsel mit Raumer, Hardenberg und dem König erscheint Kleist als das ohnmächtige und gedemütigte Subjekt eines Obrigkeitsstaates, der die Staatsräson über die Belange seiner Bürger stellt, jedoch bleibt Kleists Bild hierbei selbst nicht ohne abstoßende Züge in jener Abwechslung von Devotion, jähzornigem Fordern und beleidigtem Mißverstehen, in der Kleist seine berechtigten oder vermeintlichen Ansprüche dem preußischen Staat gegenüber durchzusetzen versucht. Jene zermürbenden Auseinandersetzungen im Verein mit der Erfahrung der unentschiedenen Haltung Preußens dem Befreiungskrieg gegenüber und die Ablehnung des diese Problematik gestaltenden ›Prinzen von Homburg‹ vollendeten schließlich Kleists „preußisches Trauma". Kurz vor seinem Tod begreift sich Kleist als ein vollkommen entfremdetes Individuum, dem nur noch übrigbleibt, die erfahrene Inhumanität gegen sich selber zu kehren, nicht jedoch, ohne vorher in gut preußischer Pedanterie seine Angelegenheiten zu ordnen. Die Nüchternheit Kleists, sein „Kanzleistil" auch in seinen letzten Äußerungen, wird in bösartiger Ironie fortgesetzt in jenem Vermerk, den Hardenberg in den Akten der Staatskanzlei anbrachte: „H. v. Kleist bittet um ein Privatdarlehen von 20 St. Fr. Dor. Zu den Akten, da der p. v. Kleist 21. 11. 11. nicht mehr lebt. Berlin, den 22. Nov. 11, Hardenberg."

Entfremdung als Motiv und Formproblem

Entfremdung bestimmt auch das Werk Kleists und zwar nicht nur in den Motiven der Macht-, Sinn- und Normlosigkeit, der Isolierung und Depersonalisierung, sondern bis hinein in die Sprachkonzeption der Werke. Darin vor allem unterscheidet sich Kleist von Goethe wie von den Romantikern. Zwar war auch den Romantikern die Erfahrung der schmerzhaften Isolierung des Subjekts keineswegs unbekannt, jedoch konnte sie innerhalb einer aufs Wunderbare gegründeten Dichtungskonzeption und in märchenhaft magischer Sprache überwunden werden. Nirgends läßt sich der Unterschied der romantischen von der Kleistschen Konzeption deutlicher demonstrieren als in jener Erzählung vom ›Bettelweib von Locarno‹, in der das Wunderbare eine diametral entgegengesetzte Position einnimmt als zum Beispiel bei Novalis. Während Novalis den Leser durch die märchenhaft unbestimmte Darstellung und den magischen Klang der Sprache in eine Art von Trance versetzt, aus der heraus sich die Vorstellungen entgrenzen, wird in Kleists Text dem Geschehen durch die auf die Spitze getriebene Hypotaxis überall Finalität, Kausalität und Präzision verliehen, wodurch der Leser zu einer Haltung schmerzhafter Klarsicht gebracht wird. Zunächst wird die Ausgangsposition der Handlung, der Tod des Bettelweibs, das der Marchese von seinem Lager verwiesen hatte, mit Hilfe von genauen Ortsangaben als nachprüfbar ausgegeben. Die erste gespenstische Wiederholung des Vorfalls wird aus der Perspektive einer am ursprünglichen Geschehen unbeteiligten Person geschildert, um die Interpretation einer subjektiven Voreingenommenheit auszuschließen. Mit sachlicher Kühle gibt der Erzähler vor, nur das von jener Person Wahrgenommene zu schildern: „Aber wie betreten war das Ehepaar, als der Ritter mitten in der Nacht, verstört und bleich, zu ihnen herunterkam, hoch und teuer versichernd, daß es in dem Zimmer spuke, indem etwas, das dem Blick unsichtbar gewesen, mit einem Geräusch, als ob auf Stroh gelegen, im Zimmerwinkel aufgestanden, mit vernehmlichen Schritten, langsam und gebrechlich, quer über das Zimmer gegangen und hinter dem Ofen, unter Stöhnen und Ächzen, niedergesunken sei." Ein weiterer Kunstgriff des Erzählers ist, daß er keine Beziehung zwischen dem früher als real geschilderten Vorgang und der Spukerscheinung herstellt, sondern dies dem Erinnerungsvermögen des Lesers überläßt. Ähnlich kaltsinnig wie der Erzähler macht sich der Marchese an die Untersuchung des Phänomens, um das Gerücht „mit einem entscheidenden Verfahren niederzuschlagen". Wie bei den Romantikern entzündet sich angesichts des Wunderbaren das Bedürfnis nach dessen Erforschung, während diese jedoch bei Novalis in letzter Konsequenz zu einer Identifikation von Ich und Welt durch Hineinziehen des Fremden ins Eigene führt, treten bei Kleist im Verlauf dieser Erforschung Subjekt und Objekt immer schärfer auseinander. Dreimal bezeichnet der Erzähler das Geschehen als „unbegreiflich", und aus dieser andauernden Unbegreiflichkeit resultiert der Zwang zur Wiederholung des Erforschungsvorganges, der die Handlungsstruktur bestimmt. Nachdem der Marchese erst allein, dann mit einem Diener Zeuge des Phänomens geworden ist und sich die Gewißheit über die Wirklichkeit des Vorgangs schon verdichtet hat, versucht er ein letztes Mal, der von einer unbegreiflichen Wirklichkeit ausgehenden Bedrohung durch Aufklärung zu entgehen. Der tragischen Entschlossenheit des Marchese, die ihn schließlich zum Selbstmord führen wird, entspricht die Unerbittlichkeit des Erzählers, mit der er seine Mittel ausspielt, um das Unbegreifliche mit der Wirklichkeit zu identifizieren und damit das Subjekt vollends zu isolieren. So verwandelt sich schließlich für den Marchese das Unbegreifliche in das Entsetzliche. Seine Bestrebung, der unbegreiflichen Wirklichkeit die Vernunft aufzuzwingen, hat im Verlauf der Handlung nicht Sinn zum Vorschein gebracht, sondern gerade zur Sinnentleerung geführt: „müde seines Lebens" steckt der Marchese sein Schloß an und kommt in den Flammen um.

Die Kleistsche Weigerung, die Darstellungsformen des Wunderbaren zur Erzeugung einer auch nur annähernd versöhnlichen poetischen Welt zu verwenden, fügt sich in den umfassenderen Zusammenhang von Kleists gebrochenem Verhältnis zur Sprache, seiner Sprachskepsis. Gerade ihm, der über die Mittel der Sprache gebot wie nur wenige in seiner Zeit, erschien es wie eine moralische Pflicht, die Sprache nicht zur Täuschung zu verwenden. Besonders in den Dramen versagt die Sprache immer wieder, wird mit dem Verlust der Sprache auch der Verlust der Gemeinschaft deutlich, erweist sich Sprache als lügenhaft, doppelbödig und verschleiernd, und immer wieder tritt die zerstörende Gebärde, seltener die liebende Gefühlshandlung an die Stelle der Sprache. Mit der Entfremdung von der Gemeinschaft wird den Menschen auch die eigene Sprache fremd, unverständlich oder doppelsinnig.

Werden an den Erzählungen die fundamentalen Unterschiede der Kleistschen Dichtungskonzeption zu der der Romantiker vorzüglich deutlich, so an den Lustspielen der Unterschied zur klassischen Konzeption. Auch hier läßt sich die zentrale Problematik aus Struktur und Erscheinungsweise der Thematik der Entfremdung und der mißlungenen Identifikation ableiten. Tatsächlich lassen sich Kleists Lustspiele weder durch „franke Lustigkeit" noch durch „Versöhnung", zwei Prinzipien der Komödientheorie Hegels, auch nur entfernt kennzeichnen. Vielmehr bringt bei ihm die Lustspielhandlung wie aber auch die Sprache einen wesentlichen Riß zwischen Individuum und dargestellter Wirklichkeit zutage, und keineswegs bleibt am Ende, wie Hegel forderte, „das Subjekt ungestört aufrecht stehen". So besteht das Komische im ›Zerbrochenen Krug‹ darin, daß vom Richter her gesehen die Handlung als Verhandlung und Sprache fehlschlägt, indem sie hervorbringt, was sie nicht hervorbringen soll, nämlich die rechtliche Wahrheit. Von Adam her gesehen sind Sprache und Handlung fremdbestimmt, die Worte drehen sich in seinem Munde um:

> Zum Straucheln brauchts doch nichts als Füße,
> Auf diesem glatten Boden, ist ein Strauch hier?
> Gestrauchelt bin ich hier; denn jeder trägt
> Den leid'gen Stein zum Anstoß in sich selbst.

Während diese Rede dazu dienen soll, seinem Schreiber mit den Mitteln metaphorisch-sprichwörtlicher Rede die Tat zu verhehlen, werden sie für den Zuschauer im Verlauf des Stückes zu einer vordeutenden Selbstentlarvung. Dieser versteht „straucheln" schließlich sowohl wörtlich als bildlich: als Bezug auf den Strauch, an dem Adams Perücke hängengeblieben ist, aber auch als ein Ausgleiten auf dem glatten Boden des Amtes. Je verzweifelter Adam im folgenden versucht, den Sachverhalt durch stereotypes Sprechen zu verdecken, um so sicherer kommt er hervor. Was aber gleichzeitig hervortritt, ist ein entfremdetes Individuum, dessen Herauslösung aus der ihn scheinbar bergenden (Dorf-)Gemeinschaft. Aber natürlich wird dem Adam kein Mitleid zuteil, erscheint er doch als Vertreter eines korrupten Rechtssystems, ja, selbst als (symbolischer) Zerstörer einstiger Einheit, woraufhin nicht nur das Zerbrechen des Kruges (auf dem die Übergabe der Niederlande an Philipp die alte Einheit des Reiches symbolisiert), sondern auch sein biblischer Name deuten.

Bleibt im ›Zerbrochenen Krug‹ der tragische Zug der fremdbestimmten Sprache durch die Schuldkonstellation verdeckt, erscheint die Beschädigung des Individuums zugleich als eine Beschädigung der Gesellschaft, so spielt sich im ›Amphitryon‹ die Komik auf Kosten Unschuldiger ab. Nach der gängigen Meinung ist Kleists Molière-Bearbeitung gegenüber der Vorlage dadurch gekennzeichnet, daß sie deren gesellschaftliche Momente ins Individuelle wendet. Es ist jedoch sehr fraglich, ob die Eigenart des Komischen bei Kleist durch solche Opposition befriedigend bezeichnet ist, vielmehr wäre zu erkennen, daß die Fremdbestimmung von Sprache und Handlung, damit die Fremdbestimmung des Individuums im ›Amphitryon‹, Gestaltung der Entfremdungsthematik ist und als solche den Bezug aufs Gesellschaftliche keineswegs ausschließt oder an den Rand drängt. Nicht also wendet Kleist gesellschaftliche Momente ins

Individuelle, sondern Entfremdung als zentraler Widerspruch zwischen Subjekt und (dargestellter) Welt wird thematisch, bestimmt die Struktur der Sprache und der Handlung. Am differenziertesten und auch kompliziertesten stellte sich die Gestaltung des Komischen unter dem Blick auf Alkmene dar, die ja bei Kleist ins Zentrum rückt. Ihre Figur dient bei Molière nur als Auslöser des Konflikts, an der sich die scherzhafte Unterscheidung zwischen Liebhaber und Gatte vornehmen läßt, und kommt daher nur in Exposition und Entwicklung vor, während sich die Auflösung ganz auf Jupiter und Amphitryon konzentriert. Daß ihre Figur nun bei Kleist im Mittelpunkt steht, zeigt allein schon die Umdeutung der Liebhaber/Gatten-Problematik zur schmerzhaften Erfahrung des in Frage gestellten Ich-Gefühls als Entfremdung, die sich über den Gatten hinaus aber auch aufs Gesellschaftliche überhaupt bezieht. War Molières Alkmene die bewundernde Teilnahme am Ruhm und an der öffentlichen Funktion des Gatten noch selbstverständlich, so erscheint Kleists Alkmene der Staat in bezug auf ihren Gatten als ein Fremdes, Abstraktes:

> Amphitryon! So willst du gehn?, Ach, wie
> So lästig ist so vieler Ruhm, Geliebter!
> Wie gern gäb ich das Diadem, das du
> Erkämpft, für einen Strauß von Veilchen hin,
> Um eine niedre Hütte eingesammelt,
> Was brauchen wir, als nur uns selbst? Warum
> Wird so viel Fremdes noch dir aufgedrungen,
> Dir eine Krone und der Feldherrnstab?

Vor der Erfahrung der einen Nacht muß Alkmene schließlich erkennen, daß es Amphitryon, den sie liebt, nicht gibt, daß ihr Gefühl der Realität nicht entspricht, daß Innen und Außen getrennt sind. Ob das Ich sich mit diesem Zustand versöhnen kann, kann in mitteilender Sprache nicht mehr gesagt werden, sondern wird in jenem berühmten „Ach!" am Ende offengelassen.

Das preußische Trauma als Formproblem

Wie im ›Amphitryon‹ wird auch in den anderen Dramen Kleists, zum Teil aber auch in den Erzählungen, die Form und damit immer auch die Hoffnung nur durch fragile Konstruktionen gehalten. Da Kleist aus innerer Notwendigkeit klassische Muster nicht übernehmen konnte, den Riß zwischen Ich und Gesellschaft nicht mit Wortgebilden kitten wollte, die darstellen, was nicht mehr trägt, benötigte er als tragenden Grund seiner Formkonzeption doch etwas dem romantischen Wunderbaren Vergleichbares. Dieser Notwendigkeit trug er mit je verschiedenen Konstruktionen des Wunsches, des Traumes oder der Utopie Rechnung. Am deutlichsten wird das im ›Käthchen von Heilbronn‹, jedoch sind solche Konstruktionen auch dort negativ anwesend, wo die Handlung in Zerstörung und Tod endet. Daß die Thematik und Verarbeitungsweise der mißlungenen Identifikation, der Erfahrung der Entfremdung ausbalanciert wird durch jene Konstruktionen, und vor allem, daß diese mit der Erfahrung des preußischen Staates zusammenhingen, auch wo nicht explizit das „preußische Trauma" gestaltet wird, hat später Friedrich Christoph Dahlmann erkannt, als er (am 9. 6. 1858) an Julian Schmidt schreibt: „Sein [Kleists] Wesen bedurfte des stärkenden Hintergrunds eines gehobenen Vaterlandes und in Ermangelung desselben, schwächlichen Velleitäten gegenüber, warf er sich manchmal in Träume, die am Ende doch nicht leerer sind als der geheimnisvolle Turm im Wilhelm Meister."

Mit einem Traum beginnt und endet auch der ›Prinz von Homburg‹, die differenzierteste Gestaltung der Identifikationsproblematik, und hier bezieht sie sich am deutlichsten auf Kleists Erfahrung Preußens und zugleich auf seine biographische Situation. Das Drama entstand zwischen 1809 und 1811, zur Hauptsache wohl in Kleists letztem Lebensjahr, in dem er noch einmal versuchte, sich mit dem preußischen Staat zu arrangieren und den Ruhm des Vaterlandes zu erwerben. Insbesondere mit dem ›Prinzen von Homburg‹ erhoffte er sich – in völliger Verkennung der Situation – den entscheidenden Durchbruch bei Hofe. Bereits der Rückgriff auf die Geschichte Brandenburgs, auf die Schlacht von Fehrbellin (1675), einer Verteidigungsschlacht des Großen Kurfürsten gegen die mit Frankreich verbündeten Schweden, besonders aber auf die historisch nicht sicher belegte Homburg-Episode, mußte jedoch dem Hof mehr als peinlich sein, da damit nicht nur der wunde Punkt der Politik gegenüber Napoleon berührt, sondern auch an den Prinzen Louis Ferdinand erinnert wurde, der – nach Meinung des Hofes – am 10. Oktober 1806 das Gefecht bei Saalfeld befehlswidrig herbeigeführt hatte, dem vier Tage später die Schlacht von Jena und Auerstedt folgte. Über diese wunden Punkte hinaus aber mußte das im ›Homburg‹ entworfene Bild eines von innen erneuerten Preußen dem offiziellen Staatsverständnis entgegenstehen, mußte gerade in jenen unsicheren Zeiten eine Glorifizierung der Verletzung staatlicher Normen auf Ablehnung des Hofes stoßen.

Im ›Prinzen von Homburg‹ entwickelt Kleist die Entgegensetzung von Individuum und normsetzender Instanz am Fall der Insubordination, der Verletzung des Gesetzes durch das Subjekt und nimmt damit ein Motiv historisch eindeutiger auf, das bereits im ›Robert Guiskard‹, in der ›Penthesilea‹ und in ›Michael Kohlhaas‹ eine Rolle gespielt hatte. Gerade im Vergleich mit diesen Werken wird deutlich, daß Kleist in der Gestaltung dieses Motivs im ›Homburg‹ einer Art Märchenschema folgt: Die gegebene Ordnung wird aufgestört und wieder beruhigt und tritt überhaupt erst durch diesen Prozeß so hervor, daß eine Identifikation von Subjekt und Instanz möglich wird. Bereits die Eingangsszene bedient sich eines Märchenkunstgriffs: Im zukunftsdeutenden Motiv des Traumes wird dem Helden die Erfüllung seiner Wünsche vorausgesagt, und dies läßt bereits ahnen, daß die Gefährdung des Subjekts im Verlaufe des Stückes nur eine scheinbare sein wird. An diesem Anfang aber – und deshalb kann er nur als Traum vorgestellt werden – erscheint der Wunsch des Prinzen nach Ruhm und damit nach Identifikation noch als ein gegenüber der Wirklichkeit Vermessenes. Das illustriert der Kurfürst selbst symbolisch-ironisch, wenn er angesichts des Lorbeerkranzes, den Homburg in den Händen hält, fragt: „Wo fand er den in meinem märkschen Sand?" Bereits Nataliens Handschuh jedoch, der in Homburgs Händen zurückbleibt, überführt in seinem Bewußtsein langsam Traum in Realität, was sich schließlich in der sechsten Szene des ersten Aktes zur gefühlsmäßigen Gewißheit kommenden Schlachten- und Liebesglücks verdichtet. Der Sieg aber führt das Glück nur vorübergehend und scheinbar herbei; dem scheinbaren Triumph der Empfindung über die Gesetzesnorm folgt die Isolierung des Helden, die schließlich sogar zur Entfremdung von sich selbst führt. Bis zu diesem Punkt war der Staat – abgesehen von der ihn repräsentierenden Person – im Dialog nur als Abstraktum, als Inbegriff der Normen erschienen, es sei denn, man nimmt die familiäre Atmosphäre der Befehlsausgabe im ersten Akt für eine Vordeutung auf ein mit Menschlichkeit durchwirktes Staatswesen. Erst nach der festgestellten Normverletzung und dem scheinbar vollkommenen Auseinandertreten von Individuum und Instanz werden beide Pole klar konturiert, um sich letztendlich wieder zu versöhnen. Nataliens Part ist es, in der Konfliktsituation das positive Bild des Staates zu entwickeln und so das Abstraktum mit menschlichem Sinn zu füllen, die Begriffe Ordnung und Unordnung dialektisch in Frage zu stellen:

Vielmehr, was du, im Lager auferzogen,
Unordnung nennst, die Tat, den Spruch der Richter,
In diesem Fall, willkürlich zu zerreißen,
Erscheint mir als die schönste Ordnung erst:
Das Kriegsgesetz, das weiß ich wohl, soll herrschen
Jedoch die lieblichen Gefühle auch.
Das Vaterland, das du uns gründetest,
Steht, eine feste Burg, mein edler Ohm:
Das wird ganz andre Stürme noch ertragen,
Fürwahr, als diesen unberufnen Sieg;
Das wird sich ausbaun herrlich, in der Zukunft,
Erweitern, unter Enkels Hand, verschönern,
Mit Zinnen, üppig, feenhaft, zur Wonne

Der Freunde, und zum Schrecken aller Feinde:
Das braucht nicht dieser Bindung, kalt und öd,
Aus eines Freundes Blut, um Onkels Herbst,
Den friedlich prächtigen, zu überleben.

Als Gegenbild dazu fungiert Nataliens Beschreibung des durch abstraktes Handeln des Staates isolierten und beschädigten Subjekts, in der man Analogien zu Kleist selbst leicht wahrnimmt:

Verstört und schüchtern, heimlich, ganz unwürdig,
Ein unerfreulich, jammernswürdiger Anblick!
Zu solchem Elend, glaubt ich, sänke keiner,
Den die Geschicht als ihren Helden preist.
Schau her, ein Weib bin ich, und schaudere
Dem Wurm zurück, der meiner Ferse naht:
Doch so zermalmt, so fassungslos, so ganz
Unheldenmütig träfe mich der Tod,
In eines scheußlichen Leun Gestalt nicht an!
– Ach, was ist Menschengröße, Menschenruhm!

Die schrittweise sich abspielende, erneuerte und qualitativ potenzierte Identifikation von Staat und Individuum wird nun in dialektischer Abhängigkeit der beiden Pole voneinander entwickelt: Je mehr sich der Staat dem Helden gegenüber als sowohl vernünftig wie human präsentiert, desto mehr schwindet sein Zorn, desto mehr auch seine Schwäche, bis schließlich die ursprünglich abgelehnte Handlung des Staates nicht nur hingenommen, sondern auch individuell als Notwendigkeit bejaht wird: „Er handle, wie er darf; / Mir ziemts hier zu verfahren, wie ich soll!"
Kottwitz' Postulat der Notwendigkeit der Individualhandlung für die Erhaltung des Staates geht paradoxerweise – was Homburg anbetrifft – bereits ins Leere:

... Die schlechte,
Kurzsichtige Staatskunst, die, um eines Falles,
Da die Empfindung sich verderblich zeigt,
Zehn andere vergißt, im Lauf der Dinge,
Da die Empfindung einzig retten kann!

Die Erneuerung der Verbindung von Instanz und Individuum hat sich in Homburgs Bewußtsein bereits vollzogen, als der aufhebende Ort der erneuerten Verbindung erscheint jedoch nur der Tod:

Der Tod wäscht jetzt von jeder Schuld mich rein.
Laß meinem Herzen, das versöhnt und heiter
Sich deinem Rechtsspruch unterwirft, den Trost,
Daß deine Brust auch jedem Groll entsagt.

Erst auf der Basis dieser vom Individuum vollzogenen Identifikation ergibt sich für die Instanz die Möglichkeit, sich als gleichzeitig gerecht und gnädig und damit als human zu erweisen.

Von der Gestaltung des Verhältnisses des Individuums zur Gesellschaft her gesehen, ist der ›Prinz von Homburg‹ das optimistischste, hoffnungsvollste Drama Kleists. Der Traum ist hier der tragende Grund der Gestaltung, der Hoffnung möglich macht; dennoch aber fehlt auch hier – analog zu Alkmenes „Ach!" – am Ende nicht eine kleine Wendung, die die Hoffnung in Zweifel zieht. Auf Homburgs Frage: „Ist es ein Traum?" antwortet Kottwitz (scherzhaft oder nicht?): „Ein Traum, was sonst?" Nicht von ungefähr hat die Schaubühne am Halleschen Ufer ihre Aufführung von 1972 ›Kleists Traum vom Prinzen Homburg‹ genannt. Der preußische Junker Homburg durfte die Gnade eines erneuerten, humanen Preußentums traumhaft erfahren, dem preußischen Junker Kleist aber ist die preußische Wirklichkeit bis zum Ende als eine seelen- und gnadenlose erschienen.

Zufällige Nachtgedanken über
E. T. A. Hoffmanns verlorene Tagebücher

Worin der geneigte Leser erfährt, wie des tüchtigen Tonsetzers,
genialen Dichters und wohlbestallten Kammergerichtsrates verlorene Tagebücher wieder ans Licht gestellt

Wulf Rehder

Wie in Gedanken versunken starrt der wunderliche Mann in sein eben
gefülltes Glas, nimmt einen langen Zug des poetischen Weines, und antwortet also: „So wißt Ihr auch", spricht er mit einer angenehmen Stimme,
indem er mich scharf aus hellen grauen Augen anblinzelt, „so wißt Ihr
also auch, daß seine Tagebücher, im Oktober 1803 im polnischen Plock
begonnen, in Berlin am 3. März 1815 plötzlich abbrechen?" Ich nicke und
wiederhole meine Worte der glühenden Verehrung für Hoffmanns Werk,
daß ich seine Phantasie- und Nachtstücke, seine Briefe und Tagebücher
gelesen, ja verschlungen habe bereits in früher Jugend. Um die dünnen
Lippen meines Gastes spielt ein halb geschmeicheltes, halb ironisches Lächeln, die stechenden Augen werden merkwürdig weich, als ob sie ein
verborgenes Reich und längst vergangene Zeiten schauten, wobei das
sonderbare Spiel eines Stirnmuskels über den Augenbrauen sekunden-
lang etwas von Mephistopheles in seine Physiognomie gebracht. Ich hüte
mich indessen wohl, seine somnambüle Stimmung zu unterbrechen, und
nach einigen Minuten des Schweigens fährt er, wie durch einen guten
Traum erfrischt, weiter fort: „Euer feuriger Chambertin, junger Herr,
macht Eurem literarischen Geschmacke alle Ehre; er regt den Dichter-
geist an wie der angenehme Xeres, heller und leichter als der süße Alikan-
te ist er vorzüglich bei Rheumatismus und Catarrhalfieber wohl gar sym-
pathetischer wie der prickelnde Porto und bringt so das miscere utili dulce
trefflich in Ausübung! Fin ch'han del vino – schon seh ich einen Pegasus in
jeder Rosinante – verzeiht! meinem wirren Geiste, der umherschwirrt wie
eine Spalanzanische Fledermaus!"
  Ich nötige ihn zum Trinken; er tut es ohne Umstände, und indem er das
volle Glas in einem Zuge hinunterstürzt, senkt er seine Stimme zu einem
geheimnisvollen Flüsterton: „Ein seltsamer Zufall, dessen nähere Be-
schaffenheit ich demnächst in den Bamberger Mitteilungen der E. T. A.-
Hoffmann-Gesellschaft darzutun gedenke, hat mich in den unvermuteten
Besitz einiger datierter Blätter gebracht, welche unweigerlich von Hoffmanns Hand stammen."
  „Aber das ist unmöglich, unglaublich", rufe ich aus. Er hebt die Hände, beschwichtigend. „Setzt Euch nur wieder und beruhigt Euer ungläu-

›E. T. A. Hoffmann mit Ludwig Devrient im Weinkeller von Lutter & Wegner zu Berlin‹. Holzstich nach einem Aquarell von Carl Themann (1871)

biges Gemüte und seht hier diese Blätter." Er zieht ein Bündel eng beschriebener und vergilbter Seiten aus seiner rechten Rocktasche. „Seht dieses ungewöhnliche Manuskript, eng beschrieben und verziert mit skurrilen Zeichnungen und rätselhaften Symbolen, auf der Rückseite." Wer schildert mein Erstaunen! Ich erblicke rastriertes Papier, mit Noten und Ziffern bedeckt, und dazwischen nicht wenige befleckte Gesichter alter Speisekarten mit den appetitlichsten Sardellen-Salaten, diversen Franzweinen, Sec nonmousseux, Sillery, herrlichstem Muskateller ... und darüber prangt in goldenen und grünen, mit Trauben künstlich verzierten Lettern, der Name LUTTER & WEGNER, Weinstuben und historischer Weinkeller, Charlottenstraße 32 in Berlin!

Der kleine Mann mir gegenüber kneift die Augen zusammen und scheint wie ein Kobold durch den dichter schwebenden Zigarrendampf zu lächeln. „Des arg verderbten Zustandes dieser Blätter wegen war es nötig, mit Scharfsinn und einem guten Augenglase gleichsam wie aus einem übermalten Palimpsest Hoffmanns Worte herauszulesen, und wenn Ihr Euch nicht gar sehr langeweilen wollet, so möchte ich Euch wohl etwas weniges aus diesen höchst phantastischen Chroniken vorlesen wie der Pate Drosselmeier dem kleinen Fritz."

Die Turmuhr hatte längst schon Mitternacht angezeigt, die Wachskerzen auf den Tischen waren heruntergebrannt, und der Schankwirt gähnte gerade zum drittenmal recht herzhaft, als der alerte Mann mit den krausen schwarzen Haaren und dem sorglich gepflegten Backenbart an meinen Tisch getreten war und mit komischer Grimasse und artigen Worten seine Aufdringlichkeit gnädigst zu entschuldigen bat. Er habe recht gut gesehen, sagte er, wie sich eine gewisse innere Unruhe auf meinem Gesicht ausgedrückt habe, die allmählich durch den genossenen Wein noch deutlicher hervorgetreten sei und, neugierig geworden, getraue er sich endlich, da Mitternacht bereits vorüber ... kurz, ich hatte den wunderlichen kleinen Mann mit Vergnügen zu einem Glase eingeladen, wir hatten amüsant über alte Weine und neue Musik, über den Einfluß der Poesie auf die Physik, über Traum und Wirklichkeit gesprochen, was uns auf die von uns beiden verehrten Ansichten von der Nachtseite der Naturwissenschaft von Schubert, und schließlich auf E. T. A. Hoffmanns Berliner Zeit von 1814 bis zu seinem Tode im Juni 1822 gebracht hatte.

Inzwischen war mein Unglaube rücksichtlich des verlorenen Tagebuches einer erregenden Neugier gewichen, und um für die versprochene Reise in die fremde Wirklichkeit meines Lieblingsdichters aufs beste gerüstet zu sein, lasse ich noch eine letzte Flasche Burgunder geben und sehe meinen Gegenüber voller Erwartung an. Gebeugt über einen Bogen rastrierten Papieres beginnt er zu lesen, mit seinen lebhaften Augen zwischen den Notenlinien hin und her fliegend:

„August 1816. Den 14. Mittwoch – Taubenstraße 31
Vorgestern Undine zum Drittenmale – vorteilhafte Rezension von J. P. Schmidt in der Vossischen Zeitung.
Von Brühl 40 Friedrichsd'or als Honorar erhalten – davon fünfzehn Frdor an Fouqué übersendet."

„25 Friedrichsd'or für die ganze Undine, das waren damals ungefähr 136 Reichstaler oder 100 Flaschen mäßigen Weines von Kunz aus Bamberg, Lutter & Wegner waren teurer", des quirligen Mannes Gesicht verzieht sich ganz drollig, „und nach vierzehn mit steigendem Beifall wiederholten Darstellungen brannte am Dienstag, am 29. Juli 1817, das Königliche Schauspielhaus am Gendarmenmarkt ab, daß es mir ordentlich heiß wurde in meinem Taubenschlage."

Ich sitze, lausche, sage nichts, nippe meinen Chambertin. Er zieht eine silberne, mit einem Palmensiegel geschmückte Tabakdose aus der Rocktasche. „Schnupft Ihr? Dieser ist noch aus der Kraftschen Handlung zu ein Taler acht Groschen das Pfund – ah che piacere! Raucht wenigstens eine Pfeife dieses feinsten Varinas." Ich nehme schweigend seinen Fidibus, nachdem er sich umständlich seinen fidelen Hamburger angezündet.

„Januar 1820. D. 24. Montag –
noch mit Devrient bei L. & W. – alle Welt liest Kater Murr, vor allem aber hagestolze Kritikaster und schöne Damen – von Dümmler 10 Frdor als Vorschuß auf den zweiten Band erhalten – guter Mann, der seinen Autor nicht verhungern läßt! Vermaledeite Demagogenhetze nimmt mir überhand – morgen in Immediatskommission Injuriensache Turnvater Jahn versus Kamptz. Sollen sie sich doch auf der Hasenheide ausfechten!

Nachmittags mit der Frau gemütlich zu Hause – vierundvierzigster Geburtstag mit amönem Punsch – von Koreff ein Heft mit 24 ächten Callotschen Blättern: Balli di Sfessania.

Februar 1820. D. 11. Freitag –
schnackige Rezension des Kater Murr im Literaturblatt Nr. 12 von heute. Möcht ich doch aus Kunstliebe in Menschenhaß geraten, und Jean Pauls Rosenkränze der Kunst zum Züchtigen des Rezensenten verbrauchen, wenn er mir von meiner Katzenliteratur vorschnalzt wie ein koketter Kleister- und Essigaal. Unglücks-Kritikus schreibt: Verfasser verbleibt mit seinem neuesten Werk in der Sphäre des Possierlichen und Witzig-Neckischen; das ironisierend satyrische Talent ,reißt den Verfasser immer mehr an sich und übt eine ihm selbst unbekannte kakodämonische (sic!) Gewalt über ihn ... Zwischen zwei Extremen schweifend und dem Leben nur die skurrilste und fratzenhafteste Seite abgewinnend, überspringt er zu oft die vermittelnde Anschauung und beraubt sich und seine Leser des höchsten Genusses jener Ironie, die über die schauderhafte Kluft des Daseins und des Seins die Iris-Brücke eines kühnen Mutes schlägt und des Spottes spottet.'

Februar 1820. D. 29. Dienstag –
Schaltjahr mit Champagner bei Lutt. & Wegn. gefeiert – Verleger Wilmans sendet aus Frankfurt 50 Flaschen 1811er Eilfer Rheinwein – großartiges Nachtragshonorar für das Fräulein Scuderi – Solch einen Glauben habe ich in Israel noch nicht funden! – Total beschampagnert –

pictoribus atque poetis
quidlibet audendi semper fuit aequa potestas ..."

„Doch war ja", unterbreche ich, die Verse Horazens erkennend und verteutschend, „doch war ja Malern und Dichtern immer schon das denkbar Kühnste verstattet ..." „Ganz recht", fährt jener fort, und liest dann weiter:

Undine

in der Zauber-Oper gleiches Nahmens.

Figurine im neuen durch Graf Brühl geförderten historischen Stil (siehe S. 197)

„Diese Freiheit, Zahmes und Wildes, Schlangen und Vögel, Läm-
mer und Tiger zu paaren, gewähret Horaz selbst dem Poeten nimmer! O ihr goldenen Schlängelein, weh dir holde geliebte Serpenti-
na, da der Mensch Anselmus dich liebt! Verwünschen würd euch
auch der römische Dichter – viel an Ktch. gedacht – Kopfschmerz
und un poco exaltato –"

In gemütlichem Tone fährt mein Gast fort: „Keinem Zweifel kann es
unterliegen, mein Herr, daß Hoffmann den Horatius kannte und schätzte, studierte er doch mit eifriger Hingabe das Lateinische, welches der
Rektor der deutsch-reformierten Burgschule in Königsberg, der Prediger
Dr. Stephan Wannowski, höchstselbst den Schülern der höheren Klassen
verabreichte. Dieser ausgezeichnete Kopf und tief humoristische Pädago-
ge erweckte die geistige Anteilnahme des empfindsamen Knaben durch
die Wärme und den Ernst seines Unterrichts. Vorzüglich war es denn des
Predigers Lieblingsdichter Horaz, dessen Epoden, Epistel und Dicht-
kunstbüchlein den Schüler Hoffmann in die klare und elegante Welt der
Alten einzuführen vermochte."
     Ich erinnere mich an den ›Meister Floh‹ und ›Des Vetters Eckfenster‹
mit ihren Zitaten des römischen Vates.
     „Doch war Hoffmann gewiß kein klassischer Gelehrter, kein poeta
doctus, aber für eine geistreiche Anspielung fanden die alten Lateiner hin
und wieder durchaus witzige Verwendung. Denkt nur an Ovids Ars
amandi, deren Verse (bei ein bißchen Mondschein) dem verliebten Kater
Murr zum Troste gegen herben Liebesschmerz um die süß lispelnde Mies-
mies dienten. Hoffmann kannte auch seinen Livius, Ab urbe condita;
denn Murrs lieber Freund aus alter Burschenherrlichkeit, der schwarze
Kater Muzius, erbt seinen Namen von C. Mucius Scaevola, der tapfer und
furchtlos und zum Erschrecken Porsennas seine linke Hand ins Altarfeu-
er gelegt – Muzius, Ihr erinnert Euch, zerquetschte sich die rechte Hinter-
pfote gar jämmerlich in einem Fuchseisen, verfolgt von feigen etruski-
schen Hausknechten! Ferneren Beispiels gemahnt die Grabrede des eitlen Katers Hinzmann am Katafalk des am Fuchseisen verstorbenen Muzius an Senecas Worte: ‚Quid est homo? Quolibet quassu vas et quolibet
fragile iactatu …‘ Und Hinzmann, plagiierend Hoffmanns Erudition be-
weisend: ‚Was ist der Kater! – ein gebrechliches vergängliches Ding …‘"
     Da schlage ich eine helle Lache auf ob dieser gescheuten Rede, die er
docte utriusque linguae mit der wunderbaren Sagazität des gelehrten Böt-
ticher vorgetragen hatte.
     „Ha", ruft er da mit erhöhter Stimme, wie ein drolliger Erdgeist die
Augen verdrehend, „lacht Ihr nur, mein Bester! Hoffmanns sublime
Kenntnis der gebildeten Literatur wird von künftigen Generationen hoffentlich besser gewürdigt! Ich halte für meinen bescheidenen Teil sogar

dafür, daß seine Poetik, seine Literaturtheorie, ein klügeres Publikum verdient wie das tausendköpfige, bizarre, chamäleontische Ungeheuer beamteter Kritikerbataillone! Nicht die alten, blödsichtigen Scheuerweiber, diese selbsternannten Mäciusse – nein! der tiefempfindende Enthusiast nur dringt in das Innerste des Dichterwerkes, das wie ein krankhaftes Spiel sein wundes Gemüt bald im Dampfbad der Rührung erwärmt, bald mit kaltem Schauer und Entsetzen ergreift. In schöpferischem Helldunkel, in bewußtlosem Empfangen, unerachtet er zur klaren Erkenntnis gekommen, macht der Dichter so selbst seinen Kritiker, zerteilt in zwei geistige Prinzipe, die der Moment scheidet in ein Innen und in ein Außen ..."

Das kleine Gastzimmer, nur durch flackerndes Kerzenlicht erhellt, ist schon ganz von Wolken grauweißen Dampfes erfüllt, den der Knaster in unseren Pfeifen erregt.

„Ei", spreche ich, ob seiner wirren Rede ganz verwundert, „Ihr scheint wohl mehr zu wissen als wir blöden Leser, die wir doch auch das Unerhörte schöner Novellen mitzuerleben meinen; die ruhige und klug gebaute Erzählung rechtens bewundern; und auf dem Theater sehen wir gar zuweilen uns selbst in jenem stolzen Helden, der, wiewohl zunächst geschickt retardiert, so doch zuletzt unweigerlich auf das Verderben oder auf das gute Ende, je nach Gattung des Stückes, mit eherner Gesetzlichkeit entgegenstreben muß – ja spüre ich nicht Juliens heißen Abschiedskuß auf meinen eignen Lippen, glühender als jeder Bühnenromeo ..."

„Ha!", ruft er, zehrendes Feuer im Blick, und springt in den entferntesten Fensterbogen und wieder zurück mit zuckendem Mephistophelesmuskel, „ha! – Philister! ist dir die Macht gegeben, mit mir freches Spiel zu treiben? – Bist du das Verhängnis selbst, daß du mein Inneres erfassen magst? – Genug! Juliens Schicksal hat sich längst erfüllt – doch hört – ja, schenkt nur tüchtig ein – die letzten Blätter aus verlornen Tagebüchern, wo zuvörderst der Professor Sch ... von der Universität zu B ... zum Sprechen ähnlich konterfeit."

„November 1820. Den 14. Dienstag – heute ist Serapions-Tag! allein bei L. & W. – miserable Nacht – Colikanfall und matt – quod deus bene vertat – dritter Band der Serapionsbrüder bei Reimer gedruckt – 50 rth. Vorschuß auf den 4^n Band erhalten – Skizze zu den Lichten Stunden eines wahnsinnigen Musikers: Kreisler begegnet nach seinem Kolleg über Ahnungen der Musik des Himmelreiches dem Geheimen Würklichen Statistikus Sch ... Vierschrötig wie der Advokat Coppelius, wirkt er aus der Ferne in modisch kurzem Jabot wie ein verzogener Zierbengel aus grauem Marzipan. Silberne Augengläser verheimlichen eine eher flache Stirn und stoßen seitlich an graue durch einen italienischen Künstler gerollte Kleblocken. Enge Beinkleider betonen deliziös zwei spindeldürre Beine, die in mit mächtigen zinnernen Schnallen verzierten Schuhen enden, daß er aussieht wie der Ries gewordene Wechselbalg Zinnober. Als junger Doktor hatte er ein schmales gelbes Büchlein geschrieben, auf das er selbst gar große Stücke hielt und welches ihm einen Sitz im Hohen Rate seiner Fakultät eingebracht, wo er allwöchentlich albern kichernd die Kollegen mit nassen Papierkügelchen bewarf, ohne jemals zu treffen; denn er war erheblich kurzsichtig. Durch Zufall entdeckte man nach seinem Tode, daß sein Kopf vollständig leer und hohl gewesen.

Dieser widrige Zaches hatte an seinem siebenten Geburtstage von seiner Muhme, der diebischen Hexe Doroboh, zum Geschenk einen schwarzen Kasten erhalten, welcher durch einen unerfindlichen inneren Mechanismus angetrieben, Motetten, Murkis, ja selbst den Don Juan täuschend und ein wenig metallisch zu imitieren verstattete, als ginge in dieser Automate eine künstlerische Rechnung besonders reinlich auf. Mit den rätselhaften Worten: ,Kono hako niwa, kimino kokoro haitemasu', war die diebische Hexe Doroboh gegen Sonnenaufgang für immer verschwunden.

,Allerwertester Kollege', verneigt sich Kreisler einen Deut zu tief, ,Allerwertester, wie geht es dem heimlichen König der Welt, den wir Zufall nennen, den Rex statisticorum?' ,Sehr wohl, sehr wohl', sagt Sch . . . und kichert, ,sehr wohl, man dankt, denn wie Ihr wißt, regieren Zufall und Wahrscheinlichkeit die Welt, selbst mich, und Euch erst recht, mein lieber Kreisler . . .' ,Doch nicht den wahren Künstler', fällt Kreisler lächelnd ihm ins Wort, ,das kann ich Euch fein säuberlich beweisen und artig auseinanderlegen wie ein rechter Mathematikus!' ,Laßt hören, Kreisler, wie Ihr wißt, bin ich ja selbst ein Mathematikus.' Darauf der Kreisler: ,Als Mann von Welt und Mathematikus habt Ihr bestimmt schon oft bemerkt, daß das, was wirklich sich begibt, beinahe immer nur das unwahrscheinlich Ding?' ,Fürwahr, als Mann von Welt bin ich dafür, daß wirkliche Erscheinungen im Leben oft viel wunderbarer sich gestalten als alles, was die regste Phantasie auch zu erfinden trachtet.' ,Erinnert Ihr Euch nun', spricht Kreisler, ,an Hoffmanns Spukgeschichte mit dem Teller, wo allem spukischen Herkommen entgegen, die Geschichte selbst so ungesucht, so einfach ist, daß gerade in der Wahrscheinlichkeit, die das Unwahrscheinliche dadurch erhält, das Grauenhafte liegt? Um mit Aristoteles zu reden, den Ihr ja sicher kennt: es ist wahrscheinlich, daß sich die Dinge gegen die Wahrscheinlichkeit ereignen werden. Und wie in Gozzis ›Raben‹ scheint das Wunderbare, mithin recht Wirkliche und Unwahrscheinliche, sogar notwendig und so poetisch wahr, daß man völlig daran glauben muß. Das Wahre aber, sagt schon Boileau, muß – ich sage: kann! – doch nicht wahr-

›Kapellmeister Kreisler im Wahnsinn‹. Handzeichnung von E. T. A. Hoffmann

scheinlich sein! Ergo ist das Schöne, Wahre, welches außerordentlich und unwahrscheinlich, das eigne Feld des Künstlers, nicht aber
das Wahrscheinliche, das Gebiet des Möglichen, welches Euer Feld,
Verehrtester – quod erat demonstrandum!‘

,Sonderbar‘, ruft da Professor Sch ..., ,sonderbar, aber ziemlich
plausibel!‘ und jug davon, um den Beweis zu Pergament zu bringen
und ihn im Hohen Rate seiner Fakultät ganz als den seinen auszu-
geben.“

„Hier endet dieser Eintrag ins verlorne Tagebuch.“

„Ei der Tausend“, ruf ich aus, „das ist stark! Kreislers verschrobene
Demonstratio ist eine üble Parodie auf ganz subtile Lehren der serapion-
tischen Erzählungen: das anscheinend Wunderliche sproßt aus dem tie-
fern Wunderbaren, das man für unmöglich, für unbegreiflich hält, das die
bekannten Kräfte der Natur übersteigt oder ihrem gewöhnlichen Gange

94

entgegen zu sein scheint. Mag sich das Wunderbare auch nur bisweilen in dieser niedrigen und grellen Wirklichkeit spukhaft offen zeigen als das Abenteuerliche, Ekelhafte, Gräßliche – kurz: das Interessante –, so gerät es unter eines Künstlers Hand zu objektiver Kunst, zu Schönheit, zu einem Substrat der weltlichen Gestalten, die ohne Rücksicht auf Ort, auf Zeit ein jeder kennt, mit denen ein jeder befreundet ist, die fort und fort unter uns lebendig wandeln!" So spreche ich emphatisch.

„Hoho", lacht er, gestikulierend, „hoho, mein Freund Philister, Ihr mischt da manche Prise Schiller, manch Schlegelsches Fragment mit ehrlichen Serapionsbrüdern, welche in heiterer Gemütlichkeit nur geistreich und verständig und bescheiden das erzählen, was lebendig und wirklich sie geschaut. – Nun sehe ich wohl, daß auch nicht das kleinste Fünkchen von Schriftstellertalent in Euch glüht, trotz Chambertin. Desohngeachtet laßt mich weiterlesen."

„Spätere Skizze zu den Lichten Stunden.

Kreisler, dem Wahnsinn verfallen, vernimmt die Töne der frühen Natur des goldenen Zeitalters und schreibt ein tragisches Capriccio für Luftmusik, Teufelsstimme und Wetterharfe in drei Vigilien:

Professor Sch . . . ist jetzt ein alter Rechenmeister, der in mittelmäßigen Schulanstalten sein Wesen getrieben hat, bis er als Magier der mechanischen Musik von Markt zu Markt gezogen, die schwarze Automate seiner Muhme fest unterm linken Arm, und man sagt, mit dem Teufel im Bunde. Durch allerlei Unternehmungen hat er viel zweifelhaftes Geld erworben; er ist geizig, mißtrauisch, Zyniker bis zum Ekelhaften, und erster Berater des infantilen Fürsten Ignatius. –

Die zweite Vigilie führt in das kleine Land der Ladiner, an den Hof des armen aber guten Grafen Tugendhat und geradewegs in die Musikstunde seiner etwas eitlen Tochter Dolasilla, die ihrem Lehrer Kreisler beim Fantasieren auf dem Pianoforte lauscht. Kreisler hat die übersichtliche Residenz des Fürsten Irenäus nach dessen Tode und der turbulenten Hochzeit seines schwachsinnigen Sohnes, des jetzigen Fürsten Ignatius, mit Julia Benzon Hals über Kopf im bleichen Wahnsinn verlassen, war tagelang durch die Wälder gehetzt, von Pater Hilarius gefunden und für sieben Tage im Kloster Allerheiligen gepflegt worden, wo man in seinem stillen Wahn den gütigen Mantel der Gnade Gottes erkannte. Rast- und ruhelos gelangt Kreisler nach weiteren sieben Jahren in eben dieses kleine Land des Grafen Tugendhat, der ihn als Kapellmeister und Musiklehrer seiner Tochter Dolasilla aufnimmt. In der letzten Szene dieser Vigilie dirigiert Kreisler seine Messe d moll ohne den vierstimmigen Chor, ohne Instrumente, ohne Musiker – kein Kyrie, kein Gloria dringt an das Ohr des atemlosen Publikums. –

In der dritten Vigilie stiehlt Fürst Ignatius während Kreislers Messe die Lieblingstasse des Grafen Tugendhat. Der Tassenkrieg bricht aus, und der verruchte Professor Sch ... wird in einer Gewitternacht überwältigt und mit seiner schwarzen Automate in einen tiefen Turm geworfen. Angezogen von der automatischen Musik, lauscht Dolasilla eine lange Nacht unter dem Kerkerfenster und läßt am Morgen sieben starke Kerkerknechte die Automate in ihr Musikzimmer schleifen. Dort öffnet sie den schwarzen Kasten mit einem Notenschlüssel – darinnen befinden sich gestohlene Schatten, im Linkeschen Bade abgelegte Spiegelbilder, vom Winde verwehte Kinderstimmen, das Blinzeln der Eule über der Wolfsschlucht aus Webers Freischütz, einige Zahlen des Pythagoras, des Landwehrmannes Augenlicht, das Lachen eines rotwangigen Kindes vom Gendarmenmarkt – und ein eisernes Räderwerk, welches diese Ingredienzien zu der herrlichsten, ein wenig metallischen Musik vermischt. Kaum hat die eitle Dolasilla den Kasten geöffnet, als ihr zartes Angesicht erstarrt zur alten Hexenfratze, derweil ihr Körper weiß bleibt, glau und jung. Da zerspringt das eiserne Räderwerk, und mit einem höllischen Schrei verendet Professor Sch ... in seinem Turmverließ. Bei der Autopsie findet der Hofchirurgus durch Zufall, daß sein Kopf vollständig leer und hohl gewesen. Auch ein Herz wurde nicht in seiner toten Brust gefunden, obwohl der ganze Hof zwei oder drei Tage danach suchte. –

Epilog. Wir sehen Kreislern wieder seine stumme Messe dirigieren, zu seinen Füßen die im Tassenkrieg gefangene Julia, die das Credo, Sanctus, Agnus leise mitsingt. ––"

„Was sagt Ihr?"
Vergeblich suche ich meinen merkwürdigen Gemütszustand zu beschreiben, in den ich durch die gehörte Erzählung geraten; zu beschreiben, wie sich der Hörer in einem phantastischen Zauberreich wähne, wenn so das Märchenhafte in die Gegenwart versetzt wird, und wie er glauben wird, dies Reich gehöre auch noch in sein Leben hinein und sei eigentlich der wunderbar herrlichste Teil desselben. Doch sei dies gar kein echtes Märchen, da man sich einer solch träumerischen Stimmung ohngeachtet dem Irrsinn gegenübersieht und unvermutet die Füße wundstößt an den spitzen Steinen des rauhen Lebens.
„Des rauhen Lebens spitze Steine, sagt Ihr, und ehrt den Traum dagegen, den Dichter, Künstler, durch das ganze Leben träumen, der oft die drückende Last des Irdischen auf seine Schwingen nimmt und uns erquickt wie der ergötzliche Humor, diese wunderbare, aus der tiefsten Anschauung der Natur geborne Kraft des Gedankens, seinen eignen ironischen Doppeltgänger zu machen, an dessen seltsamlichen Faxen er die seinigen und die Faxen des Seins hienieden erkennt."

Wieder zeigt sich das ironische Lächeln auf den Lippen meines Gastes, er scheint wieder das verborgene Reich der Urdarquelle zu schauen und das Lachen des Prinzen Cornelio Chiapperi und seiner Prinzessin Brambilla zu vernehmen, während in seinem bewegten Innern die Musik des Zaubergartens in vollen Akkorden ertönt:

Das wahre Sein im schönsten Lebenskeime
Verstanden die, die sich erkannten – lachten!

Dann fährt er, an ein unsichtbares Publikum gerichtet, fort zu träumen: „Ganz wie ein geheimes, sympathetisches Band zwei entfernt liegende Tonarten enharmonisch verbindet, ebenso scheint die äußere Wirklichkeit, wiewohl sie oft sehr wunderlich und widrig moduliert, nichts als eine enharmonische Verwechslung der inneren wahren und wunderbaren Welt – denkt an das harte Aneinanderrücken der Tonarten As und C im Andante des Meisters fünfter Symphonie! Wie frappant wirkt der pomphafte Satz aus C dur mit seinen Pauken und Trompeten! und dann die Modulation in den Dominanten Akkord zurück in As dur – wie sodann rührend einfach die Flöten, Oboen und Klarinetten ein drittesmal ins Thema C dur enharmonisch überleiten! Holde Geister sind es, die die goldenen Flügel regen in überschwenglichen herrlichen Klängen, wenn du pianissimo mit gehobenen Dämpfern im Bass den vollen As-dur-Akkord greifst und die poetische Melodie als Ausdruck des inneren Affekts und gleichsam wie der kantable Gedanke der Musik, entsteht –– aber in toller wilder Lust jubelt sogleich wieder fortissimo der pompöse C-dur-Terz-Akkord, und es zieht der Teufel ein mit Pauken und Trompeten!
Temperiere drum der reizbare Mensch sein künstlerisches Gemüte, auf daß er nicht zerrissen werde zwischen wahnsinnigen phrygischen Gesängen und rheumatischen Zufällen, wütendem Kopfschmerz auf dem öden Kammergericht …"
Er steht langsam auf, mißt mich mit ernstem durchdringenden Blick; doch als ich weiter fragen will, ist er mit dem Lichte durch die Türe entwichen und ––
–– ich erwache jählings!
„Geh Er fein ordentlich zu Hause und leg Er sich aufs Ohr!" ruft mir der Schankwirt zu, „Ihm fehlt sonst nichts, als daß Er letzte Nacht zuviel ins Gläschen geguckt", und räumt die letzte leere Bouteille Chambertin vom Tische, auf dem verstreut einzelne Blätter, Speisekarten, Weinbillette liegen. Hastig ergreif ich sie – Hoffmanns verlorene Tagebücher! – und erstarre: leer und blank, kein einziger geschriebener Buchstabe erinnert an den Spuk der letzten Nacht! Erfüllt von allerlei Empfindungen, steige ich die Stufen aus dem Weinkeller hinauf, die zur Straße führen, wo ein schöner Spätherbsttag und eine frische Morgensonne mich erwarten.

Bettina von Arnim: Ein Brief

Hellmut Kühn/Manfred Schlösser

Der folgende Brief handelt von den ›Göttinger Sieben‹. Genau zwei Jahre vor seiner Abfassung hatten sieben Professoren gegen die Aufhebung der Verfassung durch den König Ernst August von Hannover, vormaligem Herzog von Cumberland, protestiert und waren entlassen, drei gar des Landes verwiesen und unter Polizeischutz über die Grenze gebracht worden, unter ihnen Jacob Grimm. Man half den Ausgewiesenen. Unter den Helfern waren auch Karl Friedrich von Savigny und Karl Lachmann: der eine berühmter Rechtsgelehrter und enger Berater des Kronprinzen und nachmaligem Königs Friedrich Wilhelm IV.; der andere Präsident der Berliner Akademie sowie mit den Gebrüdern Grimm am Aufbau einer Wissenschaft vom Deutschen beteiligt, vor allem auch durch die Übersetzung des ›Nibelungenlieds‹.

Karl Friedrich von Savignys Ansicht war: Man solle privat helfen und öffentlich schweigen. Keine Demonstration für das Recht der mit Berufsverbot Belegten, keine Verbrüderung. Eingaben an die Regierenden ja, aber „ruhig und leidenschaftslos, ohne Opposition". Der König solle „um einer so kleinen Sache willen" nicht angerufen werden, und Mäßigung auf allen Seiten könne der Sache, einer erneuerten Ausübung des Rechts auf Lehre, nur nützen. So riet der Akademiepräsident von dem Plan ab, den Jacob Grimm gefaßt hatte: Dieser wollte sein Recht, als Mitglied der Akademie lehren zu dürfen, in die Tat umsetzen.

Bettina von Arnim plante nach zwei Besuchen bei den Gebrüdern Grimm in Kassel den Brief an ihren Schwager Savigny sorgfältig. Mehrfache Entwürfe zeigen, daß er eher als Offener Brief geschrieben wurde und seine spätere Überreichung an den Kronprinzen in der Natur des Schreibens lag, daher kaum als Treuebruch verstanden werden kann. Bettinas „große Epistel" schlug in diese von Ratlosigkeit, falscher Staatstreue, Rivalitätsdenken und Feigheit geprägten Situation zündend ein: „Ihr haltet den Fürsten nur die Reden, auf die sie eingerichtet sind zu antworten ohne aufzuwachen; denn die Wahrheit würde sie wecken, und sie wären dann keine Automaten mehr, sondern selbständige Herrscher, und die Staatsklugheit würde dann nicht mehr mit Niederträchtigkeit verbunden sein." Savigny war seit den Tagen der Romantik mit ihr und den

Gebrüdern Grimm freundschaftlich verbunden, daher konnte sie zu Recht fordern, der juristisch geübte und als Mann der Wissenschaft vorbildliche Freund möge eine juristische Rechtfertigung der mutigen Tat geben. Doch Savigny war nach einem Leben für das Recht in der Beurteilung einer der wichtigsten Fragen, nämlich nach „der Gränze der wahren, positiven Duldsamkeit ... im politischen, wie im religiösen und sittlichen Gebiet", ratlos. „Ich muß also nach ruhigster, unbefangenster Überlegung sagen", schrieb er an Jacob Grimm, „daß ich mich eines bestimmten Urtheils enthalte, und daß ich nicht, wie Sie es zu nehmen scheinen, eine verschiedene Meynung aus Schonung und Zurückhaltung verschweige, sondern daß dieselbe überhaupt nicht vorhanden ist."

Bettinas Brief schlug zwar im zaudernden Gemüt des Schwagers einen Funken, aber dieser glomm matt. Savigny schrieb dem Kronprinzen. Anstatt aber das politische Recht der ›Göttinger Sieben‹ zu erläutern, attestierte er den Gebrüdern Grimm politische Naivität. Sie seien von allem politischen Leben entfernt nur für das ›Deutsche Wörterbuch‹ tätig, und diese seine Einschätzung teile auch ein „parteiloser Preuße", mit dem er gesprochen habe. In diesem Sinne wurde die Angelegenheit „bereinigt". Die Gebrüder Grimm kamen offiziell im Jahre 1841 nach Berlin, aber zu einer Berufung im Sinne einer Revision des hannoveranischen Spruches kam es nicht. Und Bettina von Arnim wurde allmählich in ihren politisch gemeinten Schriften den Freunden unheimlich. So konnte denn selbst Jacob Grimm sagen, daß „sie übertreibe, überlade, nach Frauenweise hindere, störe, verwirre".

Bettina tat das Gegenteil. Während ihre klugen Freunde in Abwägung aller möglichen Konditionen erlahmten und ihrer eigenen Kraft aus den romantischen Jugendtagen verlustig gingen, behielt sie klaren Kopf für die Einsicht, daß Wahrheit kein Ergebnis kompliziertester Kalküle sein könne. Sie hielt bis zu ihrem Lebensende an der Leidenschaft des Eintretens für das Sittliche fest, das vom erkennenden und handelnden Subjekt geprägt und nicht vom starren Recht beherrscht ist. Karl Friedrich von Savigny dagegen zerfiel zunehmend in eine Privat- und eine Amtsperson. Wilhelm Grimm schrieb über ihn: „Savigny ist immer liebenswürdig – es ist seine Natur – wenn er allein ist; in Gesellschaft mit seiner Frau und Familie ist er ein ganz anderer, kalt und vornehm abwehrend."

Lieber Savigny!
Du kommst mit der Aufforderung, Dir von den Grimm zu erzählen, meinem Wunsch entgegen; denn als ich aus diesem unschuldvollen Hause, in dem der Segen Gottes heiteren Frieden verbreitet, scheiden mußte, da dachte ich Deiner, und daß es doch jammervoll sei, wie Du, der in der Blütezeit Deines Lebens in so edlem Verkehr mit ihnen stand, jetzt von ihnen getrennt bist, wo grade an *Dir* der Geist ihrer Treue sich überschwenglich offenbart. Der Jacob hat nicht von Dir

gesprochen in den sechs Tagen, wo ich unter seinem Dach wohnte. Wie wohl war mir's dort! – Wie möcht ich das Gefühl, daß diese beiden Männer Zuversicht zu mir haben, um keine Ehre der Welt tauschen! Ich trage Sorge um meiner Kinder Wohl, aber wenn ich durch den leisesten Verrat, der, kaum zu ahnen, in den innersten Falten meines Bewußtseins vorging, ihr Glück erkaufen könnte, ich wollte dies nimmermehr auf mich genommen haben, so sehr bin ich durchdrungen von ihrem [der Gebrüder] Seelenadel und göttlichen Gewissen. Ich steigere meine Begeisterung nicht und von Rührungen bin ich auch nicht leicht angefochten, doch hab ich mit dem Jacob weniger gesprochen, weil seine willenlose Milde gegen alle Drangsal der Verleumdung mich so sehr bewegte. Er hat, wie gesagt, nicht von Dir gesprochen, aber Wilhelm, mit dem ich noch abends spät alleine war, er erzählte mir, daß Jacob unermüdet arbeite, und daß es kaum begreiflich sei, wie viel er leiste; dann kam auch die Rede auf Lachmanns Verrat. Dieser war wenige Tage vor mir bei ihnen gewesen und hatte mit weinenden Augen sein Unrecht und seine Lügen eingestanden und mehr noch als wovon ich wisse, viel mehr noch, sagte Wilhelm; sie haben ihm auch verziehen, denn er habe weit weniger Schuld! – Weniger Schuld wie wer? ...

– Wenn ein Verbrechen der Gerechtigkeit anheimgegeben ist, daß sie es in seinen labyrinthischen Wegen erkenne, so wird eine heilige Scheu dies ihr durch Gottes Überantwortung befohlne Pfand vor jeder willkürlicher Auslegung sichern. Der Weg der Untersuchung leitet ab von der Oberfläche in die tiefsten Beweggründe ein und nimmt jene als die wahren an, die die menschlichsten sind. Ein Sündebelasteter ist ein Pfand Gottes, und hundertmal größer ist ein Verrat an diesem als die Sünde selber. Wenn aber das Verbrechen gegen Verrat geschützt sein soll, wie steht es dann mit jenen, deren Geschick den Forderungen ihres Gewissens ein Opfer geworden? – Wollen wir die mit Füßen treten lassen? – Wie schnell konntet Ihr aburteilen über jene, hatte doch keiner Mißtrauen in diesen Judas [Lachmann], der als ihr Freund ja doch wohl Zutrauen verdiene, daß er die Sache so glimpflich als möglich werde ausgelegt haben. Und keiner unter allen Gelehrten und großen Männern des Rechts, dem es eine würdige Aufgabe oder wichtige Pflicht war, ihre Rechtfertigung zu übernehmen, der im reinen Sinn ihres Willens die erste große deutsche Handlung offen vor den Augen Deutschlands dargelegt hätte, wie es in ihnen entsprungen war, wie es von Anbeginn als frühester Keim der Reinheit ihres Charakters und Wirkens so in ihnen lag und so kommen mußte, was sich so deutlich durch ihre einfache Lebensbeschreibung bekundet und später durch ihren Weltruf und die Bahn ihres Wirkens auf Laien und Priester der Wissenschaft, auf Kinder und Volk sich betätigte. – Nein, keiner war dazu aufgelegt, obschon gewiß mancher eine Stimme in sich zu betäuben hatte, die ihm sagte, die Grimm haben recht. Was hilft mich's, das Evangelium bekennen, wenn ich das, was zu meinen Gunsten, zu meinem Recht mich auffordert, feigerweise nicht wage zu unternehmen? „Du sollst dein Licht nicht unter den Scheffel stellen!" Und hier war eine so gottgefällige Gelegenheit, sich eine Glorie himmlischer Weisheit und irdischen Ruhms mit dem Licht unter dem Scheffel zu entzünden.

Ja, Savigny, was hilft Dich Dein Ruhm in und außer den deutschen Landen, wenn Du scheu und kalt an jenem Hause vorübergehest, in dem Du sonst vor allem mit freudiger Begeisterung aufgenommen warst, wo Dein erster Schüler wohnt, der jetzt als erster deutscher Gelehrter weit über alle hinausragt und doch das Herz noch so voll demütiger Liebe zu Dir hat, als sei er noch Dein Schüler, – wenn der, um Dich nicht zu drängen, nun nicht mehr Dir begegnen will? – Was ist die heilige Verbindung in der Wissenschaft, wenn sie solche Herzen und solchen Geist nicht fest zusammenhalten kann? – Du, in dessen Herzen die Kindlichkeit in voller Blüte noch stand, als noch der dichteste Lorbeer Dich kränzte; – ich war ja Zeuge und war voll tiefer Ehrfurcht vor Deinem Geist, denn Du warst ja der erste, den ich bewundern lernte, und an dem ich mit Liebe hinaufsah; erst in Marburg, nachmals in Landshut, Dein Wesen mit den Studenten, die an Dir erstarkten, in Wissenschaft und Weltsitte, in Gefühl und Vertrauen, das Du nie zurückwiesest, so treuherzig und einfältig es sich vor Dir aussprach, und lindertest ihre Not, wie sie krank waren am Spitalfieber, und gingst freundlich in ihrem Kreis spazieren über Berg und Tal, und sammelten sich die bedeutenden Männer um Dich, die mit Dir zu sein so stolz waren und so glücklich durch alles Schöne, was bewußtlos als Deine eigenste Natur aus Dir hervorging. – Und wer von jenen allen, die mit Dir waren in jener schönen Zeit, ist nicht heute noch erfüllt davon? Ja, Du wirst mit mir bekennen: es gibt Zeiten, wo die reine Natur, die Gott in uns gepflanzt hat, so vorwaltet, daß man besser ist wie zu andern Zeiten. – Und in Berlin, wo Du der aufblühenden Universität und so viele Jahre fort auch dem Staat Deine Muße geweiht hast, ohne Falsch, mit steter Selbstverleugnung, ohne Forderung an Anerkenntnis und äußere Vorteile, und da Du deren größere haben konntest an andern Landen; aber Du verschmähtest sie um des selbstgewählten Berufs willen. Oh, ich weiß alles, was Dich groß macht! – Konntest Du auf so edel bezeichneter Bahn nicht jene Glorie um Dein Haupt Dir selber erzeugen? – Warst Du nicht grade durch jene bekräftigte Treue und Weisheit geeignet mehr noch als jeder andre, Dein Licht unter dem Scheffel hervorzuholen und durch Deine Wahrhaftigkeit den schönsten Sieg zu erringen, der Deinem großen Wirkungskreis und Deiner Lebensweisheit allein angemessen war und allein würdig? Jedes hohe Ziel soll gekrönt werden, dazu gibt Gott die Gelegenheit, sonst ist es uns nicht errungen, wenn wir auch noch so nahe kamen. Die Grimm haben ihren Kranz errungen, mit weit mehr Entsagung als Du deren bedurft hättest. Dir hat Gott es so nah gelegt; selbst in jenen beleidigenden Worten am Hof, zu Deinem Sohn gesprochen: Du seist mit jenen, die man elende Leute nannte, einverstanden, worüber Du Dich beim Kronprinzen rechtfertigtest. Konntest Du da nicht mit Deiner Rechtfertigung auch die Verteidigung Deiner Freunde verbinden, vor denen Elende zurückweichen müssen, und konntest, solltest ihren Geist wie ihre Tat vor dem Kronprinzen in das rechte Licht stellen und Deinen Glauben an ihre unverletzbare Treue bekunden; das warst Du Deiner eignen Einsicht schuldig, denn die ist nicht ungescheut.

Gott hat Dich mit Glücksgütern gesegnet, Du bedurftest keines Broterwerbs, Deine Wichtigkeit als Lehrer der Jugend wäre tausendmal durch das hohe Beispiel Deines uneigennützigen Bekenntnisses überwogen worden. Was hätte es Dir verschlagen, wenn Du Dein Amt unter solchen Bedingungen lieber niedergelegt hättest? – Und das brauchte nicht die Folge zu sein; denn Du konntest einfach und ohne hartnäckiges Widersagen die unwiderlegbare Reinheit jener Handlung in ihren Wurzeln darlegen. Du brauchtest nicht wider den Stachel der Zeitläufte zu lecken, denn die Ereignisse, die eine Folge langwieriger Verkehrtheiten sind, welche schon so lange in unseren durch Mißbrauch verderbten Grundsätzen so wohl der Politik wie der Moral und Religion (welches alles eins und dasselbe sein sollte) gären, die müssen ihren Eiter auswerfen, aber daß man diesen Eiter von sich abstoße und sich nicht mit davon ergreifen lasse, das bewirkt die Heilung der Zeit. – Dann fühlt der andere, der durcheitert ist, seine Krankheit, und ihm gibt das hohe Beispiel Energie sich aufzuraffen und auch gesund zu werden. Nimm dein Bett und wandle, denn du bist gesund, so würde Deine Stimme ihnen zugerufen haben – und siehe, viele wären freudig aufgesprungen und hätten Deiner Stimme Glauben geschenkt und ihrer Gesundheit fortan sich gefreut; und ganz Deutschland würde es Dir Dank gewußt haben und Preußen vielleicht am meisten. – Was sag ich doch? – ja, das ist freilich die Frage, ob es sich bei Dir bedankt hätte; aber Dein Bewußtsein konnte Dir genügen, wenn es Dir den Dank schuldig blieb; denn seit der polnischen Revolution konnte wohl nichts die Herzen ihm so versöhnen als wenn man jenen eine Zuflucht hätte angeboten und Schutz ihnen angedeihen ließ, und die Zuversicht zum Staat würde hierdurch auf die frühere Höhe gestiegen sein ...

Also diese Leute, die eine jede andre Nation für ihr höchstes Kleinod würde erkennen, die ihr Jahrhundert krönen durch ihren Moralsinn wie durch ihre tiefe Erleuchtung in gelehrten Dingen, die kein andrer jetzt Lebender versteht, wovon weder das Publikum eine Ahnung hat noch die Gebildeten einen Begriff, und keiner, der es klar mache, welch ein Schatz ihnen entgeht! – die jetzt ein Werk vorhaben, was den Strom des Wissens aus deutscher Quelle in alle Lande leiten wird und sie mit dem Vaterlandsgeist verbinden, was in keinem andern Staat ohne Unterstützung bleiben würde, von denen können Freunde und Akademie sich lossagen, weil einer aus der Luft greift, sie seien empfindlich. – Wenn einer noch wär unter allen jenen, die man große Männer nennt, der sie ersetzen könnte? – Ob sie Deutschland je ersetzt würden können, – ob Jacob, der diese Sprache aufs neue erfunden, die kein andrer versteht, der so viel, was uns verloren war, aus Ketten und Banden befreite und noch der Wunder zu tun berufen ist, das ist den Freunden der Wissenschaft alles nichts. – Die Akademie verleugnet die hohe Ehre, dieses Verdienstes um das Vaterland, um ganz Europa sich zu erwerben, was so einfach, so ohne Anstoß konnte bewirkt werden, wenn sie von dem Geldhaufen, den sie dazu liegen hatten, es im voraus dem Buchhändler abkaufte und diesen verpflichtete, die ungestörte Fortsetzung des Werkes zu veranlassen. Mit was kann die Akademie dies gegen sich und die ganze Wissenschaftswelt verantworten, daß sie es nicht tat? – Daß sie dem unschuldvollen gewissensheiligen Brief des Grimm, der nicht wagt, Unterstützung anzunehmen für ein Werk, dessen Umfassung leicht das Menschenleben überbietet und für dessen Vollendung er nicht bürgen kann, die härteste, ja ungereimteste Auslegung gibt. Da können die Grimm leicht zum Schweigen gebracht werden, wenn sie erfahren müssen, daß ihre einfachste[n] Mitteilungen ihnen so ausgelegt werden. Und wenn jeder Wille der Unterstützung kein tückischer Mutwille war, so weiß ich's nicht zu erklären. – Den Beweis unantastbarer Gewissenhaftigkeit so zu verketzern! – Also auch die Anerbietungen, die man ihrem Verdienst machte, sollten ihnen zu Fallstricken werden; doch der Ausleger war Lachmann, der nicht mehr wert ist als eine Fledermaus, die man an die Tür nagelt, damit keine andre[n] kommen.

Ist also kein Schutz, keine Verpflichtung, keine Teilnahme mehr im Herzen des Christen für den gerechten Bedrängten, der noch dazu mit allem, was heilig ist, Euch den Gebildeteren voranschreitet? – Was ist mir dann Eure Rechtspflege, Euer Christentum? – Der Carl August von Weimar hätte nicht Federlesen gemacht und die Hände in die Taschen gesteckt, sondern seinem Lande unbedingt den großen Vorteil verschafft, diese Männer auf seinen Boden zu verpflanzen. Er war fürstlicher Gesinnung, er konnte keine Ungerechtigkeit dulden und keine Wehetat tun. Wozu die Gesetze nicht ausreichten, das vermittelte die Gnade, und so verpflichtete er sich alle Herzen, und das konnte Preußen diesmal auch, denn man kann auch am Kleinen groß handeln, aber das Himmelschreiende ist nie klein.

Wie komme ich dazu, mich so rückhaltlos vor Dir, der so weit über mir steht, auszusprechen? – Gewiß nicht, um Dir Vorwürfe zu machen; – möchten es doch keine Vorwürfe für Dich sein! – Aber wie ich jenen Abend allein mit Wilhelm Grimm im Zimmer war und wir darüber redeten, da sagte er: „Dies alles tut mir und dem Jacob nicht weh, wir mußten's erwarten, daß unsre Handlung nicht anerkannt werde, denn sonst hätte sie das Schicksal uns nicht zu tun auferlegt, dafür haben wir vollen Ersatz in unserer Überzeugung; aber daß ein solcher wie Savigny uns verleugnet, den wir liebten, als sei er ein Teil von uns selbst, das läßt sich nicht verschmerzen. Glauben Sie mir, Bettine, der Jacob hat ihn so lieb gehabt, daß ihm nichts in der Welt so teuer gewesen sein würde, was er ihm nicht hingegeben hätte, ja heute noch dürfte Savigny vom Jacob jede Aufopferung verlangen; er würde die Schwelle seines Hauses verlassen und nichts von dem, was er sein nennt, mehr besitzen wollen, könnte es dem Savigny dienen; so sehr durchdringt ihn noch die Zeit der Freundschaft mit ihm! so was tut weh; so vieles haben wir erfahren in dieser Zeit, Gutes und Böses, nichts konnte uns so verletzen als Savignys Verhalten, und wenn unser Gewissen uns nicht Schutz gewährte und über jeden Beifall und Tadel erhöbe, so hätte ich wohl sagen mögen, daß der seine uns gefreut haben würde; aber dies ist nicht so, wir bedürfen keines Beifalls, aber wir vermissen den Freund, den wir liebten in Savigny, wir können uns nicht gewöhnen, daß er unserer Treue, unserer tiefen Liebe, die auf nichts Äußeres, bloß auf sich begründet war, verloren ist. Wir verlangten ja keine Opfer von ihm, wäre er nur gewesen wie so mancher andrer unserer Freunde. Wir machen gar nicht die Forderung, daß einer um unsertwillen sich gefährden solle; ein reines ehrendes Betragen, wie es in solchen freundschaftlichen Beziehungen sich ergibt, was hätte das dem Savigny für Nachteil gebracht? Ich will nicht davon sprechen, daß seine Söhne hier durchgereist sind und vermieden uns zu besuchen, aber er selbst hat nicht einmal dem Jacob die Ehre erzeigt, ihm auf unsere Äußerung über den Antrag der Akademie zu antworten, dies hat Jacob nicht an ihm verdient, von mir will ich nicht sprechen, aber der Jacob konnte wohl auf diese einfache Achtung Anspruch machen, da, grade wenn Savigny nicht mit seiner Handlungsweise übereinstimmt, er ihm beweisen mußte, daß er ihn achte; und es ist ganz unwürdig, daß er nicht geantwortet hat, in jeder Weise, denn selbst wenn von ihnen als Gelehrte die Rede sein möchte, so ist doch Jacob noch ein ganz andrer Gelehrter, mit dem sich nicht einer messen kann. Savigny mußte ihm die Achtung erzeugen, ihm zu antworten, auf die der Geringsten einer Anspruch machen konnte." Dies alles hat Wilhelm mit verhaltner Stimme gesagt, und wenn Du ihn fragst, so wird er's nicht leugnen ...

– Dies alles hab ich von Dir erwartet, weil, so lang ich mit Dir bin, ich Dich als einen großen Mann, der auch gerecht und mild ist wie der Jacob, gewohnt war, an Dir hinaufzusehen, der wie er durch sein Wissenschaftsleben vom Boden der Gemeinheit geschieden war. Meinst Du, es stünd mir nicht heute noch deutlich vor

Augen alles, was ich Dir zu danken habe? Meinst Du, ich erkenne nicht mein Glück, das mich in meiner Jugend mit Dir zusammenführte, wo ich durch Dich ein höheres Leben ahnen lernte, wo Deine ersten Briefe an mich von Paris mich leiteten, wo Du sorgfältig und mit Anmut auf meine Bildung einwirktest, meine Fehler mit bescheidner Ironie bestrittest, so auch in Bamberg und Heidelberg, – dann in Marburg, wo Du mir Bücher gabst, jede schwache Äußerung von mir würdigtest und mit freudiger Anerkenntnis hobst? – Alles durfte ich Dir mitteilen; und die unbeschränkte Geistesfreiheit in Deiner Nähe, wie bereitete die alles in mir vor! – Meinst Du, diese Erinnerungen könnten je in mir verbleichen? Wenn ich was bin, so kann ich ohne zu lügen das Bekenntnis nicht umgehen, daß Dein Beruf die Menschen zu bilden, wie so Tausenden, auch mir nach Maßgabe meiner Fähigkeiten gefruchtet hat. Und dann in Landshut, wo Dein Umgang mit der Jugend mir ein Beispiel war, da ich vielleicht eher geneigt war zu verachten oder leichtsinnig zu übergehen, mich nach Deiner Großmut zu richten, die jeden Keim schonte und keinen übersah. – Oft hab ich daran gedacht abends im Bett und bin mit der beglückenden Empfindung eingeschlafen, bei Dir leben zu dürfen, der der erste war unter allen, und stelltest Dich doch nicht höher als der geringste unter ihnen. Ach und die Grimm, wie lieb hattest Du sie! Wenn ein Brief von ihnen kam, da waren wir alle beisammen teil dran zu nehmen. Oft äußerten wir damals gegenseitig, wenn wir uns ein schönes idea[listisch]es Leben dachten, ohne Grimm wäre kein idealischer Kreis zu bilden. – Seitdem hat mich das Schicksal so geführt, daß ich fortwährend Zeuge Deines Lebens und Wirkens gewesen; – Du warst Arnims Freund, hast diese Freundschaft bestätigt durch Deine mühevolle Vormundschaft, wo Du so manches mit Gelassenheit trugst bis zu dieser Stunde. Dafür ist Dir nicht zu danken; denn alles ging aus Deiner Seele hervor, jede Wohltat war organisches Leben Deines Geistes! – Ich bin in späteren Zeiten nicht mehr in unmittelbarer Berührung geblieben mit Dir so wie früher; aber so wie ich mich fortgebildet habe, so entspringt doch mein Denken und Handlen und ist unmittelbare Folge jener früheren Zeit. Was ich also auch denke und tue, ist in Übereinstimmung mit jener Epoche in mir, der Du Deine Sanktion gegeben hast. – Und wenn ich Dir jetzt widersage, so bin ich nicht untreu dem Savigny, den ich damals so liebte und noch liebe, dessen Größe mich vor mir selber hochstellte und mein freies Denken schirmte; und ich sage mir selber: Ist es denn so schwer, ein edles Tagwerk durch eine freie Handlung der reinen Inspiration ohne äußern Einfluß zu krönen? – ist dies nicht vielmehr zu fordern von einem solchen, den seine Zeit als groß anerkennen soll? – ...

... Wie ich nun wage, Dir meine eigne Meinung so rücksichtslos aufzudringen, so muß ich den Grund meiner Entschuldigung darein legen, daß ich so sehr verschieden in meiner Natur bin von andern Menschen. Während ich denke, Dir einen Beweis meiner Ehrfurcht vor Deiner höheren Natur und meines Vertrauens zu Deinem reinen Willen zu geben, der unter der Asche fortglimmt und leicht wieder in Flammen angefacht werden dürfte, hab ich Deiner Ansicht nach vielleicht alle Grenzen der Sittenordnung überschritten. – Während ich glaube, zur eignen tieferen Befestigung meiner Wahrhaftigkeit es nötig zu haben, die Stimme, die mich jeden Augenblick mahnt, geltend zu machen, so mußt Du Deiner Ansicht nach dies unmittelbare Vertrauen in mein eignes Gefühl als Eigendünkel verwerfen. – Die Gesetze verklären und hier – durch den Geist der Liebe und der Ehre, den wahren Träger des Staates, zu erhalten, das scheint mir die große Bestimmung eines eines solchen wie Du, durch den der Himmel eine veredlende Einwirkung in das Treiben der Menschen beabsichtigt; und was dem nicht entspricht, scheint mir unwürdig. – Der Staat muß nicht bloß ehrwürdig, er muß liebenswürdig im tiefsten Sinn des Wortes sein, wenn er sich fest begründen soll. Die Reinheit der Absicht, unverbrüchliches Vertrauen in Gott muß alle falsche Politik wie Spreu verwehen; die großen Männer müssen wie reine Gestirne neue Blüten aus dem Staat hervortreiben, nicht aber sich in Nebel hüllen; dann schärfen sich die Sinne, die Wahrheit selbsttätig zu machen, durch welche alles, was nach den Gesetzen des Strebepunktes einer reineren Politik ihr zukommt, auch ihr von selbst zufalle . . .

Ich weiß wohl, daß Du so nicht würdest zu dem König reden; denn einem Fürsten die Fehler mitteilen, die in seiner Regierung vorfallen, oder ihm einen höheren Standpunkt zuweisen, das wär wider die Politik der Ehrfurcht, mit der Ihr die Fürsten behandelt wie die Automaten, ja Ihr getraut Euch selbst nicht zu denken und verbergt Euch vor der Wahrheit wie vor einem Gläubiger, den man nicht bezahlen kann. Ihr haltet den Fürsten nur die Reden, auf die sie eingerichtet sind zu antworten ohne aufzuwachen; denn die Wahrheit würde sie wecken, und sie wären dann keine Automaten mehr, sondern selbständige Herrscher, und die Staatsklugheit würde dann nicht mehr mit Niederträchtigkeit verbunden sein, sondern in Weltklugheit sich verwandeln, die aus Gottes Weisheit ausfließt. – Siehest Du, da bin ich auch einmal ganz anders, ich würde grade aus Ehrfurcht, die Euch abhält, die Wahrheit zu sagen, sie meinem Herrn und König nimmer vorenthalten können, ich würde glauben, Ihm nicht die reinste Wahrheit (das heißt die sich verklärende, nach der die Weisheit strebt) zu sagen, das sei Sünde der Verräterei, die Todesstrafe verdient. Ich würde dem König das Licht anzünden eines idealischen Staats, weil dies der einzige wahre ist, ich würde bei dieser Erleuchtung ihm dienen mit allen Kräften meines Geistes und mit denen meiner Liebe. Ich würde die Großmut als einzige Weisheit ihm anpreisen, da durch sie auch alles Leben von Gott ausgeht, und da dürfte ihm nicht bangen, daß die Zeit Gewaltiges von ihm fordere; denn in der Großmut liegt die Befriedigung alles Begehrens, sie schützt die Zukunft schon in der Gegenwart, wie sollte ihr die nicht gesichert sein, sie ist gerecht und gnädig, wo das Recht nicht auslangt. – . . .

(Bärwalde, den 4. November 1839)

Bettina von Arnims Leben (1785–1859) umfaßt eine Zeitspanne deutscher Geschichte, die politisch nicht anders als erschreckend tatenlos, im wörtlichsten Sinn des Fremdwortes „re-aktionär" zwischen weitreichenden Reformversuchen der napoleonischen Zeit und der Wiederherstellung des absoluten Königtums im Vormärz, geistig-kulturell jedoch als ungeheures Spannungsfeld einer geistigen Neuorientierung bezeichnet werden muß. Die Namen und Ereignisse lassen sich hier nicht aufzählen, mit denen Bettine locker verbunden oder tätig anteilnehmend verknüpft war. In der Frühzeit war sie das enfant terrible in den Kreisen der Romantiker, in der mittleren und Spätzeit verkehrten in ihrem Berliner Salon Literaten, Politiker, Militärs, der Adel wie die Revolutionäre.

„Aus tief gewurzeltem (piemonteser) Adelsstamm der echten Rasse"

(Briefnotiz vom 2. 4. 1839), dem Geschlecht der Visconti-Brentano, wurde sie am 4. April 1785 als sechstes von acht Kindern dem Großkaufmann und kurtrierischen Geheimen Rat in Frankfurt von Maximiliane von Brentano-La Roche geboren. Der Großmutter Sophie La Roche, Freundin Wielands und Vertraute des jungen Goethe, fiel die Erziehung der dreizehnjährigen Vollwaisen zu, deren Mutter bereits 1793, der Vater 1797 gestorben war. Sophie La Roche vermittelte die Lektüre ihrer schreibenden Kollegen und Kolleginnen des 18. Jahrhunderts, mit Nachdruck die kritischen Aufzeichnungen Mirabeaus und die Bekanntschaft mit Frau Rat Goethe, woraus nach dem Tod Sophies (1807) eine enge Freundschaft wurde, gekennzeichnet von den Erzählungen über die Jugend Goethes, die Bettina dem schwärmerisch Verehrten zur Verwertung in ›Dichtung und Wahrheit‹ übermittelte. ›Goethes Briefwechsel mit einem Kinde. Seinem Denkmal‹ sollte im Jahr 1835 der erste von vier Briefwechsel-Romanen sein, der ihre Schriftstellerinnenlaufbahn einleitete. Die Mischung aus Original, Fiktion, Interpolation und Hinzudichtung über den Abstand von 25 Jahren ist hinlänglich bekannt, Kunstform, nicht Philologie war angestrebt und legitim.

Bruder Clemens, befrachtet mit den Ideen und Gedanken der Gesprächspartner Tieck, Novalis, der Gebrüder Schlegel, der Vorlesungen Fichtes, Schellings, Ritters und anderen in Halle und Jena, entdeckte die Frühreife der kaum sechzehnjährigen Schwester und machte sie in den Jahren 1800 bis 1803 zu seiner Briefpartnerin. Ihre Anlage zu euphorischer Grundstimmung mit dem natürlichen Gegenbild der Melancholie entsprach seinem eigenen Drang zu Mystifizierung und wirklichkeitsabgehobener Hochstimmung. ›Ein Frühlingskranz, aus Jugendbriefen ihm gepflochten, wie er selbst schriftlich verlangte‹, lautete der manieristische Titel der 1844 herausgegebenen, circa 80 nur überarbeiteten, nicht interpolierten Briefe, die nicht ohne Hintersinn im Verlag des Königgegners Edgar Bauer erschienen sind, mit einer Widmung an den Neffen Friedrich Wilhelms IV., Prinz Waldemar, damit „Euer Hoheit viel Analoges mit sich darin finden" möge. Als „unziemlich" wurde der Band schnell von der Zensur konfisziert, bis der König höchstpersönlich das Verbot aufhob. Der Machtapparat hatte klar erkannt: Phantasie und Poesie, getragen vom unverdorbenen, offenen Sinn bohrend fragender Jugend, sind gefährliche Adler über einem dumpf dahinsiechenden, von innen heraus faulenden Staatsgefüge.

Als entscheidender Einfluß auf Entwicklung und Bildung muß eine über vier Jahre während Wohn- und Lebensgemeinschaft mit der Schwagerfamilie Carl von Savignys gewertet werden. In Landshut, München und Berlin wohnte Bettine bei den Savignys und verbrachte selbst ihre Hochzeitsnacht mit Achim von Arnim – am 11. März 1811 – unter deren Dach. Der inzwischen arrivierte Rechtsgelehrte war der Geliebte von Bettines Freundin Karoline von Günderode gewesen, hatte sich aber 1804 mit deren Schwester Gundula vermählt. Er hatte früh die Gefährdung Karolines erkannt und wurde von dem aus Liebeskummer verübten Selbstmord der jungen Dichterin im Juli 1806 in seiner früh ausgesprochenen Warnung bestätigt, man dürfe „das Tiefe und Bedeutende nicht mit dem Außerordentlichen verwechseln", schon gar nicht den „augenblicklichen Reizen absoluten Wert" verleihen. Er dachte bestimmt auch an Bettine und hat ihr bei den Gesprächen am Mittagstisch seinen Rechtsbegriff vom Untertanen zu erläutern versucht. Er kannte sicherlich nur Teile des Briefwechsels der Günderode mit Bettine, den sie als Briefroman 1840 mit einer Widmung an die Studenten – „Euch Irrenden und Suchenden ..., die ihr immer rege, von Geschlecht zu Geschlecht, in der Not wie in des Glückes Tagen auf Begeisterungspfaden schweift" – herausbrachte. Mit einem Fackelzug dankte die so geehrte, von den Spitzeln des Polizeipräsidenten Minutolis ebenso wie sie selbst überwachte Studentenschaft.

Bettine war von Karolines Schritt tief schockiert, denn für sie war ganz im Sinne Goethes die Erfüllung des Augenblicks kein Gegensatz zum Absoluten. „Liebe ist der Trieb, sich selbst zu verklären ... in der Flamme der Großmut ... durch die der Geist einen Leib annimmt, Handlung wird", schreibt sie in ihrem letzten Brief an die Günderode. Doch dieser Geist der Tat ist eben mehr als schwärmerisch, exzentrisch, es ist der zupackende, selbstbewußte Gestaltungswille, der verändern will und nicht – wie in der Biedermeier-Romantik etwa eines Mörike – „selig in sich selber" scheint (›Auf eine Lampe‹).

„Man kann Dir nichts geben, weil Du Dir alles entweder schaffst oder nimmst", schreibt (authentisch!) Goethe am 10. 5. 1810 an Bettine und trifft damit den Kern ihrer Persönlichkeit, die lange Zeit nur als „romantisches Kind" hochgeschätzt wurde. Seit der Edition des Briefwechsels zwischen den Eheleuten ›Achim und Bettina‹ (1961) fällt erklärendes Licht auf die Mutter von sieben Kindern und Ehefrau mit zwei Haushaltungen in Berlin und auf Gut Wiepersdorf. Ihr späteres soziales und politisches Engagement war möglicherweise von der „unversiegbaren Jugend ihres kindlichen Herzens" (Wilhelm Grimm in seiner Widmung zu den ›Volksmärchen‹) getragen, das jedoch als tiefverwurzelte Anlage in ihr ruhte: eine im ursprünglichen Sinn aktive religiöse Existenzform, die Bindung und Verbindung mit der menschlichen Kreatur in allen nur denkbaren, unterschiedlichsten Erscheinungsformen. Einzige Einschränkung: „Natur ist nicht zu beleidigen. Was den Geist verleugnet, das versiegt ... Großmut verzeiht alles, aber duldet nicht, was gegen den Geist ist" (Günderode).

Weil Not und Armut, Denunziation und Angst vor der Wahrheit, Fürstenherrschaft als Unterdrückung des Volkes, Fürstenknechtschaft und nicht Volkssouveränität – die die konstitutionelle Monarchie keineswegs ausschließen muß – bedeuten, darum trat sie für die Verfolgten, für die Beleidigten, für die Armen und Notleidenden, für die Revolutionäre und sogar für Königsattentäter ein, obwohl sie – und das ist durch die Bücher ›Dies Buch gehört dem König‹ (1843), ›Ilius Pamphilius und die Ambrosia‹ (1843) und ›Gespräche mit Dämonen‹ (1852) nachweisbar – keine Fürsprecherin der Revolution war. Bis zum Schluß nicht, als sie sich resignierend nur noch der Fertigstellung ihres Entwurfes des in den Anfangsjahren ihrer Ehe mit Achim von Arnim (1811) begonnenen Goethe-Denkmals widmete.

Bettines Vermächtnis ist die „Pädagogische Provinz" als Schule und Schulung tätiger Liebe in einem überchristlich-kritischen Sinn, etwa des von ihr früherkannten Hölderlin. Martin Buber hat im 20. Jahrhundert, ohne speziellen Rückverweis, in seiner ›Philosophie der Tat‹ ähnliche Ideen unter dem Stichwort „Orpheus mit der gerichteten Seele" niedergelegt.

„Es ist soviel Unschuld in ihrer Schuld"

Theodor Fontanes Stellung zur „preußischen Moral"
am Beispiel der ›Effi Briest‹

Christoph Hubig

Die Rede von der „preußischen Moral" steht im heutigen Sprachge-
brauch für ein Regelsystem, das durch Starrheit, Äußerlichkeit und Un-
bedingtheit bis zum Formalismus geprägt ist. Subjektives hat keinen
Platz. Jeder ist auf das Allgemeine verpflichtet. Doch diese Auffassung
widerspricht dem Moral-Begriff. Denn Moral meint im strengen Sinne
gerade diejenige Seite der Sittlichkeit, die subjektiv getragen wird. Der
„preußische" Moralist aber zeichnet in dieser durch das Subjekt getrage-
nen Sittlichkeit ein Feindbild. Er macht aus der Sittlichkeit als Bedingung
und Kriterium guten Handelns einen historisch fixierten Maßstab, setzt
also Sittlichkeit mit Recht gleich. Ist Sittlichkeit somit verrechtlicht, entsteht ihr Zerrbild dann um so mehr, da der Rechtskanon zurückinterpre-
tiert wird zu einem Garanten des Guten überhaupt. Was aus einer Ver-
dinglichung von Sittlichkeit entstanden ist, die Normen des Rechts, wird
nun zum Maßstab für Moralität überhaupt ernannt. So ist das preußische
Landrecht, um diesen allgemeinen Prozeß am Thema Preußen zu exemplifizieren, nicht als eine mögliche und zufällige Konkretisation des Sittlichen verstanden worden, sondern in der öffentlichen Meinung als ein all-
gemeingültiger Beurteilungsmaßstab, mit dessen Hilfe spitzzüngig über
alle Aspekte subjektiven Handelns im Namen der mißverstandenen Moral gerichtet werden konnte.

In diesem Namen urteilt in Fontanes Roman ›Effi Briest‹ der Kessiner
Landadel in seinem bigotten Gerede, und ihm gegenüber muß das natürliche Auftreten der Effi Briest fremd erscheinen. Ihr Gatte Instetten
handhabt diese abgesunkene Moral raffiniert. Er hat sie wieder ins Allgemeine gerückt und referiert seine Position mit pseudophilosophischem
Objektivitätsanspruch: „Das tyrannisierende Gesellschafts-Etwas", das
sich in „Paragraphen" äußert, wird zur philosophischen Würde erhoben
als ein „Ganzes", auf das „man" Rücksicht zu nehmen habe. „Man ist
nicht nur ein einzelner Mensch, man gehört dem Ganzen an." So favori-
siert Instetten das Ganze rücksichtslos gegen seine Frau und flüchtet in
das „man", das Instetten inflatorisch gebraucht, also, mit Heidegger gesprochen, in die „uneigentliche Redeweise", die das Ich ersetzt. Dadurch
macht er seine Position strenggenommen zu einer a-moralischen, nämlich

109

einer rein rechtlichen. Zwischen dem „man" und dem „Ganzen" gibt es keine Kluft mehr, und diejenige zwischen dem Ich und dem Ganzen wird gar nicht erst zugelassen. So spricht Effi Briest ins Leere, wenn sie ihrerseits auf den Begriff des Sittlichen zu sprechen kommt: „Das, was man gute Sitte nennt, ist doch immer noch eine Macht ... Nicht, als ob ich nicht wüßte, was Sünde sei, das weiß ich auch; aber es ist doch ein Unterschied, ob man so hineingerät in allerlei schlechte Gedanken oder ob einem derlei Dinge zur halben oder auch wohl zur ganzen Lebensgewohnheit werden." Der Seitensprung, über den in dem Gespräch zwischen der Geheimrätin Zwicker und Effi Briest (30. Kapitel) auf raffiniert indirekte Weise gesprochen wird, ist für die Gesellschaft ein Ritual jenseits eigener Betroffenheit, für Effi Briest bedeutet er den Konflikt zwischen sittlichem Empfinden und der Sehnsucht nach Glück.

Diese Problematik, der sich Fontane kritisch gegenübersieht, weist ethische, ästhetische und psychologische Dimensionen auf, die hier besprochen werden sollen, auch in Hinsicht auf Fontane selbst. Denn Theodor Fontane erscheint nicht selten als widerspruchsvoller Charakter, zwiespältig in der Einstellung zum Preußentum, schwach in der Selbsteinschätzung. Im Anstoßnehmen wird jedoch oft die Einsicht vergessen, daß jedes Subjekt seine Identität anstrebt, und daß Widersprüche, die dabei auftreten, wohl zunächst in der Sache, der gegenüber es sich objektiviert, aufgesucht werden sollten.

1 Vieles im gesellschaftlichen Leben ist so typisch, „daß man, bei Kenntnis des Allgemeinzustandes, auch das Einzelne mit Notwendigkeit treffen muß", schrieb Fontane im Rückblick am 26. 4. 1894 an Joseph Viktor Widmann. Dies gilt auch für ihn selbst. Mit dem kulturellen Leben des preußischen Staates kam Fontane, der kleine dichtende Apotheker, 1843 in Berührung. Den „Allgemeinzustand", das „Typische des gesellschaftlichen Lebens" dürfte er dort, in der Literatenvereinigung ›Tunnel über der Spree‹, der „Kleindichterbewahranstalt" (Emanuel Geibel) auf zwiespältige Weise erfahren haben: Einerseits konservativen preußischen Geist, repräsentiert in der Figur seines Freundes Bernhard von Lepel, sowie der Anhängerschar des Ritterdichters Moritz von Strachwitz, von dem er meinte: „Was Herwegh demokratisch vorsang, sang Strachwitz aristokratisch nach"; biedermeierliche politische Abstinenz, die durch ein Pendeln zwischen lenauscher Melancholie und freiligrathschem Exotismus ihren Ausdruck fand; andererseits unbestimmte Aufbruchsstimmung, die Fontane, der aus Verhältnissen kam, „in denen überhaupt nie etwas stimmte" (Vater Spieler, Onkel Bohémien), mitreißen mußte. Den Mythos Preußens besang er 1847 in seinen ›Männer und Helden. Acht Preußenlieder‹, die ihm den Durchbruch brachten, 1848 wollte er dagegen bei der Märzrevolution auf die Barrikaden und stellte im glei-

Einladungskarte zu einer ›Rütli‹-Sitzung. Federzeichnung von Adolph Menzel

chen Jahre fest: „Preußen war eine Lüge!" Sind dies Widersprüche, oder geht es gar nicht um Preußen?

In den Preußenliedern sind es die Individuen, die ihn faszinieren, preußische zwar, doch von verantwortungsvollem Eigensinn bis zum Knorrigen. Auch ein „Trinker", ein „blinder König" gehörten zu den Personen in den übrigens durchgefallenen Gedichten dieser Zeit. Die von ihm verehrten Keller und Storm hatten sich dem ›Tunnel‹ entzogen, Fontane selbst besingt „den Tag, wo Freud und Frieden in unseren Herzen Hütten baun", eine Position, die sich in kritischen Facetten durchhält bis in seine späten Romane. In ›Effi Briest‹ wird sie vertreten von Instettens Freund Wüllersdorf, der gegen den sittlichen Rigorismus Instettens, gegenüber dem Duell als formal-korrekter Problemlösung sein „enges kleines Glück" als Alternative anbietet, ein Glück, in dem die Probleme in Geschichten transformiert, beim Wein im kleinen Kreise erzählend verarbeitet werden (27. Kapitel). Im ›Nebentunnel‹, einer Art „Extrakt der Sache", einer Abspaltung jenes Literatenkreises, die sich ›Rütli‹ nannte und dem nun der mit dem ›Tunnel‹ nie ganz gleichgestimmte Franz Kugler sowie Theodor Storm, Adolph Menzel, Lepel und (für kurze Zeit) Heyse sowie der spätere Regierungsrat Karl Bormann und weitere angehörten, wurde der Wille zur ironischen Distanz kultiviert.

Diese Erfahrungen finden wir in Fontanes späten Romanen in kritischer Brechung, ironischer Distanz und dennoch liebevoller Anteilnahme wieder referiert: Rigorismus sowohl wie unbestimmtes Drängen, Exotismus als Ventil und Bedrohung zugleich – in der ›Effi Briest‹ vorfindlich in der Gestalt des unheimlichen Chinesen, auf die zurückzukommen sein wird – sowie das kleine Glück, sentimentalisch seiner selbst gewiß, nie kollektiv gefaßt, sondern repräsentiert in Individuen. Die Widersprüchlichkeit des Fontaneschen Charakters ist nichts anderes als die seismographische Reaktion eines Schriftstellers auf die Gegensätze seiner Zeit.

2 „Was ist Sittlichkeit? Daß mein Wille als dem Begriff gemäß gesetzt sei – seine Subjektivität aufgehoben sei, also a) ... das Recht Gegenstand des Willens, b) Subjektivität Anerkennung des Objektiven, Begriff [sei]", schrieb Hegel in den Randbemerkungen zu seiner 1821 erschienenen ›Rechtsphilosophie‹. Während die Moralität, der moralische Standpunkt als „Standpunkt des Willens, insofern er nicht bloß an sich, sondern für sich unendlich ist", also reflektiert ist, und als „die Person zum Subjekte" bestimmend gefaßt wird, so wird das Sittliche als das *System* der Bestimmungen der *Idee* der Freiheit, als das „Objektive, Kreis der Notwendigkeit, dessen Momente die sittlichen Mächte sind, welche das Leben der Individuen regieren, und in diesen als ihren Accidenzen, ihre Vorstellung, erscheinende Gestalt und Wirklichkeit haben", bestimmt.

Kant hatte seine Ethik auf das Fundament einer Verallgemeinerungsfähigkeit subjektiver Maximen gesetzt, einer Verallgemeinerung, die zugleich die Bedingung der Handlungsfreiheit garantiert. Bei Hegel nun erscheint die Moralität als „Durchgangsstadium" sittlicher Reflexion. Sittlichkeit wird nicht mehr aus der Moralität abgeleitet. Sondern Sittlichkeit stellt eine neu erreichte Stufe der Selbstreflexion der Vernunft dar – sie „hebt die Moralität auf", die gegenüber der Sittlichkeit nur noch als unvollkommen und zufällig gefaßt wird. Damit ist eine Kluft markiert, die von den Rechts- und Linkshegelianern respektiert wurde. Selbst der dänische Philosoph Sören Kierkegaard, der ein Hegel-Kritiker war, hält seine Figur des Don Juan in den Hegelschen Grenzen fest. Obwohl Don Juan jegliche Fixierung oder Bindung als Widerspruch zu der Forderung nach einer ästhetischen Unendlichkeit der Liebe erfaßt, macht er vor der Institution der Ehe halt: Sie liege jenseits der moralischen Dispositionsfähigkeit der Subjekte über ihre Beziehungen, die beispielsweise auf der Ebene der Verlobung noch höhnisch kritisiert werden, weil sich hier Subjektivität aus subjektiven Gründen bindet, was einen Widerspruch darstelle.

Erscheint nun Subjektivität als unvollkommene Vorstufe einer sich selbst gewissen objektiven Vernunft, die sich als „Notwendigkeit" und Recht gebärdet, so kann sie zwar nicht zurückgewiesen werden, denn man muß ja hindurch; sie kann jedoch relativiert werden, wenn sie von einem bereits vorab eingenommenen objektiven Standpunkt beurteilt wird. Bezogen auf die Ehe, Grundlage der Familie und Basis für Gesellschaft und Staat, liest sich dies in der ›Rechtsphilosophie‹ Hegels so: „Die objektive Bestimmung, somit die sittliche Pflicht ist, in den Stand der Ehe zu treten. Wie der äußerliche Ausgangspunkt beschaffen ist, ist seiner Natur nach zufällig, und hängt insbesondere von der Bildung der Reflexion ab. Die Extreme hierin sind das eine, daß die Veranstaltung der wohlgesinnten Eltern den Anfang macht, und in den zur Vereinigung der Liebe füreinander bestimmt werdenden Personen hieraus, daß sie sich als hierzu bestimmt, bekannt werden, die Neigung entsteht, – das andere, daß die Neigung in den Personen ... zuerst erscheint. – Jenes Extrem oder überhaupt der Weg worin der Entschluß zur Verehelichung den Anfang macht, und die Neigung zur Folge hat ... kann selbst als der sittlichere Weg angesehen werden." – „In den modernen Dramen ... wo die Geschlechterliebe das Grundinteresse ausmacht" werde die „Hitze der Leidenschaft" durch die „damit verknüpfte gänzliche Zufälligkeit" erreicht, die für die Liebe von unendlicher Wichtigkeit sein könne, „aber es an sich nicht ist", nämlich als Möglichkeit der Sittlichkeit.

Nun: Die Eltern der Effi Briest hatten Hegel sicher nicht im Kopfe, als sie Effis Ehe arrangierten, und Fontane auch nicht, als er diese Ehe kritisch reflektierte. Hegel wird genannt, weil er Strömungen dessen, was man „Zeitgeist" nennt, auf den philosophischen Begriff brachte und damit der „preußischen Moral" philosophische Weihen gab. Eine „Akkomodation an die preußischen Verhältnisse", wie K. H. Ilting in seinem Kommentar zu Hegels ›Rechtsphilosophie‹ gesagt hat, findet in ›Effi Briest‹ ebenfalls statt, auf den unterhalb abstrakter Staatlichkeit liegenden Ebenen der Sittlichkeit: Familie und bürgerliche Gesellschaft. Dafür kann als Beispiel die Beschreibung der Eigenschaften von Effi durch die Eltern dienen: „So geweckt und temperamentvoll und beinahe leidenschaftlich sie ist, oder vielleicht auch, weil sie es ist, sie gehört nicht zu

WILHELM OTTO
(VORM. G. OVERBECK)   DÜSSELDORF.

Else Freifrau von Ardenne – „Urbild" der ›Effi Briest‹. Fotografie (1887)

denen, die so recht eigentlich auf Liebe gestellt sind, wenigstens nicht auf das, was den Namen ehrlich verdient … Liebe sei nun mal das Höchste, das Schönste … vielleicht hat sie auch bloß von der sentimentalen Person … gehört … Wohl möglich, daß es alles mal kommt."

1819 hatten die Karlsbader Beschlüsse die „Beförderung der Sittlichkeit" in ihre Zielsetzungen explizit aufgenommen. Damit wird die Trennung von Staat und öffentlicher Moral, die den Absolutismus kennzeichnete, überwunden, indem nun dem Staat ein Objektivitätsanspruch zugewiesen wird, der gleichzeitig auch die Allmacht des Souveräns relativiert. Allerdings beschränkt sich jener Anspruch auf Sittlichkeit keineswegs auf den Bereich der (verrechtlichten) Moral, sondern dringt, wie das preußische Landrecht zeigt, in alle privaten Bereiche vor. „Der Staat hat … die objektive Wahrheit und die Grundsätze des sittlichen Lebens in Schutz zu nehmen" (Hegel, ›Rechtsphilosophie‹ § 273). So wird beispielsweise dem Gatten ausdrücklich das Recht zugesprochen, die Briefschaften seiner Frau zu kontrollieren – was Instetten ja eifrig praktiziert – oder gar zu bestimmen, wie lange die Kinder zu säugen sind. Instetten selbst bemerkt einmal, daß er gewiß als „höherer Sittendirektor verwendbar sei", wobei hier wohl Ernst und Sarkasmus sich die Waage halten. Dem überzogenen Anspruch einer derart gefaßten Sittlichkeit setzt Fontane gerade nicht das Böse, sondern das Abweichende, zum Schwachen Tendierende, Individuelle gegenüber. Die Affinität der Effi zu Crampas entsteht eher aus dem Defizit ihrer „Musterehe" als aus einer positiven Zuneigung, die willentlich getragen würde. Insofern besteht hier ein Unterschied zu den ›Wahlverwandtschaften‹ Goethes, wo in den gültigen gesellschaftlichen Rahmen das Elementare einbricht und ein echter Konflikt entsteht. Fontane hingegen beklagt die „Kompliziertheiten des modernen Lebens", denen gegenüber das „Gesetz durchlöchert wird, weil es durchlöchert werden muß" (an Otto Brahm 21. 4. 1888). Der Konflikt im Roman besteht zwischen Effis Lebenslust und der öffentlichen „Moral", der Sittlichkeit. Als sie diesen Konflikt nicht bewältigen kann, ruft das kein Schuldgefühl hervor, sondern Ekel als Reaktion auf das Absurde. „Mich ekelt, was ich getan, aber was mich noch mehr ekelt, das ist Eure Tugend" (33. Kapitel), eine Tugend, bei der Karrierestreben den Ehrbegriff diktiert.

Wie der Monolog im 24. Kapitel des Romans zeigt, fühlt sich Effi nicht etwa schuldig, weil sie unmoralisch gehandelt hätte, sondern weil sie keine Schuldgefühle empfindet. Sie kann ihre Handlungsweise nicht als un-moralisch, sondern lediglich als a-moralisch sehen, denn sie kennt keine moralischen Maximen, auf die sie ihre Handlungen beziehen könnte. Sie empfindet Scham, aber nicht wegen Verletzung moralischer Gebote, sondern wegen des Verfahrens der Täuschung nach außen. „Ich schäme mich bloß wegen dem ewigen Lug und Trug." Der abgelehnten öffentlich verrechtlichten Moral als Sittlichkeit vermag sie aus Schwäche keine eigene entgegenzusetzen. Dieses Defizit ist ihre Schuld. Ihr Handeln ist nur psychologisch, nicht moralisch begründbar. Und der Autor, Theodor Fontane, bekennt sich zu den Handlungen seiner Figuren. Er formuliert keine eigene ethische Position, sondern sieht seine Aufgabe darin, das Geflecht aus Motiven für Handlungen sorgfältig nachzuzeichnen. So schreibt er an Friedländer: „Ich betrachte das Leben, und insbesondere das Gesellschaftliche darin, wie ein Theaterstück, und folge jeder Szene mit einem künstlerischen Interesse ... Alles spielt dabei mit, alles hat sein Gewicht und seine Bedeutung, auch das Kleinste, das Äußerlichste. Von Spott und Überhebung ist keine Rede, nur Betrachtung, Prüfung, Abwägung" (3. 7. 1886).

Zu einem anderen berühmten Monolog über den Ehebruch bestehen überraschende Parallelen, zu entsprechenden Stellen in dem Roman ›Madame Bovary‹ von Gustave Flaubert. Im Unterschied zur preußischen Effi Briest genießt aber die französische Arztfrau ihre Liebe „ohne Gewissensbisse, ohne Unruhe und ohne jede Störung", weil in ihr das romantische Ideal noch lebt, während Effi nur zitiert oder mit ihm spielt in der Vorstellung einer ›Insel der Seligen‹, eines ›Käthchens von Heilbronn‹ oder eines ›Aschenbrödels‹.

3   „... und folge jeder Szene mit einem künstlerischen Interesse", hieß es in dem zitierten Brief. Dies ist für die Themen, mit denen sich Fontanes Romane auseinandersetzen, kein Gemeinplatz, geschweige denn allgemein akzeptiert. Zwar gibt es eine Tradition des Eheromans, etwa die schon erwähnten ›Wahlverwandtschaften‹ oder Achim von Arnims ›Gräfin Dolores‹. Jedoch war dort das Programm, das Fontane oben skizziert, nicht erfüllt, vielmehr die Darstellung des Einen (der Schuld) funktional auf die Erhebung des Anderen (der Ehe, der Sittlichkeit) bezogen: Keine Gleichwertigkeit der Phänomene in ihrem psychischen Gehalt, ihrer sittlichen Problematik, dem ästhetischen Interesse gegenüber. 1835 schrieb Karl Rosenkranz, Schüler Hegels, der vornehmlich durch seine Ästhetik des Häßlichen bekanntgeworden ist, eine Abhandlung mit dem Titel ›Die poetische Behandlung des Ehebruchs‹. Er stellt die Frage, wie der Ehebruch, ein „Verhältnis von so unsittlicher Natur", das „vom Prinzip der Sittlichkeit aus gesehen ...schlechterdings häßlich" sei, in seiner poetischen Darstellung legitimiert werden könne. Die Antwort folgt sowohl dem Hegelschen Ansatz der ›Rechtsphilosophie‹ wie der traditionellen Darstellung in den Romanen: „Ohne den Ehebruch" könne die „Ehe nicht lebendig entwickelt werden"; die „Darstellung des Ehebruchs" sei für den notwendig, der die „Wahrheit der Ehe selbst darlegen" will.

Demgegenüber stellen für Fontane die ästhetischen Mittel der Dichtung nicht Funktionen der Sittlichkeit dar, sondern sein ästhetisches Interesse richtet sich auf Widersprüche und komplexe Konflikte, die er in der preußischen Gesellschaft antrifft, und die Bündelung von Positionen in Personen, die dadurch idealtypisch-repräsentativ werden, stellen sozusagen das Material dar, dessen sich eine Reflexion bedienen muß, die den ästhetischen Bereich überschreitet. Insofern sind Fontanes Charakterisierungen nicht wertfrei. Aber es herrschen nicht karikierende, markierende oder polarisierende Wertungen vor im Sinne einer idealistischen Ästhetik des Häßlichen, sondern die Romane sind auf ihre immanente Stimmigkeit hin konzipiert. Weil sie komplexe Situationen einfangen, sind sie eine bessere Voraussetzung für den moralischen Diskurs, als es im Falle einer Ästhetik möglich wäre, die den Diskurs vorwegnimmt, um den Sinn der Ehe, „die Wahrheit der Ehe", ausdrücken zu können.

Daß die Ästhetik jedoch in den Dienst „ethischer *Absichten*" gestellt werden könne, fordert Fontane explizit. An den Romanen von Willibald Alexis faszinierte ihn dessen „ethische Absicht", das Bourgeoisietum von 1840 anzuregen. Überdies hatte Fontane 1860 in ›Jenseits des Tweed‹ auf jene konfliktreiche Polarisierung angespielt, die bereits in früheren Werken vorkommt: diejenige zwischen einem romantischen, ästhetischen Bewußtsein, meist vom Katholizismus getragen, zum Beispiel im Falle Maria Stuarts, oft sinnlich und eitel, gegenüber der moralischen Askese, eines protestantischen Gegenpols jener Archetypik, dem Politischen – hier repräsentiert in dem Reformator John Knox. (Maria Stuart war übrigens auch das Ideal der Bovary.)

4   „Meine ganze Produktion ist Psychographie", bemerkte Fontane in einem Brief an seine Frau (14. 5. 1884), und im Kontext der ›Stine‹: „Ich schreibe alles wie mit einem Psychographen (die grenzenlose Düftelei kommt erst nachher) und folge, nachdem Plan und Ziel mir feststehn, dem bekannten dunklen Drange ... es ist ein natürliches, unbewußtes Wachsen ... Im Ganzen wird man mir lassen müssen, daß ich wie von Natur die Kunst verstehe, meine Personen in der ihnen zuständigen Sprache reden zu lassen ... und so wird die Sentimentalsprache zur Natürlichkeitssprache, weil das Stück Natur, das hier gegeben wird, eben eine kränkliche Natur ist ... aber der psychologische Prozeß, Vorgang und Ton sind eigentlich richtig" (Brief an Paul Schlenther vom 13. Juni 1888). „Diese Verteidigung oder Erklärung hat aber nur das Ganze im Auge ..."

Das Ganze, auf das Fontane hier und andernorts zurückkommt, ist die zentrale Chiffre für ein Verständnis des Individuums, wie es jene Zeit prägte. Hatte Instetten in ›Effi Briest‹ noch jenes Ganze, dem man verpflichtet sei, als normative Instanz reklamiert, so insistiert Fontane auf demjenigen Aspekt des „Ganzen", der durch seinen faktischen Einfluß, das Eingebundensein der Individuen in „Sachzwänge", keine großen Gestalten als Romanhelden zuläßt, aber auch nicht den biedermeierlichen Rückzug. Dies programmiert den Konflikt: „Das Natürliche hat es mir seit langem angetan, ich lege nur darauf Gewicht, fühle mich nur dadurch angezogen, und dies ist wohl der Grund, warum meine Frauengestalten alle einen Knax weghaben." (Brief an Colmar Grünhagen vom 10. 10. 1895)

Zwar ist Effis Ehegatte Instetten bereit, das „Ganze" als positive Bezugsinstanz anzuerkennen, aber in einem anderen Sinn des Wortes bedeutet dieses „Ganze" das Hindernis für jede Art natürlicher Regung. So beklagt Effi, daß die „Welt so zu" sei, und Instetten stellt fest: „Mir ist alles verschlossen!" In der Psychologie Sigmund Freuds wird dieser Konflikt mit den Begriffen Über-Ich und Es beschrieben. Im Hinblick auf soziale Determinanten des Verhaltens wird er in der damals aufstrebenden Soziologie fixiert. Die Redeweise vom „Drang", vom „Sog" in den Formulierungen der Effi, ihre ungebrochene, „beunruhigende Lebenslust", das leitmotivische „Effi komm!", Effi als „Naturkind", die „schlechten Gedanken, in die man hineingerät" – all das steht für das Psychologische; die minuziöse Analyse der gesellschaftlichen Zwänge, die Fontane insbesondere auch in ›L'Adultera‹ geliefert hat, für das Soziologische. Daß es gerade der Frau zukommt, jenen Konflikt auszuleben, ist mit ihrer Rolle begründet, die sowohl Abhängigkeit als auch Außenseitertum repräsentiert in dem Sinne, daß sie nicht die gesellschaftliche Konvention trägt, sondern nur darstellen muß. („Weiber weiblich, Männer männlich", so der alte Briest.)

Szenenfoto aus dem Film ›Rosen im Herbst‹
mit Ruth Leuwerik und Bernhard Wicki

118

Darin liegt ein Potential, das Bebel 1879 in seiner Schrift ›Die Frau und der Sozialismus‹ berücksichtigt hat. Fontane umschreibt es metaphorisch: „Sehr viel gilt mir auch die Ehrlichkeit, der man bei den Magdalenen mehr begegnet als bei den Genoveven" (an Colmar Grünhagen 10. 10. 1895). „Woran scheitert man denn im Leben überhaupt? Immer nur an der Wärme" (5. Kapitel).

Wenn Frauen dieser Rolle nicht genügen, müssen sie entweder in ihrer

Szenenfoto aus dem Film ›Effi Briest‹
von Rainer Werner Faßbinder mit Hanna Schygulla

Abhängigkeit bestärkt oder stärker auf ihre gesellschaftliche Repräsentationsfunktion reduziert werden. Den ersten Weg dokumentiert Fontane in der ›Effi Briest‹: Ihre Infantilisierung durch Instetten, dem jedes Mittel recht ist, sie in die Kindesrolle zu drängen, vom Schrecken durch den exotischen Chinesen, der sie im Zaume halten soll, bis zur Ablehnung der Liebhaberrolle, die ja Anerkennung voraussetzt: „Ein Liebhaber war er nicht ... frostig wie ein Schneemann. Und immer nur die Zigarre!" (Jener Exotismus als Schreckbild und Projektionsfläche der Angst ist nur noch Degeneration; der Wunsch Effis, ihr Zimmer japanisch einzurichten, wird zurückgewiesen: „Du bist ... poetisch. Die Wirklichkeit ist anders.") Oder es dokumentiert sich die Reduktion, die Festlegung der Frauenrolle im „Ehehandel", in dem Frauen Werte repräsentieren und sich die Börsensprache in die persönlichen Beziehungen einschleicht. Auch Instetten verbindet mit jeder vergnüglichen Unternehmung, die er zusammen mit Effi absolviert, einen lokalpolitischen Zweck. Er ist zwar ein Verächter des Preußen-Pathos, des Patriotismus, jedoch, weil er politisch zweck-, nie wertrational ist.

Die Moral von dieser Geschicht' über die Moral ist eine durchaus resignative. Fontane war kein Verfechter emanzipatorischer Programmatik. In seinem Altersgedicht ›Ausgang‹ finden sich die Verse, die das existentialistische Motiv der „Krankheit zum Tode" (Kierkegaard) aufnehmen, die Summe des Lebenswegs der Effi, die den Konflikt nicht lösen konnte:

Immer enger, leise, leise
Ziehen sich die Lebenskreise,
Schwindet hin was prahlt und prunkt,
Schwindet Hassen, Hoffen, Lieben.
Und ist nichts in Sicht geblieben
Als der letzte dunkle Punkt.

III   Idee und Alltag

Montezuma als Gegenbild des großen Friedrich –
oder: Die Empfindungen dreier Zeitgenossen beim Anblick
der Oper ›Montezuma‹ von Friedrich dem Großen und
Carl Heinrich Graun

Georg Quander

Die Empfindungen des Anton von Portugal, Grafen von Puebla, außerordentlichen Gesandten und bevollmächtigten Ministers des Kaisers beim Anblick des ersten Aktes, in dem der letzte mexikanische Kaiser und sein wohl bestalltes Reich zur Schau gestellt werden.

Anton von Portugal, Graf von Puebla, außerordentlicher Gesandter und bevollmächtigter Minister des Kaisers in Berlin, lehnte sich behaglich in seinem Fauteuil zurück. Die Fanfaren der Trompeten und die Pauken, die den König bei seinem Eintritt begrüßt hatten, waren verklungen, und FRIDERICUS REX APOLLINI ET MUSIS, wie es in prächtigen Lettern auf der Front des von Knobelsdorff so trefflich erbauten Opernhauses zu lesen stand, hatte soeben mit den Prinzen und seinem Gefolge in den ersten Reihen des Parketts, unmittelbar hinter dem Kapellmeister Platz genommen.

Man schrieb Montag, den 6. Januar 1755, und erwartete die erste Vorstellung des neuen Trauerspiels ›Montezuma‹, zu dem Carl Heinrich Graun, der königliche Kapellmeister, die Musik verfaßt hatte und das den Zuschauern das tragische Ende des mexikanischen Kaisers vor Augen führen wollte, der in „barbarischer Weise der Grausamkeit und Habgier seiner Gäste zum Opfer fiel".

Die Musik rauschte in einem stattlichen Forte auf, dessen Brillanz die italienische Schulung Grauns, die Orientierung an den Vorbildern Vivaldi und Tartini ebenso deutlich erkennen ließ, wie sie die Stärke und das Können der Hofkapelle glanzvoll zur Geltung brachte. In diesem Orchester spielten mehr erstrangige Tonsetzer als andernorts Hofcompositeure zu finden waren, neben Graun dessen jüngerer Bruder Johann Gottlieb, dann Johann Joachim Quantz, des Königs Flötenlehrer, Johann Friedrich Agricola, Franz Benda und Carl Philipp Emanuel Bach. Und auf der Bühne wirkten die ersten italienischen Sänger der Zeit: die göttliche Giovanna Astrua, deren herrliches Granito in den virtuosen Passagen die Zuhörer ebenso begeisterte wie ihr ausdrucksvoller Vortrag des Adagios; der knabenhaft anrührende Kastrat Giovanni Tedeschi in der Titelpartie und Antonio Uberti Porporino, der Kontraaltist. Fürwahr, Friedrich II.

Königliches Opernhaus zu Berlin. Kupferstich von J. D. Schleuen (um 1770)

wußte, zumindest zur Karnevalszeit, aus seinem Berlin eine Weltstadt zu machen. Theateraufführungen, Konzerte, Redouten und große Soupers ließen die kurzen Tage und die langen Abende wie im Fluge vergehen.

Puebla freute sich auf das bevorstehende Ereignis, das so prächtig anfing. Besonders gefielen ihm die Zeilen vom „buon monarca" in der ersten Arie. Das waren genau jene Worte, wie man sie von jedem Monarchen gern hörte: Friedfertigkeit, Mehrung des Wohlstandes, Pflichterfüllung. Zwar kannte man diese Formeln aus jeder besseren Hofoper und wußte um deren Bedeutungslosigkeit, aber in diesem besonderen Falle hatte es damit dann doch seine eigene Bewandtnis. Denn üblicherweise stammten diese Sätze, die die Güte des Herrschers und seine edlen Absichten priesen, aus der Feder irgendeines Hofpoeten, der dafür bezahlt wurde lobzusingen und daher kaum Interesse hatte, durch unerwünschte Eigenwilligkeiten oder törichte Wahrheitsliebe seine meist gut dotierte Position aufs Spiel zu setzen. „I paroli son da sig. P. Tagliazucchi", stand zwar auch hier im Textbuch, aber jedermann im Theater wußte, daß das Libretto von Friedrich II. selbst stammte. Es waren seine Gedanken, die hier geäußert wurden, und Tagliazucchi – der Berliner Hofdichter – hatte die königliche französische Prosa nur in gefällige und sangbare italienische Verse gebracht. Das verlieh den Worten ein besonderes Gewicht; ein Gewicht, das weit über die Bedeutung der Musik oder die irgendeines anderen Opernbuches hinausging. Was hier geäußert wurde, durfte als Friedrichs Überzeugung gelten.

Etwas süßsauer stimmte Graf Puebla freilich die Erinnerung an die verlorenen österreichischen Provinzen. Friedfertigkeit predigt sich leicht nach gewonnenen Schlachten. Vor den beiden Schlesischen Kriegen hätte man sich Montezumas Gesinnung von Preußens jungem Monarchen erhofft. Hier klangen Gedanken auf, die dieser in seiner Streitschrift gegen den italienischen Staatsphilosophen Machiavelli einst geäußert hatte: „Welche Verwirrung in der Welt würde entstehen, wenn viele Ehrgeizige sich erheben und gegenseitig ihrer Güter berauben wollten?" Es blieb nur zu hoffen, daß der König zu den Überzeugungen seiner Jugend zurückgekehrt war. Hierfür bestanden immerhin einige begründete Hoffnungen. Nach dem Fall Dresdens hatte Friedrich öffentlich bekundet, daß er seine militärische Laufbahn als beendet betrachte, und die seitdem verflossenen zehn Jahre ganz der inneren Reform seines Landes gewidmet.

Vielleicht war die schlesische Episode nicht mehr als ein Abenteuer, vom Feuer jugendlicher Leidenschaften, dem Verlangen nach Ruhm und dem Bestreben angespornt, sich auch als militärisches Genie zu profilieren. Dem Prinzen hing ja seit seiner Jugend das Odium an, eher der Weichlichkeit französischer Sitten und den schönen Künsten zuzuneigen als preußischer Disziplin und dem Feldlager. Mit seinem Blitzkrieg war es Friedrich nicht nur gelungen, dieses Vorurteil auszuräumen, sondern der Öffentlichkeit auch jenes Sprichwort erbarmungslos auszutreiben, das da besagte: „So schnell schießen die Preußen nicht"; eine bequeme Faustregel, die sich unter der Regierungszeit seines Vaters allgemein eingebürgert hatte. Der Preis, den Österreich für diese Aufbesserung preußischen Firnisses zu zahlen hatte, war freilich hoch: Fast zweieinhalb Millionen schlesischer Untertanen und jährlich knapp eine Million Taler Staatseinnahmen waren verloren. Der Graf seufzte vernehmlich.

Nun, die Szene änderte sich, und man gewahrte die prunkvollen Gemächer der Königin von Tlascála, die noch am selben Abend die Gemahlin Montezumas werden wollte. Graf Anton bewunderte die historischen Kenntnisse des großen Königs. Auch er hatte natürlich den Antonio de Solis und seine detaillierte Schilderung der mexikanischen Unternehmungen gelesen. Unlängst waren die Texte in ihrer zweiten, französischen Auflage erschienen. Die Figuren des Spiels, wie Pilpatoè, der General, Montezumas Vertrauter, Tezeuco, oder die Spanier Narvès und Cortes, verleugneten ihre Herkunft aus dem De Solis nicht.

Allerdings schien der dichterischen Freiheit durch die Einführung zweier Frauengestalten, der Königin und ihrer Vertrauten Erissena, in gebührendem Maße Rechnung getragen. Zwar kannte auch die Geschichte ein Tlascála, aber niemals eine Königin namens Eupaforice, und der histori-

sche Montezuma war, als ihn das Schicksal in Gestalt der Spanier ereilte, längst mit einem Harem von mehreren hundert Weibern gestraft.

Diese historische Unschärfe ließ Graf Puebla für den Ausgang der Oper auf ein versöhnliches Finale hoffen, zumal er von Johann Adolf Hasse, dem Komponisten, der auf Einladung des Königs gerade in Berlin weilte, gesprächsweise von einer Vertonung des Montezuma-Stoffes erfahren hatte, die dieser vor gut zwanzig Jahren in Venedig gesehen und zu der der große Vivaldi die Musik verfaßt hatte. Dort war das Schlachtengetümmel in einem Hochzeitsfest nach wahrhaft österreichischem Geschmack geendet: Montezumas Tochter ehelichte den Sohn des Cortes, eine rührende und ergreifende Szene über die Versöhnung zweier verfeindeter Völker, die zudem gewisser historischer Wahrheit nicht entbehrte. In seiner Heimat begegnete der Portugieser nämlich einst einem kastilischen Edelmann, der seinen Stammbaum allen Ernstes bis auf den großen Aztekenkaiser zurückführen konnte. Tatsächlich habe der gefangene Montezuma seine Kinder dem Fernando Cortes anvertraut, und dieser habe sein Versprechen, für ihr Wohlergehen zu sorgen, erfüllt und sie mit uraltem spanischen Adel vermählt.

Trotz aller Blutrunst versprach das Spektakel also einen glücklichen Ausgang, auf den sich Graf von Puebla schon jetzt freute.

Die Empfindungen des Pierre Louis Moreau de Maupertuis, seines Zeichens Präsident der Berliner Akademie der Wissenschaften, im Angesicht des Spektakels im zweiten Akt, in welchem der gutgläubige mexikanische Kaiser von den spanischen Gästen gefangengesetzt wird, nebst Betrachtungen über das schmähliche Ende des Erzrivalen Voltaire.

Lageplan der Hochebene von Mexiko aus dem von Friedrich dem Großen benutzten Geschichtswerk des Antonio de Solis. In der Mitte liegt Tenochtitlan, die Hauptstadt, ringsum andere Städte und Fürstentümer, u. a. Tezeuco. Der Name wurde als Name eines Vertrauten des Montezuma in der Oper verwendet

Eine große, runde, rote Perücke, über und über mit gelbem Puder bestäubt, betrat zu Beginn des zweiten Aktes eine der hinteren Parkettlogen. Pierre Louis Moreau de Maupertius, seines Zeichens Präsident der Berliner Akademie der Wissenschaften, ließ sich mit einem Seufzer in den Sessel fallen. Mit seiner Gesundheit stand es wieder einmal nicht zum besten, und die ewigen Branntweinkuren, mit denen er sein Brustleiden zu kurieren pflegte, verschafften ihm auch nur recht sporadische Erleichterung. Ihre Wirkung verflüchtigte sich so rasch wie der Wirkstoff.

Soeben hatte er sich während der Divertimenti ein wenig die Beine vertreten, denn er war kein Liebhaber der Balli. Er fühlte zu sehr als Mathematiker, als daß er Geschmack an den ungenauen Sprüngen der Tänzer oder den einfallslosen geometrischen Figuren des Herrn Denis, des Ballettmeisters, hätte finden können. Sauertöpfisch blickte er auf die Szene, wo unter dem Geschmetter eines Marsches die Conquistadoren in Mexikos Hauptstadt einrückten.

Gleich die ersten Sätze offenbarten die finsteren Absichten ihres Kommens, nämlich die Mexikaner mit List zu täuschen, den Kaiser gefangenzunehmen und sich des Landes zu bemächtigen. „O gute, o hochheilige Religion, die du uns reich machst auf Kosten dieser treulosen, verabscheuungswürdigen Heiden!" – welch eine Ironie! Aber schließlich war es ja Friedrichs erklärte Absicht, mit diesem Stück die „Barbarei der christlichen Religion" und ihrer fanatischen Eiferer zu geißeln, wie er dem Grafen Algarotti geschrieben hatte. Ein uralter Haß brach sich hier Bahn, der Haß auf den Politiker in der Kutte, der Gott diene und die Welt betrüge.

Quetzalcoatle – mexikanischer Kulturheros und Friedensgott. Mit dem Mythos seiner Wiederkehr brachten die Azteken die Ankunft der Spanier in Verbindung. Aus dem Codex ›Telleriano-Remensis‹

Im übrigen war sich der Akademiepräsident mit seinem König ganz und gar darin einig, daß religiöse Toleranz nicht nur eine Frage der Menschlichkeit, sondern ganz einfach ein Gebot der Staatskunst war. Schon im ›Antimachiavel‹ stand nachzulesen, daß die Toleranz völlig den Interessen der Fürsten diene, „denn Treue und der gute Wille des Volkes hält nicht stand gegen den Wahnsinn der Religion und die Begeisterung des

Der berühmte Kastrat Antonio Romani, von 1744 bis 1768 in Berlin. Aquarell eines zeittypischen Kostüms

Fanatismus". Und während die Indianer auf der Bühne ihren Willkommenschor anstimmten, der von Gastfreundschaft und naiver Freude kündete, erinnerte sich unser Zuschauer unwillkürlich einer Bemerkung des Königs. „Man muß hoffen", hatte er gesagt, „daß noch ein aufgeklärtes Jahrhundert kommen wird, wo Treu und Glauben den ihnen zukommenden Ruhm zuerkannt erhalten werden."

Davon konnte in der Gegenwart freilich kaum die Rede sein. Klangen die Begrüßungsworte des Cortes nicht ganz wie jene Hymnen, die einst Voltaire auf den Kronprinzen und später den jungen König gesungen hatte? Wie heimtückisch hatte gerade er den König verraten und deshalb vor knapp zwei Jahren unter Schimpf und Schande Berlin wieder verlassen müssen. Die Arie des Tezeuco vom Reisenden, der, von den ewigen Stürmen des Meeres gebeutelt, schließlich dankbar die Ruhe des Hafens erfährt, sie durfte sich wahrlich mancher der Abenteurer und geistigen Freibeuter aufs Panier schreiben, die Friedrich an seiner königlichen Tafel versammelt hatte. Voll Wehmut dachte Maupertuis an jene Zeit glücklicher Potsdamer Konvente, denen der König gleichsam als Abt präsidiert hatte und wo sie gemeinsam der Gottlosigkeit, den schönen Künsten und den neuesten wissenschaftlichen Erkenntnissen gehuldigt, sie oft mit spitzer Zunge diskutiert oder auch zu verteidigen versucht hatten. Was war von jenen platonischen Symposien geblieben, an denen einst Algarotti, Voltaire, der Marquis d'Argens, La Mettrie oder er selbst, Maupertuis, teilgenommen hatten? Teils durch Schläge des Schicksals, teils durch Undank war die verheißungsvolle Vision eines neuen Athen an der Spree, wie sie Voltaire so schön beschworen hatte, zerstoben.

Die Ereignisse auf der Bühne rissen Maupertuis aus seinen melancholischen Betrachtungen. Plötzlich erledigten die Spanier mit einer kräftigen Gewehrsalve etliche Dutzend Mexikaner, die mit ihren armseligen Spießen sich wehrlos hinmetzeln lassen mußten. Indes versuchte Cortes den Kaiser in seinem eigenen Palast gefangenzusetzen. Die vorwurfsvollen Worte Montezumas erinnerten Maupertuis wieder an den schmählichen Abschied Voltaires. Ohne Zweifel, in diesem Stück, das der König kurz nach des Dichters überstürzter Abreise begonnen, rechnete er mit ihm ab.

Hatte sich Monsieur de Voltaire noch zu Zeiten der allergrößten Busenfreundschaft gelegentlich darüber beschwert, daß der König ihm stets seine schmutzige Wäsche zum Waschen bringen lasse, womit er die poetischen Ergüsse des Monarchen meinte, die dieser ihm zur Durchsicht auf grammatikalische und sprachliche Fehler übergab, so bereitete es Maupertuis nun ein unendliches Wohlbehagen, die schmutzige Wäsche seines einstigen Rivalen durch des Königs eigene Hand vor aller Augen auf dem Theater ausgebreitet zu sehen.

Man erinnerte sich noch recht gut jener peinlichen Affäre Voltaires mit dem Juden Hirsch und der unerlaubten Geldspekulation zu Dresden anno 1750, die ihn des Königs Gunst gekostet hatte. Wie gut paßte diese unverschämte Raffgier des Franzosen zur bodenlosen Habsucht des Spaniers! Wie treffend wurde hier seine Untreue, seine Verlogenheit und seine eitle Selbstüberschätzung angeprangert, die ihn dazu getrieben hatte, sich durch anonyme Pamphlete am Präsidenten der Berliner Akademie zu vergreifen! Hatte er es doch allen Ernstes gewagt, ihm, Maupertuis, einige seiner physikalischen Entdeckungen streitig zu machen und schließlich mit einer gewissen ›Diatribe du Docteur Akakia, Médecin du Pape‹ seine ganze Person ins Lächerliche zu ziehen.

Die Veröffentlichung dieser Schrift löste beim König einen der wahrhaft seltenen Tobsuchtsanfälle aus, hatte Voltaire ihm doch unvorsichtigerweise zuvor versprochen, sein Machwerk dem Feuer zu übergeben. Das besorgte nun Friedrich für ihn, indem er am Heiligabend des Jahres 1752 um zehn Uhr früh die ›Diatribe‹ öffentlich auf dem Gendarmenmarkt verbrennen ließ. Die Galle der Situation kostete Maupertuis bis zur Neige, und ihm war den ganzen Akt über, als wenn er noch einmal jenen reizenden Brief empfange, den der König ihm damals zur Beendigung der schmutzigen Kabale nebst einer Prise Asche der ›Diatribe‹ übersandt hatte.

Und doch konnte auch Maupertuis nicht leugnen, daß die Oper etwas sehr Voltairesches an sich habe. Über weite Strecken glich der Dialog einem Plagiat. Die italienischen Worte konnten nicht die französisch geschulte Rhetorik des Autors verhehlen. Dieser aufgeklärte Wilde mit seinem politischen und moralischen Bekenntnis, keinen Menschen schmähen zu dürfen, der nicht den gleichen Glauben habe wie er – hätte er nicht ebensogut eine Erfindung Voltaires sein können? Das Werk klang in seiner dramaturgischen Anlage, seinem ethischen Anspruch und seiner Themenwahl wie eine späte Replik auf Voltaires ›Alzire‹, jenes Drama, dessen Lektüre den Kronprinzen veranlaßt hatte, die Korrespondenz mit dem berühmten Dichter aufzunehmen. Hatte Voltaire die Vernichtung der indianischen Kultur Perus durch die Spanier thematisiert, so stellte Friedrich nun die Vorstufe jener Unternehmungen auf die Bühne. Wie dort der fanatische Eiferer Don Gusman, erschien auch hier der zivilisierte Christ durch einen Wilden kontrastiert, der im Grunde als der wahrhaft Humane gelten durfte. Aber welch tiefe Ironie! Voltaires indianischem Helden Zamore glich der friderizianische Montezuma nur an der Oberfläche. Der weiche, träumerische Charakter des Aztekenkaisers war der Figur Voltaires fremd. Und doch war Zamore auch in dieser Oper ständig gegenwärtig. Er lebte im Mund der Darsteller. Die Mexikaner beschworen allenthalben einen gewissen Zamoro als den großen Heerführer und Erretter von Volk und Vaterland, als der er in der ›Alzire‹ geschildert ist. Aber dieser Zamoro tritt niemals auf – ein poetischer Tagtraum! Auf der

Bühne Friedrichs steht Montezuma, ein politischer Phantast, der in Banden geschlagen wird, weil er die Realität nicht begreifen will oder weil die Realität nicht jene moralische Lösung kennt, die der Dichter in der ›Alzire‹ erfinden durfte. Welch bittere Parabel als Abschied vom einst so vergötterten Vorbild, die die Reverenz mit der Maulschelle vereinte! Oder um Friedrichs eigene Worte über seinen Freund Voltaire zu gebrauchen, die Maupertuis gar zu gern kolportierte: „Man preßt die Orange aus und wirft die Schale weg."

Die Empfindungen des sorgenvollen Staatsministers Heinrich Graf von Podewils beim Anblick des dritten Aktes, in welchem seine Befürchtungen traurige Gewißheit wurden.

Sorgenvoll blickte Heinrich Graf von Podewils auf die prunkvolle Kerkerdekoration Giuseppe Galli-Bibienas. Da lag der Aztekenkaiser in Banden und räsonierte über die Ungerechtigkeit der Weltläufte. Es war gekommen, wie es kommen mußte und wie es jeder vernunftbegabte Mensch hatte vorausahnen können. Aber nicht das beunruhigte den Staatsminister, sondern das Lied, das hier angestimmt wurde. Es war die Ballade von der Gutgläubigkeit und den ehrenhaften Gefühlen, die sich in einer lasterhaften und verdorbenen Welt nicht auszahlten. Wie oft hatte der König sie ihm vorgesungen und ihm Furchtsamkeit und gefährliches Zaudern vorgeworfen, wenn er zur Besonnenheit mahnte. Er fand sich entblößt und wie Montezuma ins Rampenlicht gezerrt. Das schmerzte ihn. Schließlich hatte er in der Vergangenheit mit seinen vorsichtigeren Lageeinschätzungen mindestens ebensooft recht behalten, wie der König mit seinem Draufgängertum den Staat aufs Spiel gesetzt hatte. Nach Punkten und Treffern lagen sie am Billardtisch der Politik beinahe gleich, der König und sein Minister. Gerade darum stimmte Podewils die Anspielung der Szenerie bedenklich. Es ging darum, wer die nächste Partie machen würde. Der diesjährige Karneval mit seiner Überfülle repräsentativer Ereignisse erinnerte ihn fatal an jene Maskenfeste, die Friedrich unmittelbar vor Ausbruch des Schlesischen Krieges für die ausländischen Diplomaten in Berlin inszeniert hatte. Seit der letzten Bedrohung des europäischen Friedens im Mai 1749, die dank diplomatischer Schachzüge und ostentativer preußischer Rüstung noch gerade gütlich abzuwenden gewesen, waren überdies genau jene fünf Jahre verflossen, die Friedrich sich damals als Atempause erhoffte. Für die Zeit nach dieser Frist, also für jetzt, rechnete er ohnehin mit erneuten militärischen Auseinandersetzungen und hatte sich dafür gewappnet.

Zwar war die Lage Preußens augenblicklich nicht gerade prekär zu nennen, aber es gärte doch allerorten in Europa – und nicht nur da.

›Der große Tempel des Huitzlipochtli‹ – Ausschnitt. Stich aus dem Geschichtswerk
des Antonio de Solis

Frankreich und England standen allem Anschein nach unmittelbar vor Ausbruch eines Kolonialkrieges um ihre amerikanischen Besitzungen. Graf Podewils mochte das Wort Amerika schon gar nicht mehr hören, auch nicht in Form einer Opernarie. Giovanni Tedeschi sang sich wahrhaft Tränen aus der Brust, aber die Gedanken des Grafen schweiften von der erschütternden Szene des unglücklichen Mexikaners sofort wieder ab zum Schachbrett europäischer Vertragspolitik. Eine Urangst Friedrichs, die Angst vor der Einkreisung Preußens, erschien durch das Bündnis zwischen Rußland und Österreich wieder als bedrohliche Möglichkeit. Zwar hatte er sich durch die überaus ergötzlichen „Briefe an das Publikum" mit Spott über seine Gegner Luft zu schaffen versucht, aber die Furcht saß tief. Friedrich war kein Verlierer. Darum war er zum Angreifer geworden.

Die schicksalsergebene, von larmoyantem Weltabschied und Selbstmitleid getragene Stimmung der unerwartet stillen Arie Montezumas nach dem aufwühlenden Rezitativ zuvor – sie kannte der Minister von seinem König ebenfalls. Sie entsprach genau jener kleinen Silberkapsel voll Opiumpillen, die Friedrich auf jedem Feldzug um seinen Hals trug. Er war kein Verlierer. Während Graf Podewils hierüber und über die strategischen Konsequenzen einer unter den gegebenen Umständen immerhin denkbaren französisch-österreichischen Allianz philosophierte, fiel ihm beim Anblick der Bühne, wo nun Montezuma tränenreichen Abschied von seiner Geliebten nahm, unwillkürlich wieder jene königliche Marginalie ein, die einst auf ein ministerielles Gutachten gekritzelt stand: „Wenn Minister über Politik reden, so sind sie geschickte Leute, aber wenn sie von Krieg reden, so ist es, als wenn ein Irokese von Astronomie spricht." Für die Ratschläge seiner Generäle gab Friedrich in der Regel jedoch auch keinen Heller. In den vergeblichen Arien Pilpatoès, in denen vom rechtzeitigen Losschlagen, von Verteidigung und Strategie die Rede war, erkannte der Minister die bittere Parodie auf das unentwegte Drängen einiger Heißsporne des Generalstabs wie Schmettau oder Winterfeldt. Der König liebte einsame Entscheidungen. Außer seinem Sekretär wußte wohl niemand seine wahren Absichten. Dieser halbnackte, in hysterischen Koloraturen sich ergehende, seiner männlichen Attribute beraubte Kastrat war jedenfalls eine Karikatur von echt friderizianisch ätzender Bosheit. Da war er doch lieber ein Irokese!

Podewils schaute hinab ins Parkett, wo Friedrich thronte und sichtlich vergnügt über den Fortgang des Spiels in sich hineinlächelte. Was bezweckte der König mit seinem zu Tode friedfertigen Kaiser? Am wenigsten sagte Podewils diese Eupaforice zu, die sich schon das ganze Stück über wie das schlechte Gewissen oder die Stimme der Vernunft gebärdet hatte. Sie entwickelte sich nun, in einem dramatischen bewegten Accompagnato, zu einer wahren Furie. Auf ihr Geheiß hatten die Mexikaner die

›Montezuma und Fernando Cortes begegnen sich‹. Stich aus dem Geschichtswerk
des Antonio de Solis

eigene Stadt in Brand gesteckt, um den verhaßten Feinden nichts als eine Trümmerstätte zu übereignen. Die Szene vor dem feuerrot erleuchteten Himmel Mexikos glich der furchtbaren Vision kommender Kriege, wie sie Eupaforice, einer Rachegöttin gleich, den ungläubigen Europäern voraussagte und vor deren Totalität einem das Grausen kommen konnte.

Voll Schrecken dachte Podewils an das politische Testament, das Friedrich vor vier Jahren verfaßt und in dem er jene Provinzen Europas bezeichnet hatte, die Preußen am besten konvenieren würden: Sachsen, Polnisch-Preußen und Schwedisch-Pommern. Alle drei umgaben das bisherige Staatsgebiet und würden es trefflich abrunden.

Podewils sah mit Bestürzung Eupaforice über dem Leichnam Montezumas niedersinken. Die Asche des Aztekenkaisers, die sie zu Grabe tragen wollte, sie glich der Asche verbrannter Hoffnungen eines Kronprinzen, der einst mit leichter Hand geschrieben hatte: „Hätte wohl jemand vermutet, lieber Voltaire, daß ein Musensohn dazu bestimmt sein könnte, Hand in Hand mit einem Dutzend gravitätischer Narren, die man Politiker nennt, das große Rad der europäischen Ereignisse zu drehen! Und doch ist die Tatsache authentisch – nicht sehr zu Ehren der Vorsehung."

Johann Sebastian Bach in Berlin

Andreas Holschneider

Preußen ist nicht eben reich an großen Namen der Musik. Die bedeutenden Entwicklungen der Musikgeschichte haben nicht in Berlin stattgefunden. Im Vergleich mit Rom, Florenz, Venedig und Neapel, mit Paris und London, vor allem auch mit Wien, blieb Berlin musikalische Provinz. Zum Musikzentrum von europäischem Rang wurde Berlin erst im 19. Jahrhundert in der Regierungszeit Friedrich Wilhelms IV. Sicher hat Berlin auch schon früher große Musikerpersönlichkeiten gesehen. Doch keinem der Großen wurde Berlin auf Dauer zur künstlerischen Heimat, auch im 19. Jahrhundert nicht. Selbst Felix Mendelssohn Bartholdy hat sich letztlich für Leipzig entschieden, obwohl Friedrich Wilhelm IV. wiederholt versucht hatte, Mendelssohn ständig nach Berlin, in seine Heimatstadt, zu ziehen.

Aus der Sicht des Habsburger Hofes und gemessen an dem glänzenden, richtunggebenden Musikleben der Kaiserstadt Wien, aber auch aus der Sicht der Kurfürstentümer Bayern und Sachsen erscheint die preußische Musikgeschichte gebrochen, sprunghaft und zumeist epigonal. Dabei wäre der Boden gerade in Preußen fruchtbar gewesen für eine internationale, wirkungsvolle Musikentfaltung. In Preußen vermischten sich unterschiedliche Nationalitäten, Weltanschauungen und Religionen. Im Wunsch nach wachsender Bevölkerung, nach wachsendem Steueraufkommen und nach einer starken Armee, gleichzeitig aber bestimmt von einer toleranten, aufgeklärten Politik, hatte der brandenburgisch-preußische Staat Exulanten von überall her, holländischen Kolonisten, Hugenotten, österreichischen Protestanten, Juden aus Wien, Schweizern, Pfälzern und Piemontesen, Böhmen und Polen über Generationen hinweg Aufnahme gewährt. Diese „Refugiés" brachten ihre Musik ebenso mit wie ihren Glauben und ihre nationalen Sitten. Die Vermischung der verschiedenen Einflüsse, aber auch die Bewahrung der nationalen und religiösen Eigenständigkeiten beeinflussen das preußische Kulturleben vom späten 17. Jahrhundert an.

Der preußische Hof stand der Musik zumeist aufgeschlossen gegenüber. Viele Angehörige des Königshauses waren musikalisch gebildet, haben Musik ausgeübt, einige haben sogar selbst komponiert. Die geistvolle Königin Sophie Charlotte, hannoveranische Prinzessin und Schwiegertochter des Großen Kurfürsten, für welche Friedrich I. das Schloß Lietzenburg, das später Charlottenburg genannt wurde, hatte bauen lassen, komponierte italienische Kammermusik im Stile ihres Lehrers Agostino Steffani. Friedrich II. schrieb für die Konzerte seiner Kapelle, eine der vorzüglichsten in Europa, und für seine kammermusikalischen Abendkonzerte Sinfonien, Flötenkonzerte und nicht weniger als 121 Sonaten für Flöte und Cembalo. Wie Friedrich waren auch seine Schwestern Wilhelmine und Anna Amalie musikalisch begabt. Anna Amalie galt den Zeitgenossen als eine Meisterin der alten, polyphonen Satztechnik. Ihre Vertonung von Ramlers ›Der Tod Jesu‹ wurde als ebenbürtig der Graunschen Vertonung dieses Textes angesehen. Doch der beste Musiker des hohenzollernschen Stammes war deren Neffe, der volkstümliche, romantische Prinz Louis Ferdinand, der im Alter von 34 Jahren im Gefecht von Saalfeld gefallen ist. Kein geringerer als Beethoven hat sein Klavierspiel bewundert, und Robert Schumann bezeichnete ihn, mit Bezug auf die genialische Kammermusik, sogar als „den Romantiker der klassischen Periode".

Nationale Vielfalt und kultureller Austausch innerhalb der preußischen Bevölkerung, die Entwicklung eines selbstbewußten, liberalen Bürgertums, musikalische Bildung, vornehmlich in jüdischen und hugenottischen Familien, musikalische Aufgeschlossenheit des Königshauses: diese Voraussetzungen hätten der Musikentwicklung in Preußen zum internationalen Rang verhelfen können. Und doch sank Berlin immer wieder zur musikalischen Provinzstadt herab.

Die Gründe hierfür sind vielschichtig. Doch lassen sich auch Grundzüge festhalten. Der preußische Hof legte im allgemeinen keinen Wert auf Repräsentation und Pracht und damit auf musikalische Demonstration, abgesehen von einigen kurzen Perioden – im 18. Jahrhundert den Regierungsjahren Friedrichs I. und der Zeit vor dem Siebenjährigen Krieg in der Regierung Friedrichs II. Die Prinzipien der preußischen Politik, die Konzentration auf das Soldatische, die außerordentliche ökonomische Disziplin, machten Berlin immer wieder für Musiker, die anderswo mit ehrgeizigem, großzügigem Mäzenatentum rechnen konnten, uninteressant. Ein Opernhaus entstand in Berlin vergleichsweise spät. Unmittelbar nach seinem Regierungsantritt hatte Friedrich II. den Befehl zu seiner Errichtung gegeben. Für die italienische Opernkunst begeistert, förderte er rasch und kräftig die Entwicklung der Oper in Berlin. Doch schon während des Siebenjährigen Krieges wurde die kurze Blüte abgebrochen, fiel das Ensemble auseinander. Die Geschichte der Berliner Oper wird symptomatisch für die preußische Musikgeschichte überhaupt: Epochen des Aufschwungs und des Niedergangs wechseln immer wieder miteinander ab.

Als Gegenpol zur Oper übte auch die Kirche in Preußen auf die Musiker andernorts nur wenig Anziehung aus. Gerade die liberale, freisinnige Religionspolitik des preußischen Staates verringerte – jedenfalls im 18. Jahrhundert – die Bedeutung der Kirche und damit die Bedeutung und konsequente Pflege der Kirchenmusik. Goethes Wort, Berlin sei der „vermutlich gottloseste Platz in Europa" (Brief an seine Schwester Cornelia vom 18. 10. 1766), könnte man dahin ausdehnen, daß hier auch am wenigsten zum Lobpreis Gottes getan wurde. Abgesehen von Carl Heinrich Grauns Oratorium ›Der Tod Jesu‹ ist für Berlin kein bedeutendes oder gar zentrales Werk der Kirchenmusik komponiert worden.

Zu den wenigen Großen, die Preußens Musikgeschichte nachhaltig berühren, gehört allerdings Johann Sebastian Bach. Zwar hat auch sein Lebensweg Preußen nur gestreift, doch ist die Verbindung zu Bach ein wichtiges Kapitel in der preußischen Musikgeschichte geworden. Zwei Hauptstücke des Bachschen Œuvres sind Angehörigen des Königshauses gewidmet: die ›Brandenburgischen Konzerte‹ und das ›Musikalische Opfer‹. Da Bachs zweitältester Sohn, Carl Philipp Emanuel, in den Diensten Friedrichs II. stand, ergaben sich auch für den Vater persönliche Beziehungen zum preußischen Hof. Bachs Schüler, Johann Philipp Kirnberger, berühmter Musiktheoretiker und Lehrer der Prinzessin Anna Amalie, hat das Bachsche Erbe in der Amalien-Bibliothek sorgfältig zusammengetragen. Gerade diese Bibliothek wurde zu einem Hort der Bach-Überlieferung und damit zur Grundlage der Bach-Pflege für kommende Generationen. Von Berlin, weniger von Leipzig, wo Bach 27 Jahre lang wirkte und 1750 starb, ging zunächst das wiedererwachende Interesse für den Thomaskantor aus. In Berlin hat im 19. Jahrhundert durch Carl Friedrich Zelter und die Singakademie die Bach-Pflege erneut eingesetzt. Hier hat Mendelssohn 1829 zum Zentenar-Jubiläum der Uraufführung die Matthäus-Passion wiederaufgeführt und damit eine Bewegung eingeleitet, die in eigentümlicher Mischung von pietistischer Hingabe und patriotischer Begeisterung letztlich in die deutschen Bach-Feste münden sollte, deren erstes (nach Abschluß der großen Bach-Gesamtausgabe) 1901 ebenfalls in Berlin stattfand. Berlin war im 19. Jahrhundert, wie Meyerbeer einmal zu Heine sagte, „die Hauptstadt von Johann Sebastian Bach".

Die ›Brandenburgischen Konzerte‹

Johann Sebastian Bach hat mindestens drei Reisen nach Berlin bzw. nach Potsdam unternommen. Die zweite und dritte, im August 1741 und im Mai 1747, galten in erster Linie dem Besuch seines Sohnes Carl Philipp Emanuel, des Hof-Cembalisten Friedrichs II. Die erste Reise jedoch, im

März 1719, hatte einen geschäftlichen Grund. Bach, damals Kapellmeister in Köthen, sollte in Berlin ein neues Cembalo abholen, welches der Hofinstrumentenbauer Mietke für den Köthener Hof gebaut hatte. Doch wahrscheinlich steht diese Reise auch in Verbindung mit der Dedikation der ›Brandenburgischen Konzerte‹ und bietet damit eine gewisse Parallele zur Reise von 1747, die zur Begegnung mit Friedrich II. führte und Anlaß war für die Komposition des ›Musikalischen Opfers‹. Denn vermutlich auch 1719 hat Bach am Hofe einen Besuch gemacht: am Hofe, das heißt genauer beim Markgrafen Christian Ludwig von Brandenburg, der im Berliner Schloß wohnte und dort eine eigene Hofkapelle unterhielt. Es war damals offenbar die einzige Hofmusik, nachdem der ›Soldatenkönig‹, Friedrich Wilhelm I., im Rahmen seiner durchgreifenden Sparmaßnahmen auch die Musikkapelle seines Vorgängers hatte abschaffen lassen.

„Da ich vor einigen Jahren (une couple d'années = zwei Jahre?) das Glück hatte, mich vor Eurer Königlichen Hoheit auf Ihren Befehl hin hören zu lassen, und da ich dabei bemerkte, daß Sie einigen Gefallen an den kleinen Gaben fand, die mir der Himmel für die Musik verliehen hat, und da beim Verabschieden mich Eure Königliche Hoheit mit dem Auftrag zu beehren beliebte, Ihr einige Stücke meiner Komposition zu übersenden: so habe ich denn gemäß Ihrem allergnädigsten Auftrag mir die Freiheit genommen, Eurer Königlichen Hoheit meine ergebensten Aufwartungen mit den vorliegenden Konzerten zu machen, die ich für mehrere Instrumente eingerichtet habe", so beginnt Bachs Widmungstext der ›Brandenburgischen Konzerte‹. Was mag Bach 1721 aber wirklich bewogen haben, nachdem die Begegnung mit dem Markgrafen schon einige Jahre zurücklag, seine in Köthen nach und nach entstandenen Konzerte nach Berlin zu schicken und sie dem Markgrafen zu dedizieren? Verband sich mit dieser Sendung ein Hintergedanke, der Wunsch auf eine Anstellung am preußischen Hof? Für eine höfische Karriere hatte sich Bach bei der Übersiedlung von Weimar nach Köthen bereits zum zweiten Male entschieden. Sah er in Berlin die Möglichkeit für eine dritte, entscheidende Position im höfischen Bereich?

Die ›Brandenburgischen Konzerte‹ präsentieren sich nicht als einheitlicher Zyklus, sondern als unterschiedliche Muster höfischer Konzertmusik. Es sind Werke verschiedener Besetzung, von hohem virtuosen Anspruch, „accomodés à plusieurs instruments", aber sie erfordern im Bachschen Sinne keinen großen Orchester-Apparat. Über Größe und Qualität der markgräflichen Kapelle sind wir nicht weiter informiert, doch hätte vermutlich Bach dem Markgrafen keine Konzerte dediziert, welche dieser mit seinen Kräften nicht hätte aufführen können. Ob die Konzerte allerdings von der markgräflichen Kapelle wirklich gespielt wurden, bleibt fraglich. Die autographe Partitur enthält keine Gebrauchsspuren, keinen Eintrag, der auf die praktische Verwendung hindeuten würde, und originales Aufführungsmaterial zur Partitur ist nicht überliefert.

Welchen Wunsch Bach mit der Sendung der ›Brandenburgischen Konzerte‹ auch immer verfolgte: Weitere Beziehungen zum Markgrafen von Brandenburg und zum Berliner Hof haben sich daraus nicht ergeben. Und sein Lebensweg führte Bach nicht an einen anderen Hof, sondern nach Leipzig auf das Thomaskantorat. Die ›Brandenburgischen Konzerte‹ blieben in Bachs Œuvre ohne Parallele und einzig in ihrer Art. Das Manuskript kam später in den Besitz von Kirnberger. Er hat es der Amalien-Bibliothek einverleibt. Mit dieser gelangte es in das Joachimsthalsche Gymnasium. Dort hat es auch Mendelssohn kennengelernt.

Das ›Musikalische Opfer‹

Gab die Begegnung mit dem Markgrafen Christian Ludwig von Brandenburg Anlaß für die Dedikation und die Übersendung der ›Brandenburgischen Konzerte‹, so wurde das Zusammentreffen mit Friedrich II. in Potsdam zur Ursache für die Komposition des ›Musikalischen Opfers‹. Über die denkwürdige Begegnung des 62jährigen Thomaskantors mit dem 35jährigen Preußenkönig liegen mehrere, im wesentlichen übereinstimmende Quellen vor: ein Zeitungsbericht in den ›Berlinischen Nachrichten von Staats- und gelehrten Sachen‹, die Darstellung bei Bachs erstem Biographen, Johann Nikolaus Forkel, welche auf Wilhelm Friedemann Bach zurückgeht, außerdem der betreffende Abschnitt im Bachschen Nekrolog, den Carl Philipp Emanuel und Johann Friedrich Agricola verfaßt haben. Nach diesen Quellen hat sich Bachs Besuch bei Friedrich II. folgendermaßen abgespielt: Am Sonntag, dem 7. Mai 1747 kam Bach mit seinem Sohn Wilhelm Friedemann in Potsdam an. Er begab sich in der Zeit der Abendkonzerte, die gewöhnlich zwischen sieben und neun Uhr in den königlichen Appartements stattfand, ins „königliche Schloß", vermutlich das Potsdamer Stadtschloß: Sanssouci, von Knobelsdorff erbaut, war erst am 1. Mai, also eine Woche vorher, eingeweiht worden; hätte Bachs Begegnung mit dem König dort stattgefunden, wäre dies in den Quellen wahrscheinlich nicht unerwähnt geblieben.

Als dem König berichtet wurde, daß Bach eingetroffen sei und sich im Vorzimmer aufhalte, ließ er ihn sogleich hereinkommen. Er „gab für diesen Abend sein Flötenkonzert auf, nötigte aber den damals schon sogenannten alten Bach seine in mehreren Zimmern des Schlosses herumstehenden, Silbermannischen Fortepiano zu probieren. Die Capellmeister gingen von Zimmer zu Zimmer mit, und Bach mußte überall probieren und fantasieren. Nachdem er einige Zeit probiert und fantasiert hatte, bat er sich vom König ein Fugenthema aus, um es sogleich, ohne alle Vorbereitung, auszuführen" (Forkel). Der König „geruhten auch, ohne eigene Vorbereitung, in eigner, höchster Person dem Capellmeister Bach ein Thema vorzuspielen, welches er in einer Fuga ausführen sollte. Es geschah dies von gemeldetem Capellmeister so glücklich, daß nicht nur Seine Majestät Dero allergnädigstes Wohlgefallen darüber zu bezeigen beliebten, sondern auch die sämtlichen Anwesenden in Verwunderung gesetzt wurden" (Zeitungsbericht). Am nächsten Tag spielte Bach öffentlich auf der Johann Joachim Wagner-Orgel der Potsdamer Heiliggeistkirche und am Abend abermals im Schloß vor dem König ein sechsstimmiges Ricercar, diesmal über ein eigenes Thema. Noch in Potsdam versprach er die Fuge, welche er über das königliche Thema aus dem Stegreif improvisiert hatte, aufzuschreiben und „in Kupfer stechen zu lassen". Wieder in Leipzig, machte er sich nicht nur an die Ausarbeitung der Fuge (es ist das dreistimmige Ricercar), sondern an die Komposition eines ganzen Zyklus von Stücken: das sechsstimmige Ricercar, die Triosonate und zehn Kanons über das königliche Thema. Zwei Monate später schickte er den Druck mit seiner Widmung, die noch einmal auf die Begegnung mit dem König und das königliche Thema abhebt, an Friedrich II.

Die Beurteilung des ›Musikalischen Opfers‹, seine Interpretation und Rezeption sind durch den Terminus „Opfer" vorbelastet. Er suggeriert Ernst, Würde und Feierlichkeit. Dabei bedeutet „Opfer" nichts anderes als Widmung, als „hommage" für den König. Von Friedrich II. ist folgende Äußerung überliefert: „Es freut mich immer, wenn ich finde, daß sich der Verstand mit der Musik zu schaffen macht; wenn eine schöne Musik gelehrt klingt, das ist mir so angenehm, als wenn ich bei Tisch klug reden hörte."

In Wirklichkeit ist das ›Musikalische Opfer‹ eine Sammlung unterhaltsamer Kompositionen, allerdings von höchst artifizieller und geistreicher Art. Einen anderen Zyklus mit kanonischen Veränderungen, die ›Goldberg-Variationen‹, hat Bach, wie auf dem Titelblatt dieses vierten Teils der Clavierübung zu lesen ist, ausdrücklich „denen Liebhabern zur Gemütsergötzung verfertigt", und es ist sicher nicht verfehlt, wenn wir auch dem ›Musikalischen Opfer‹ eine solche Absicht unterstellen. In zügigem Tempo vorgetragen, werden die Kanons zu virtuosen Kabinettstücken, die sie in die Nähe einzelner ›Goldberg-Variationen‹ rücken. Bachs kammermusikalische Besetzung hebt auf die Konzerte in Potsdam ab: Flauto traverso als das königliche Instrument, zwei Violinen und Continuo, das heißt Cembalo mit Violoncello bzw. Viola da gamba. Offenbar kam es Bach darauf an, den Geschmack des Königs durch die Verbindung von altdeutscher Tradition und französischem Esprit zu treffen. Das ›Musikalische Opfer‹ erhebt die Verbindung der Stile zum kompositorischen Prinzip. Die polyphone Fugen- und Ricercar-Technik war vom König durch das altertümliche Thema vorgegeben. Seine Grundform liegt wahrscheinlich vor im dreistimmigen Ricercar. In der Verbindung von aufsteigender Quint, der umrahmenden absteigenden kleinen Septim, dem chromatischen Abstieg zum Grundton hat es eher typischen als individuellen Charakter. Es ist gewissermaßen ein Idealthema des Barock.

Der Goût français zeigt sich in vielen Einzelheiten, vor allem im rhetorischen Ausdruck innerhalb der Canones und der Sonate. Die sprechende Aufgliederung der kanonischen Motive, die Markierung der Phrasen durch ausdrucksvolle Pausen, die scharfe Punktierung im vierten Kanon und dessen pathetischer Aufschwung verraten französischen Stileinfluß. Zum vierten Kanon vermerkt Bach „Notulis crescentibus crescat Fortuna Regis", das heißt: Wie hier die Noten, so wachse des Königs Glück. Zum folgenden Kanon steht „Ascenteque Modulatione ascendat Gloria Regis", das heißt: Und wie die aufsteigende Modulation, so erhebe sich des Königs Ruhm. Das Andante der Sonate ist ein Musterbeispiel für den neuen, galanten Stil, gewissermaßen Ausdruck des friderizianischen Rokoko in der Musik. Aus kleingliedrigen, affektiven Vorhaltsmotiven entsteht Rede und Gegenrede, von Bach durch Artikulation und dynamische Angaben minuziös bezeichnet. Die Vermischung der Stile wird im ›Musikalischen Opfer‹ zum Ereignis, und implizite verweist die Synthese von kontrapunktischer Technik und empfindsamem Geschmack auch auf die Verbindung zweier Generationen: des „alten" Bach und des „jungen": Johann Sebastian und Carl Philipp Emanuel, des Thomaskantors und des Cembalisten am Hofe von Potsdam.

Die Amalien-Bibliothek – ein Zentrum der Bach-Überlieferung

Nach seinem Tode ist der „alte Bach" in Berlin nicht vergessen worden. Seine Werke wurden gesammelt, aufgeführt, sein Andenken blieb lebendig. Am Hofe allerdings verlor das Musikleben insgesamt allmählich an Bedeutung und Glanz. Der König hatte sich seit dem Beginn des Siebenjährigen Krieges mehr und mehr von den Festlichkeiten zurückgezogen, den gesellschaftlichen Verkehr eingeschränkt und nach der Rückkehr aus dem bayrischen Erbfolgekrieg auch das Flötenspiel aufgegeben. Doch bildete sich nun ein anderes musikalisches Zentrum, welches gerade für die Pflege der Bachschen wie überhaupt der älteren Musik außerordentlich fruchtbar werden sollte: der Kreis um die Prinzessin Anna Amalie, Friedrichs II. jüngste Schwester. Die beherrschende Persönlichkeit dieses Kreises war Johann Philipp Kirnberger, Schüler von Johann Sebastian Bach in Leipzig zwischen 1739 und 1741, seit 1751 als Violinist in preußischen Diensten, zunächst in der königlichen Kapelle, dann in der Kapelle des Markgrafen Heinrich in Rheinsberg, seit 1758 Berater und musikalischer Lehrer der Prinzessin Anna Amalie.

Neben Kirnberger gehörten die Kammermusiker Friedrichs II. zu diesem Kreis, unter diesen vor allem Carl Philipp Emanuel Bach bis zu seiner Übersiedelung nach Hamburg 1768, der Cembalist Christoph Nichelmann, Carl Heinrich und Gottfried Graun, Johann Friedrich Agricola – auch er wie Nichelmann ehemals Schüler Bachs und seit 1759 als Nachfolger Carl Heinrich Grauns Leiter der königlichen Kapelle – Christoph Schaffrath, Hofmusicus Anna Amaliens, sowie der scharfsinnige Musiktheoretiker Friedrich Wilhelm Marpurg, der allerdings zunehmend in ein gespaltenes Verhältnis zu Kirnberger geriet. Für sie alle war der Salon der Prinzessin ein geistig-musikalischer Bezugspunkt, der um so wichtiger wurde, je mehr das musikalische Leben am Hofe selbst verödete.

Anna Amalie, die unvermählt blieb, verbrachte ihr ganzes Leben in Berlin. Sie erwarb 1764 das Palais ›Unter den Linden‹ 7, 1772 auch das Palais Wilhelmstraße 102. In diesen Häusern veranstaltete sie ihre berühmten, musikalischen Soireen, in welchen vorzugsweise ältere Musik aufgeführt wurde, vor allem Werke von Bach und Händel. Ausländische Besucher waren dort ebenso zu Gast wie die geistige Elite Berlins.

Die Musikbibliothek der Prinzessin sollte für die Vermittlung und Überlieferung der Werke Bachs bedeutsam werden. Da zu Bachs Lebzeiten nur ein kleiner Teil seiner Werke gedruckt war – die vier Teile der ›Clavier-Übung‹, die Schüblerschen Choräle, die Variationen über ›Vom Himmel hoch da komm ich her‹, die Ratswechsel-Kantate aus Mühlhausen, das ›Musikalische Opfer‹ und postum die ›Kunst der Fuge‹ –, wurden seine Werke meist handschriftlich verbreitet. Die Musikschätze der Amalien-Bibliothek, von Kirnberger sorgfältig zusammengetragen und teilweise selbst geschrieben, wurden anderen Interessenten zur Kopiatur zur Verfügung gestellt. In der Amalien-Bibliothek befanden sich unter anderem Manuskripte der ›h-Moll Messe‹, der ›Matthäus-Passion‹, der Motetten, Teile der Kammermusik, das ›Wohltemperierte Klavier‹ sowie das schon erwähnte Autograph der ›Brandenburgischen Konzerte‹.

Zu den Interessenten an diesen Noten gehörte auch der Baron Gottfried von Swieten, österreichischer Gesandter am preußischen Hof von 1770 bis 1777. Er wurde in Wien zum Vermittler der älteren Musik an Mozart, Haydn und Beethoven. Bezeichnenderweise haben ihm Nikolaus Forkel seine Bach-Biographie, Beethoven seine erste Sinfonie gewidmet. Von Wien aus hielt Swieten enge Verbindung zu den drei Zentren der Bach-Überlieferung, zu Carl Philipp Emanuel Bach in Hamburg, zu Forkel in Göttingen und eben zu Kirnberger und der Amalien-Bibliothek in Berlin. Aus diesen Quellen bekam Swieten die Bachiana, die er für seine eigene Bibliothek kopieren ließ. Durch die Vermittlung Swietens ist die preußische Bach-Überlieferung für die Wiener Klassik fruchtbar geworden; ohne die Kenntnis der Werke Bachs und Händels in Swietens Bibliothek hätte sich vermutlich der Personalstil von Mozart, Haydn und Beethoven in anderer Richtung entwickelt.

Anna Amalie vermachte ihre Notenbibliothek dem Joachimsthalschen Gymnasium. Dort hat zu Beginn des 19. Jahrhunderts Carl Friedrich Zelter die Bibliothek studiert und katalogisiert. 1914 wurde sie von der Königlichen Bibliothek, der späteren Preußischen Staatsbibliothek, übernommen.

Berlin – die Hauptstadt von Johann Sebastian Bach

Wie kein zweiter hat Carl Friedrich Zelter, der Freund Goethes, das bürgerliche Musikleben in Berlin im ersten Drittel des 19. Jahrhunderts beeinflußt, ja geprägt. Das große Interesse, das Johann Sebastian Bach hier im 19. Jahrhundert gewinnen sollte, ist mit der Person Zelters untrennbar verbunden. Auch er war ein Mittler der Generationen, der Generation Marpurg, Kirnberger und Fasch auf der einen Seite, der Generation Christoph Bernhard Marx und Mendelssohn auf der anderen. Als Leiter der Berliner Singakademie hat er zu einer weitausgreifenden, gleichermaßen humanistisch-säkularisierten wie patriotischen Bach-Pflege entscheidend beigetragen. Anknüpfend an Studien seines Vorgängers Carl Friedrich Fasch probte Zelter Bachs Motetten, Teile aus der ›Matthäus-Passion‹ und der ›h-Moll Messe‹, allerdings nicht mit dem Ziel der öffentlichen Aufführung, sondern um die „borstige Musik" begreifbar zu machen und verstehen zu lernen. Gerade der Respekt vor Bachs Größe und die Kenntnis der ungeheuren Schwierigkeiten für die bescheidenen Kräfte einer Dilettanten-Vereinigung machen Zelters Scheu vor der öffentlichen Aufführung verständlich.

Doch die Begeisterung des jungen, genialen Mendelssohn – er wurde 1820 zusammen mit seiner Schwester Fanny Mitglied der Singakademie – hat die Bedenken von Zelter hinweggefegt. Durch Mendelssohns Aufführung der ›Matthäus-Passion‹ 1829 ist Berlin zur Hauptstadt von Johann Sebastian Bach geworden. In seinem Elternhaus war Mendelssohn mit Musik von Bach aufgewachsen. Seine Mutter Lea, geb. Salomon, vermittelte ihm, wie sich Christoph Bernhard Marx später erinnerte, die Tradition Kirnbergers: „. . . von dort her war sie mit Seb. Bach bekannt geworden und hatte das unausgesetzte Spiel des temperierten Klaviers ihrem Hause eingepflanzt." Zum Weihnachtsfest 1823 bekam der vierzehnjährige Mendelssohn eine handschriftliche Partitur der ›Matthäus-Passion‹ geschenkt. Sie wurde zum bevorzugten Objekt seiner Bach-Studien. Im kleinen privaten Kreis begann er mit Proben und Aufführungen einzelner Teile. Im Januar 1829 wagte er zusammen mit seinem Freund Eduard Devrient, Zelter zu bitten, die ›Matthäus-Passion‹ mit Kräften der Singakademie aufführen zu dürfen. Zelter stand diesem Vorhaben zunächst skeptisch gegenüber und ließ sich erst nach wiederholtem Bitten dazu bewegen, die Aufführung zu tolerieren und Mendelssohn die Vorbereitungen und das Dirigat zu überlassen. Am 11. März fand die Aufführung statt. Sie hat einen wahren Siegeszug dieses Werkes, ja der Bachschen Musik überhaupt eingeleitet.

Mendelssohn hat Bachs ›Matthäus-Passion‹ gekürzt und eine Aufführungsdauer von etwa zweieinhalb Stunden angestrebt. Die Striche betreffen sieben Choräle, vier Rezitative und die meisten Arien, doch wurden von einigen die Instrumentaleinleitungen gespielt.

Es kam Mendelssohn darauf an, den dramatischen Ablauf zu straffen, den chorischen Anteil nachdrücklich in den Vordergrund zu rücken. Chor und Orchester waren mittelgroß besetzt, keinesfalls im Sinne Berliozscher Klangentfaltung. Der Chor bestand aus 158 Sängern, über die Streicherstärke ist nichts Näheres bekannt, die Holzbläser waren doppelt besetzt. Chor und Orchester wirkten größer, da der 800 bis 900 Plätze fassende Saal der neuen, nach den Plänen Schinkels gebauten und 1827 eingeweihten Singakademie relativ klein war. Um des Andrangs Herr zu werden, hatte man die Vorsäle und einen rückwärtigen Saal geöffnet. Trotzdem mußten über 1000 Besucher abgewiesen werden. Mendelssohn leitete die Aufführung vom Hammerflügel aus, der zwischen beide Chöre quer zum Publikum aufgestellt war. Entgegen verbreiteter Meinung hat Mendelssohn Bachs Partitur nicht bearbeitet oder neu instrumentiert, wie es im 19. Jahrhundert in der Nachfolge Mozarts für Händels Oratorien üblich wurde. Allerdings brachten die Klarinetten, die er als Ersatz der Oboi da caccia verwandte, sowie das Fehlen der Orgel und der Ton des Klaviers Klangfarben hinein, die von Bachs historischer Musizierform erheblich abwichen.

Die Aufführung wurde zu einem stürmischen Erfolg. Durch die Presse war die Berliner Gesellschaft wiederholt und planmäßig auf dieses Ereignis hingewiesen worden. Mendelssohns Freund, Adolf Bernhard Marx, schrieb in seiner ›Berliner Allgemeinen Musikalischen Zeitung‹ fünf weitausgreifende, enthusiastische Berichte. Zur Aufführung waren viele Mitglieder des Hofes, an der Spitze der König selbst erschienen. Unter den prominenten Zuhörern sah man auch Schleiermacher, Hegel und Heine. Die Rezensionen erhellen den Geist der Zeit über den gegebenen Anlaß hinaus. Mannigfache Strömungen, welche das preußische Bürgertum damals bewegten, fließen in den Beurteilungen zusammen: Besinnung auf die nationale Tradition, Begeisterung für die deutsche Kunst, distanzierte Haltung gegenüber dem populären, französischen und italienischen Geschmack, romantische Liebe zum Altertümlichen, Eintreten für historische Größe, protestantisch-neupietistische Christlichkeit in romantischer Schwärmerei. Die Rezensenten beschäftigen sich nur am Rande mit der

Aufführung. Ihr Hauptthema ist das Werk. Adolf Bernhard Marx stellte Bachs „deutsche Musik" in „ihrer heiligen Kraft und Wahrheit" der italienischen Musik und ihrer „Prunksucht, Lüsternheit und durchgängigen Süßlichkeit" gegenüber. Friedrich von Raumer sprach von einem „vaterländischen Kunstwerk", Ludwig Rellstab von der „vollendesten Schöpfung deutscher Kunst", und Gustav Droysen schließt im ›Berliner Conversationsblatt‹ seine Rezension im Sinne eines patriotisch-protestantischen Manifests: „Auch soll man das nicht verkennen, daß Bachs Musik, das wahrhafte Eigenthum und Erzeugniß unseres evangelischen Glaubens, zuerst wieder lebendig wird in unserer Stadt, dem Antlitz unseres preußischen Vaterlandes. Preußen ist das Land des Protestantismus, es ist geboren in den Wehen der Reformation, es ist gewiegt und großgewachsen unter dem Waffenlärm des dreißigjährigen Religionskampfes; seitdem hat in Preußen das Evangelium seine Heimath gefunden und großartige unablässige Vertretung, und ist fortan kein Unterschied zwischen unserem Vaterlande und dem Lande des Protestantismus, er ist durch uns, wir durch ihn gehalten und stark, Preußen eine wahrhafte Angel und Herd der Geschichte. Ist auch das Interesse der Religion über die Angst und den Lärm der letzten Zeit fast verstummt, fast vergessen, es kehrt die Zeit doch zurück, wo wir erkennen, was Noth thut, wo die Religion wieder Mittelpunkt und Zweck unseres Lebens und unseres Staates wird, wo wir unsern Trost und äußere Würde finden in ihr. Und die Zeit ist gekommen, in Haupt und Gliedern, bei Alt und Jung ist die Regung mächtig geworden und unwiderstehlich; wer bliebe da nach? Darum freuen wir uns, daß auch die Kunst und vor allen sie mit ihrer alleindringlichen Gewalt solche Richtung kühn und rüstig ergreift, daß die feierlichste Anstrengung ächt evangelischer Erkenntnis und Frömmigkeit wiederum Eigenthum der Zeit, und wir hoffen es, Eigenthum der Gemeinde werden soll."

Der Aufführung in Berlin folgten Aufführungen in Frankfurt a. M. unter der Leitung von Johann Nepomuk Schelble sowie in Breslau unter der Leitung von Johann Theodor Mosewius; und hier, in der Heimatstadt des preußischen Patriotismus, wo Männer wie Stein, Hardenberg und Scharnhorst die Erneuerung Preußens vorbereitet hatten, von wo der Aufruf „An mein Volk" ausgegangen war, erlebte Bachs ›Passion‹ einen patriotischen Widerhall, der nicht weniger stark war als in Berlin.

Die Bach-Renaissance im 19. Jahrhundert ist zum wesentlichen Teil der persönlichen Tatkraft Mendelssohns zuzuschreiben. Wenn Mendelssohn auch nicht Bach der Vergessenheit entrissen hat – in Berlin war Bach kein Vergessener gewesen –, so hat doch Mendelssohns begeisternde Kraft, vorbereitet durch die Kultur seines jüdischen Elternhauses, eine Resonanz bewirkt, die ein anderer wohl kaum erreicht hätte.

„Ein Kunst-Corps für heilige Musik"
Von den Biedermännern der Berliner Singakademie

Hellmut Kühn

1   Carl Friedrich Zelter schrieb im April des Jahres 1812 an Johann
Wolfgang von Goethe folgende Zeilen: „Wäre ich in Frankfurt geboren,
so wäre mit mir alles anders. Hier in Berlin, wo nichts alt, nichts öffentlich, nichts allgemein ist, ist es wahrhaftig kein Spaß, über seinen eigenen Mist hinauszureichen, worin sich alles so weich und warm behagt."
Und Goethe sagte einmal: „Wenn ich nicht Goethe wäre, so möchte ich
Zelter sein."
    Weil die Singakademie in einem Saal der Akademie in Berlin über dem
Pferdestall proben mußte, roch es. Und weil die Sänger den Geruch un-
ausstehlich fanden, bauten sie sich ein Haus. Und als es fertig war – heute
beherbergt es das Maxim Gorki-Theater in Ost-Berlin –, beliefen sich die
Baukosten auf das Dreifache des Ansatzes. Man war tief verschuldet und
mußte durch populäre öffentliche Konzerte den Schuldenberg abtragen.
So gelangten die Passionen von Johann Sebastian Bach, die Oratorien
von Händel, aber auch Mozarts Requiem oder echt protestantische Kan-
taten ins Zentrum der Singetätigkeit. Dadurch verfälschte sich die Tendenz des Vereins.

2   Wo immer das Individuelle als einzig Lebendiges geschätzt wurde,
kam das Berliner Musikleben schlecht weg. Wer Neues suchte, Raffinement oder Taktgefühl, wandte sich ab. Rahel schreibt im Jahre 1814 an
ihren komponierenden Bruder: „Überhaupt auf falscheren Musikwegen
ist keine Stadt in Deutschland als Berlin; und, wie natürlich, in einem
festen Dünkel darüber befangen: weil es Mühe und lärmende Anstrengung nicht spart." Diese Feststellung zu machen, dazu gehörten feine
Nerven. Rahel besaß sie. Für sie hatte nicht erst Schweiß, sondern schon
der Geruch von Rauchtabak auf der Haut eines gebildeten Mannes der
Gesellschaft etwas Entschiedenes. Er bezeugte „die fehlende Nuance von
feinster Welt". So roch sie noch im sinnenbetäubenden Getöse der Hän-
delschen Chorklänge den Schweiß der wöchentlichen Singeübungen heraus. Anders Carl Friedrich Zelter, damals Leiter der Singakademie. Er
teilte mit Rahel die Vorliebe für Goethe, aber anders als sie kam er aus
dem tätigen Leben. Zelter war Maurermeister, und der inspirierende

Kopf des Berliner Musiklebens wußte, daß ohne Schweiß kein Fleiß und ohne Fleiß kein Preis zu erlangen sei.

Rahel hatte Recht, wenn sie tadelte. Man muß nur den Kopf von den Institutionen wegwenden, deren sorgfältiger Aufbau Preußens Stärke war, und auf die produktiven Musiker schauen. Wenn Namen zählen, nicht die Nullen der „Spree-Mediokrität", wenn es um große Musik geht und nicht um die Fertigkeit, einen Chorsatz zu schreiben wie eine Mauer gerade hochzuziehen, wenn man in jedem Moment einer Komposition Geist finden möchte, nicht bloß monumentales Getöse und Leerlauf dazwischen, wenn Inspiration gesucht wird, nicht lediglich der hurtige Fleiß einer notenschreibenden Hand, dann fällt Berlin in der Versammlung der europäischen Musikstädte weitgehend aus: Johann Eccard, ein preußischer Palestrina des frühen 17. Jahrhunderts; Quantz, Flötenlehrer des großen Friedrich und italienisch geschulter Komponist, gewiß wacker; Carl Heinrich Graun, der sanftherzige und honigtönende Verklärer im ›Tod Jesu‹, dem Osterobligatum vor der ›Matthäus-Passion‹; später dann die Akademiker des endenden 19. Jahrhunderts: ein Heinrich von Herzogenberg mit seiner schönen und gebildeten Frau, Max Bruch immerhin, ein Friedrich Gernsheim oder Paul Juon, nicht zu vergessen der Neutöner Nicodé. Und die beiden Asse? Gaspare Spontini komponierte geniale Stücke, aber die Berliner wollten sie nicht hören. Und Giacomo Meyerbeer versuchte sich lediglich in Festspiel- und Hymnenmusik. Was bleibende Leistung war? Ein Titel. Für Spontini wurde der Titel eines Generalmusikdirektors erfunden, der noch heute zahllose Häupter von taktschwingenden Herren ziert. Aber Mendelssohn? Er verlor die Wahl um die Leitung der Singakademie gegen den biederen Friedrich Rungenhagen, wurde in Leipzig und London berühmt, und auch sein Versuch, den Domchor als musikalisch exzellente Institution aufzubauen, verlief sich im bürokratischen Gestrüpp und in der Manie der Behörden, statt zu gewähren lieber zu organisieren.

Als Rahel den Brief an ihren Bruder schrieb, beherrschte Carl Friedrich Zelter das Berliner Musikleben: ein Organisationsgenie, ein Macher, Leiter der Singakademie, Gründer der Liedertafel nach dem Vorbild von König Artus' Tafelrunde zum Ruhme des preußischen Königshauses während der napoleonischen Fremdherrschaft; Gründer einer Ausbildungsstätte für Organisten und Musiklehrer; Urheber der Musikabteilung in der preußischen Akademie. Ein Macher, selbstbewußt, aber auch selbstkritisch. Neben ihm Zwerge, mit Ausnahme Mendelssohns. Doch dieser wurde wie gesagt nicht zum Nachfolger bestellt. Vielmehr ging es über den biederen Rungenhagen zum schrulligen Grell und zum bombastischen Martin Blumner.

Rahel meinte, daß am miserablen Zustand des Berliner Musiklebens ein gerüttelt Maß Schuld Zeltern zukomme. Vermutlich meinte sie die Verwandlung der Musik in ein Musikleben, der freien Produktion einzel-

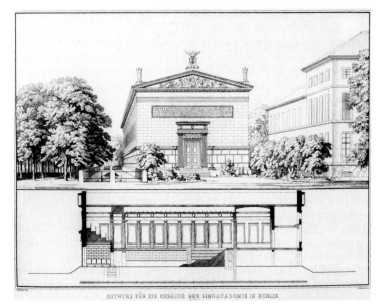

Karl Friedrich Schinkel: Entwurf für ein Gebäude der Singakademie in Berlin. Im Querschnitt ist links die Chorempore zu sehen

ner Künstler in die geregelte Tätigkeit vieler. Das Institutionelle war der springende Punkt. Es ermöglichte ein bürgerliches Musikleben. Die Zwerge meinten, den Meister nachahmen zu dürfen, wenn dieser das Handwerk rühmte, aber Genie voraussetzte.

Mit ihrem Urteil stand Rahel allein.

3 Der Lehrer von Zelter war Karl Christian Friedrich Fasch, alles andere denn Handwerker, Macher, weltgewandter Mann. Fasch war Sonderling. Er stiftete die Singakademie. Als Klavierspieler des großen Friedrich und diensteifriger als sein Kollege, der stürmisch talentierte Bach-Sohn Carl Philipp Emanuel, grämte ihn die Arbeitslosigkeit während des Siebenjährigen Krieges und der ihm folgenden Jahre. Er fing daher an, Hobbies zu entwickeln. (Friedrich trennte anders als sein genialischer Neffe Louis Ferdinand den Krieg von der Muse. Deshalb gewann er auch seine Schlachten, verprellte sich dabei allerdings seine Musiker.) Fasch konstruierte zunächst dreigeschossige Kartenhäuser aus gefalzten, nicht geleimten Karten. Dabei half ihm gerade für die unter solchen Prämissen

schwierige Dachkonstruktion der junge Maurermeister Zelter. So kam man in Berührung. Darüber hinaus hielt Fasch seinen Geist beweglich durch die Lösung schwieriger mathematischer Aufgaben, durch die Erfindung komplizierter kontrapunktischer Gesangsstücke. Sein wichtigstes Werk wurde eine Messe für sechzehn Stimmen ohne Mitwirkung von Instrumenten, also a cappella. Da Fasch nach getaner Arbeit den Hund seines Hauswirts williger fand als die Sänger der königlichen Oper – diese waren nicht imstande, seine Musik anständig darstellen zu können, während jener die Fähigkeit erlernte, den Willen seines Herrn, beispielsweise den Befehl, Wein zu trinken und Äpfel zu essen, trefflich auszuführen –, beschloß er, seine Hoffnung auf sangesfreudige Laien zu setzen. Aus diesen willigen Laien entstand im Jahre 1791 die Berliner Singakademie. Ihr Stifter gab seiner Marotte ein ideologisches Programm. Die Singakademie sollte nach seiner Vorstellung sein „eine Art von Kunst-Corps für heilige Musik".

4   Eine Bürgerinitiative. Nicht weil die Mitglieder vornehmlich Bürger waren – Adlige wie der Fürst Radziwill oder Otto von Bismarck schrieben sich in die Vereinsregister ein –, sondern weil das Ganze unabhängig vom Hof entstand. Zwar sah das Königshaus diesen Verein mit Wohlwollen, und der Kronprinz, der spätere Kaiser Wilhelm I., besuchte seit dem 12. November 1805 regelmäßig die Aufführungen, aber geprägt wurde der Verein von den Idealen des Bürgertums: Pflichterfüllung, Gemeinsinn, Treue, Anhänglichkeit, Bildungsstreben. Der Gründer selbst war trotz seiner höfischen Erziehung, seiner feinen Gesten, der durchgebildeten Körperhaftigkeit – die noch in seinem Bilde ablesbar ist – ein Bürger. Er war, wie der Fürst Radziwill gesagt hat, von den Eigenschaften und Fähigkeiten des Herrschers und Helden Friedrich, seines Brotherrn, keineswegs ergriffen. Er diente ihm aus Pflicht und Treue, doch sein Herz, spät erst erschlossen, gehörte seinem Kunst-Corps, nicht dem König, keiner Jugendliebe und wohl nicht einmal dem besagten gelehrigen Hund.

Eine Bürgerinitiative für eine alternative Kunst, eine Art von Musik, von der sich gerade die führenden Köpfe der Nation viel versprachen. Goethe, Schiller, Hegel, Schleiermacher, aber auch E. T. A. Hoffmann haben sie aufs höchste gelobt: diese neuartige, aus einer vermeintlichen Tradition stammende heilige Musik. Es ging, kurz gesagt, um Chorgesang ohne Instrumentalbegleitung, über biblische Texte, lateinisch gesungen oder im Lutherdeutsch der Psalmen, in schönen, jede Art von leidenschaftlichem Ausdruck meidenden Akkorden. Man faßte diese Musik in dem alten Wort „a cappella", ohne zu wissen, daß dieses Wort gerade die Musik für Kapellen bezeichnete, die Versammlungen von Sängern und Spielern. So war diese heilige Musik ohne reale Tradition, auch hinsichtlich des Tonsatzes, nämlich von Palestrina weit entfernt. (Und natürlich entbehrte der Singakademie-Brauch, die Chorgesänge stets am

Einladungskarte zur Feier des 125jährigen Bestehens der Zelterschen Liedertafel im Jahre 1934 mit Tafelordnung und Preiszeremoniell

Klavier zu begleiten, um die Töne für die Sänger leichter treffbar zu machen, jeglicher Tradition.) In Wahrheit ging es auch gar nicht um eine erneuerte Tradition, sondern um eine alternative Musik zu Oper, Klavier- und Orchestermusik; eine Musik, gesetzt also gegen Oper und virtuoses Instrumentalspiel, Symphonie und expressive Kammermusik, und natürlich gegen Klaviermusik in Ahnung jener hemmungslosen Verbreitung des Instruments während der hereinbrechenden Klavierseuche. Weg mit den Instrumenten, das war die Losung. Hin zum gottgewollten Instrument – zur Stimme.

Goethe hat Zelter in seinen Ansichten über diese heilige Musik bestärkt. Beide suchten religiöse Musik, nicht Kirchenmusik. (Die Singakademie sang nicht im Gottesdienst, vielmehr schuf dafür Friedrich Wilhelm IV. den Domchor, nachdem der Kirchengesang von Mitgliedern der Potsdamer Garnison gar zu kläglich verlief.) Man suchte „die Kunst und die Meisterschaft in derselben als das eigentliche Mittel zur Herstellung reiner Sittenhaftigkeit und einer solchen Religiosität, die den äußern Menschen aus dem innewohnenden Gotte moralisch, in jedem einzelnen Falle gleichsam, neu construirt, darzustellen und so ein moralisches Weltwesen zu resultieren, das equal wäre einer unsterblichen Originalität und in seiner unendlichen Vielfachheit, wie die Strahlen der ewigen Sonne, auf Eins zurückführte." (Goethes Brief an Zelter, vom 22. Juli 1804) Diese Idee einer Religion, gestiftet durch Kunstwerke, mit dem Ziele einer idealischen Menschheit, wurde realisiert, aber nicht im reinen Chorgesang, sondern in den großen instrumentalen und instrumental-vokalen Werken von Ludwig van Beethoven bis Gustav Mahler und Arnold Schönberg. Die reine Chormusik dagegen wich im Verlauf des Jahrhunderts zurück in die Kirche und verschlang sich mit deren restaurativen Tendenzen. Im Freien bekam sie Narben. An den schrulligen Meinungen eines Singakademiechefs lassen sie sich zeigen.

Zu den Spree-Athen-Genies zählte Eduard Grell, ein solider Komponist reiner Chormusik. Sein Chef d'œuvre, eine Messe für sechzehn Stimmen, ist hochanständig. Dieser Komponist wurde 1853 nach einer trickreichen Vorbereitung – man schaltete alle ernsthaften Bewerber durch formale Argumente aus, so beispielsweise den bedeutenden Organisator und Musiker Julius Stern wegen seiner jüdischen Abkunft – zum Leiter der Singakademie gewählt. Sein monomanisch vorgetragener Gedanke lautete: Musikinstrumente sind Geräte, Maschinen, und man müsse wie ein Maschinenstürmer vorgehen. Diese Karikatur eines Bürgers meinte allen Ernstes, daß „ein wirkliches musikalisches Kunstwerk nur im Gesange bestehen" könne. Alles andere sei widernatürlich. „Wer wird sich ein hölzernes Bein anlegen, wenn ihm in der Schlacht das lebende geblieben ist?" So kämpfte dieser Philister. Clemens Brentano hätte ihn seiner Kollektion von Philistern vor, in und nach der Geschichte einreihen können und Florestan, Schumanns flotter Kämpfer, hätte ihn genüßlich vors Florett gezerrt. Grell kämpfte: Er kämpfte gegen den Plan einer Musikhochschule in einer wahrhaft preußischen, 110 Punkte umfassenden

Denkschrift; er kämpfte gegen den Gedanken, in den Saal der Singakademie eine Orgel einbauen zu lassen. Gerade an dieser Sache erkennt man die Tendenz. Es geht nicht um Tradition, sondern um Purismus. Ohne Orgel nämlich waren die zentralen Werke im Repertoire sinnvoll nicht aufführbar, die Passionen und Oratorien von Bach und Händel. Eduard Grell, dieser Don Quichotte des modernen Musiklebens, wußte das. Aber es kümmerte ihn nicht. „Glaubt die Singakademie", so seine Position, „Bach und Händel ohne Orgel nicht aufführen zu dürfen, so tut sie besser, auf die Aufführung ihrer Werke gänzlich zu verzichten." Kein Wunder, daß man auch mit den unersetzbaren Bach-Autographen rigide verfuhr. Erst engagierte man einen Spezialisten, den erstklassigen Bibliothekar Georg Pölchau, dann verhökerte man das „alte Papier" im Jahre 1854 für 1400 Taler an die Königliche Bibliothek.

Zelter hatte einmal gesagt, man müsse die Leute vor sich selbst bewahren. Von dieser Einsicht wollte man später nichts mehr wissen.

5   Der Verfall des „Kunst-Corps für heilige Musik" in einen monumentalen Gesangsverein zur Erbauung von Geschäftsleuten und Akademikern durch die ständige Umwälzung eines Corpus älterer Werke in den Abonnementskonzerten ist von Friedrich von Schiller prophezeit worden. Hatte Goethe allgemein von der Chance gesprochen, die der Musik durch den erneuerten Kirchengesang zukommen könne, so ging Schiller einen Schritt weiter. Der politisch versierte Dichter erkannte, daß zu Beginn des Jahrhunderts eine Chance bestand: die Erneuerung der bürgerlichen Ideologie durch Gedanken einer aufgeklärten Religion. „Daß es hohe Zeit ist, etwas für die Kunst zu tun, fühlen wenige", schreibt er an Zelter in einem Brief vom 16. Juli 1804. „Aber daß es mit der Religion so nicht bleiben kann, wie es ist, läßt sich allen begreiflich machen. Und da man sich schämt selbst Religion zu haben und für aufgeklärt passiren will, so muß man sehr froh seyn, der Religion von der Kunst aus zu Hülfe kommen zu können." Soweit stimmten Zelter und Schiller überein. Nun der Unterschied: Zelter ging vom Singen aus und wollte zur restituierten Religion kommen. Schiller ging von der Politik aus und sah in der Aufforderung einer vernünftig handelnden Kirchenbehörde an die Singakademie, bei der Restitution der Religion mitzuwirken, die einzig reale Chance. „Berlin hat in den dunklen Zeiten des Aberglaubens zuerst die Fackel einer vernünftigen Religionsfreiheit angezündet; dies war damals Ruhm und ein Bedürfniß. Jetzt, in Zeiten des Unglaubens, ist ein anderer Ruhm zu erlangen, ohne den ersten einzubüßen, es gebe nun auch die Wärme zu dem Lichte und veredle den Protestantismus, dessen Metropole es einmal zu seyn bestimmt ist." Das wärmende Licht der Kirchenmusik würde darin Sinn und Zweck finden. Und Schiller meinte, daß die Zeiten in Brandenburg günstig ständen. „Es ist jetzt eben der rechte Zeitmoment zu

einer solchen Unternehmung in den Brandenburgischen Landen. Man will die Akademie, man will die Universitäten in Aufnahme bringen, es soll etwas für das Geistige, für das Sittliche geschehen.«

Schiller sah Chance und Gefahr, und im übrigen war er wie andere, Goethe, Schleiermacher oder Hegel, blind gegenüber einer wichtigen Tendenz in der musikalischen Entwicklung. Die Chance wurde durch den antinapoleonischen Affekt vergeben, und die Gefahr zeigte sich, je weiter das Jahrhundert fortschritt und die Singakademie etabliert war. Das Kunst-Corps erweiterte seinen Horizont nicht, es verengte ihn. Es wurde konservativ, schließlich reaktionär. Es nahm an Masse zu und an Geist ab. 1804 hatte es 218, 1824 schon 331 Mitglieder. Bis 1840 wuchs die Zahl gar auf 625 Mitglieder. Doch die Qualität ließ zu wünschen übrig, wenn mehr gefragt war als sauberes Intonieren, wenn man hinter dem sauberen Tönen noch etwas vom Sinn der Musik erfahren wollte. In der Mitte der vierziger Jahre verzeichnet der Beethoven-Biograph Anton Schindler, vertraut mit dem Wiener Musikleben und dessen historistischen Tendenzen, in seinem Tagebuch den mittelmäßigen Eindruck der Aufführungen. Sie seien schläfrig und leblos. Gewiß, unter Martin Blumner am Ende des letzten Jahrhunderts, gar unter Georg Schumann zu Beginn unseres Jahrhunderts ist der Chor berühmt, und seine Reisen werden von begeisterten Pressestimmen begleitet. Aber da ist der Chor nichts anderes als eben ein guter Chor, integriert in ein Musikleben, aus dem mit zunehmender Steigerung der Virtuosität die musikalischen Ideen verdrängt werden. (Es ist jene Zeit, in der die Virtuosen endgültig eine Auffassung der Werke durchsetzen, die mit den Notentexten nur partiell etwas zu tun hat; jene Zeit, in der aus diesem Grund Gustav Mahler den Satz von der Tradition, die Schlamperei sei, aufstellen mußte.) Der Chor ist wie viele andere Chöre, Orchester, wie die meisten Virtuosen geschieden von der neueren musikalischen Produktion. Interpretation wird zum Ritual.

Nun, schon früh setzt in der Singakademie diese Entwicklung ein. Sie verweigerte sich schon in der Mitte des vorigen Jahrhunderts zunehmend dem Neuen. Unter Zelters unmittelbarem Einfluß wird noch die ›Missa solemnis‹ von Ludwig van Beethoven ins Repertoire genommen. Aber unter seinen Nachfolgern geschieht derlei nicht. Wichtige neue Werke, Kompositionen von Berlioz und Liszt, Schubert, Schumann und Felix Draeseke, selbst von Johannes Brahms kamen entweder nicht oder erst spät oder in ungenügender Darbietung zur Aufführung. Lustlos hatte man Robert Schumanns poetisches Oratorium ›Das Paradies und die Peri‹ im Jahre 1847 exekutiert. Dann brauchte man 40 Jahre und einen neuen Direktor, um das Werk wieder zur Aufführung zu bringen.

Daher versammelten Progressive gleichgesinnte Sänger in neu gegründeten Chören. Julius Stern, der in der Jahrhundertmitte abgewiesene Jude, tat für die Kunst mehr als das Kunst-Corps. Was Zelter einst in Anbetracht vieler kleiner Zirkel verächtlich „Singe-Tee" nannte, ein Singen aus gesellschaftlichen Gründen ohne künstlerischen Impetus, dazu war seine Akademie geworden. Ein monumentaler Singe-Tee, der ein Repertoire umwälzte und vereinshaft Jubiläen und Todesfälle feierte.

6   Aber auch Schiller war, wie Goethe, Schleiermacher oder Hegel, blind gegenüber dem Element, in dem sich musikalisch der Geist entfalten konnte. Die Erneuerung des Geistigen, von der Schiller spricht, ging in anderen Bereichen vor sich. Vertreter dieser Bereiche sind, mit Zelter gesprochen, Luigi Cherubini und Ludwig van Beethoven, Gattungen sind Oper und Symphonie, Konzert und Sonate. Aber daß hier Geistiges sich manifestiert, sah Zelter zunächst nicht: „Mit Bewunderung und Schrekken", so schrieb er im Jahre 1808, „sieht man Irrlichter und Blutstreifen am Horizonte des Parnasses. Talente von der größten Bedeutung wie Cherubini, Beethoven u. M. entwenden Hercules Keule, – um Fliegen zu klatschen; erst muß man erstaunen und nachher gleich darauf die Achsel zucken über den Aufwand an Talent, Lappalien wichtig und hohe Mittel gemein zu machen." Man hätte dem Verfasser dieses Gedankens gern einige Fragen gestellt, zum Beispiel: Sind die Buonaparte-Idee der ›Eroica‹ oder der Medea-Stoff in Cherubinis Oper jene „Fliegen"? Wer verbirgt sich im Angesicht von Beethoven und Cherubini hinter der Floskel „und Mehrere"? Wo wird im Werk der Betreffenden etwas gemein gemacht? Ist damit die Tendenz, sagen wir der Beethovenschen Symphonie, zum großen Publikum gemeint? Was an den thematischen Gedanken, an Entwicklung und Durchführung, an ergänzenden und kontrapunktierenden Stimmen dieses symphonischen Tönens, was am Ernst, an der Gradheit, der klassizistischen Form in Cherubinis Musik macht gemein?

Kurz: Carl Friedrich Zelter entdeckt in diesen Werken den Geist nicht. Aber auch Schiller, Goethe, Hegel waren ratlos. In Hegels Ästhetik fällt der Name Beethoven nicht, obwohl er sie noch nach Beethovens Tod an der Universität vorgetragen hat. Kein Lapsus, sondern unaufhebbarer Mangel. (Und am ›Freischütz‹, einem Werk fixierter kollektiver Ängste, erkennt Hegel nur das unangemessen Groteske des Spottchores!)

Gewiß: Beethoven verhandelte später mit Zelter wegen der ›Missa solemnis‹ und machte den wahnwitzigen Vorschlag, diese symphonische Messe für Chorgesang a cappella bearbeiten zu wollen, und Zeller gewinnt nach einer persönlichen Begegnung mit Beethoven eine zunehmende Hochachtung, aber dies kam spät. Und zu spät kam auch der Anschluß des Hegelschen Denkens an die Musik Beethovens durch die Schüler, durch Vischer oder Brendel. Denn Chormusik und neue Musik waren auseinandergetreten. Nur noch in Glücksfällen wie dem ›Deutschen Requiem‹ von Johannes Brahms verband sich die Idee protestantischer Musik mit der Tendenz des Symphonischen. Und dieses Werk wurde von der Singakademie erst zwanzig Jahre nach den ersten Aufführungen gegeben, übrigens mit geringem Erfolg.

Die Tendenz des Berliner Musiklebens läßt sich im Bestand einer wichtigen Bibliothek spiegeln. Gemeint ist die Bücher- und Notensammlung des Obertribunalrats Carl von Winterfeld, unter Friedrich Wilhelm IV. der wichtigste Mann für die Reform der Kirchenmusik. Der Bestand umfaßt einen ausgezeichneten Teil alter Musik. Von Beethoven dagegen sind nur zwölf Werke verzeichnet, darunter zwei Symphonien, aber nicht die ›Eroica‹, nicht die ›Fünfte Symphonie‹. Keine Kammermusik, keine Klaviermusik. Keine Kammermusik von Joseph Haydn, ganz wenig Cherubini, ganz wenig Mendelssohn Bartholdy. Kein einziges Werk von Franz Schubert oder Robert Schumann und natürlich nichts von Franz Liszt und Frédéric Chopin.

7 Voreingenommen sollte ich von den Biedermännern aus den singenden Familien Berlins sagen, daß auch mir in der Welt nichts mehr zuwider ist „als ein Aufgebot von singenden Männern mit Bärten, Brillen und Bäuchen, als eine Schar von Rechnungsräten und Fabrikanten, die sich plötzlich zusammenfinden, um den Abendstern zu begrüßen, den Schöpfer zu loben oder zu beteuern, daß nur wer die Sehnsucht kennt, wissen könne, was jeder einzelne der Herren leidet, dem das Eingeweide vor Verlangen nach einem Gulasch brennt" (Karl Kraus). So sollte die Freude an Teltower Rübchen mit Schweinebauch, um die Berliner Delikatesse an die Stelle des Wiener Gulaschs zu setzen, sprachlos bleiben zugunsten des Gesanges, der zwischen zwei Gerichten aus den Mündern troff als Zeichen sprachloser Konversation. „Die Langeweile der Freßzirkel", sagt Zelter drastisch, „wo nur der Nachbar käuend mit dem Nachbar über Gewerbskrämerei wo nicht vom Fraße selbst spricht, ist unbekannt." Statt dessen floß der Gesang und das Gespräch über den alten König Artus und seine Tafelrunde, über die Schönheit eines rätlichen Liedes in die Dankesworte, welche die Übergabe einer silbernen Medaille für ein preiswürdiges Lied begleiteten. (Heine hat darüber seinen Spott in der Vorrede zum ›Atta Troll‹ ausgegossen.) Was da während der napoleonischen Fremdherrschaft entstand, war kein literarischer Zirkel, kein Salon à la Zelter, sondern einer der vielen Versuche, die Sprachlosigkeit der Bürger, ihre Unfähigkeit zur höfischen Konversation zu mildern. Sicher, man plauderte emsig, und man sprach wohl auch über die Schönheit eines Liedes, aber schwerlich über den Text, über den Sinn all der schönen Reime, der Naturbilder zur Bändigung jener sprachlosen inneren Sphäre, für die Musik einzustehen hatte. So stieg die Musik im 19. Jahrhundert zur führenden Kunst auf. Ihr Vorzug bestand darin, daß sie einen mächtig ergriff, aber sprachlos blieb. „Ich weiß nicht, was soll es bedeuten", hat Heine gedichtet, und unzählige Männerchöre haben sich mit diesen Worten identifiziert.

Der Bruch zwischen den inneren Ahnungen und der Sprache, zwischen Gefühlen und Verstand zeigt sich noch in der bemerkenswerten Geschichte der Errichtung eines Gebäudes für die Singakademie. Carl Friedrich Zelter war auch hier initiativ geworden. Man hatte einen Bauplatz erhalten, ein schmales Stück Land zwischen Finanzministerium und Festungsgraben, und Schinkel hatte Entwürfe geliefert, einen klassizistischen Bau im Stile seiner klassizistischen Kirchen für die gehobeneren Stände. (Für die Arbeiter und Handwerker baute er gotisch!) Doch nicht Schinkel baute, sondern der junge Hofbaumeister Ottmer erhielt den Auftrag. Sein Kostenvoranschlag lag entschieden unter dem von Schinkel. Carl Friedrich Zelter war Fachmann. Er hätte ihn nüchtern beurteilen können. Aber im Widerstreit zwischen Verstand und Sehnsucht nach dem Gebäude wollte er nicht wahrhaben, daß ein Bauvorhaben auf märkischem Sand neben einem bewässerten Graben unkalkulierbare Risiken bot und die höhere Summe wahrscheinlicher sei. Es kam denn auch so: Ottmer veranschlagte 37 500 Taler, Schinkel 60 000 Taler, die Bausumme belief sich am Ende auf knapp 100 000 Taler. Man prozessierte, blieb aber tief verschuldet. Durch eine größere Zahl von Abonnementskonzerten mit populärem Programm mußte versucht werden, zu einer Tilgung der Schulden zu kommen, und dadurch geriet die Tendenz des Vereins auf die schiefe Bahn. Kein „Kunst-Corps für heilige Musik", sondern ein Konzertchor, dessen Mitglieder schufteten. Was sie teilweise zu leisten hatten, würde heute die Gewerkschaft auf den Plan rufen. Allerdings: Wo die ökonomische Basis durchschlägt, da sind objektive Tendenzen der Zeit nicht fern. Eine musikalische Institution, ein Markenzeichen für Berlins Musikleben wurde die Singakademie, unterschieden von Orchestern allein durch die Gebote einer Freizeitbeschäftigung.

8 Die Singakademie bietet in ihrer Geschichte schließlich das Lehrstück vom unaufhebbaren Widerspruch zwischen demokratischer Organisation und künstlerischer Qualität. Der Wille einer Mehrheit hob in jedem Wahlgang mittelmäßige Leute auf den Stuhl des Direktors. Dreimal wurden die Vizedirektoren gekürt. Sie hatten gegenüber anderen Kandidaten den Vorzug, ihre Treue dem Verein bewiesen zu haben, und den Vorteil, sich rechtzeitig vor der Wahl auf die Empfindlichkeiten der Mitglieder honigträufelnd einzustellen. Man wußte, daß sie nicht unbequem werden würden. So gewann denn noch stets der „edle, biedre, treue Ehrenmann" gegen den originalen Künstler. Nach Zelters Tod gelang es, Einfluß auf eine letzte Festung eigenwilliger Entscheidung zu nehmen: die Programmgestaltung wurde nicht mehr vom Leiter allein gemacht, sondern er zog einen Ausschuß hinzu. Dieser hätte als Maxime seiner Tätigkeit einen Satz des Novalis herbeiziehen können, wäre der nicht in den Augen des Ausschusses ein dubioser Romantiker gewesen: „Die Lie-

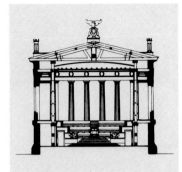

GIEBEL - ANSICHT. DURCHSCHNITT NACH DER RICHTUNG A. B.

Karl Friedrich Schinkel: Entwürfe für eine Kirche und für die Singakademie. Grundriß, Gestaltung der Fassaden und Altar- bzw. Chorraum sind auffallend ähnlich

be ist eine ewige Wiederholung." So wiederholten sich die beliebten Stücke, und im Ritual der Jubiläen und Trauerfeiern wurde vieles kanonisch.

Im Mai 1891 feierte man das hundertjährige Bestehen der Akademie: Im ersten Teil der dreitägigen Feiern gab es die Enthüllung eines Denkmals, welches den Stifter Fasch zeigte; abends dann die Festaufführung mit den Kompositionen der Spree-Athen-Genies: Musik von Fasch, Zelter, Rungenhagen, Grell und Blumner, präzise in der chronologischen Folge. So konnte man hören, wie es mit der Akademie abwärtsgegangen war, in der Kompositionskunst der Chefs. Der zweite Teil umfaßte die Ausführung eines Standardwerks, die ›h-Moll-Messe‹ von Johann Sebastian Bach in dem monumentalen Stil des vorigen Jahrhunderts. Im dritten Teil gab es ein Fest. Wir kennen die Speisenfolge und die Reden. Jene ist interessanter.

157

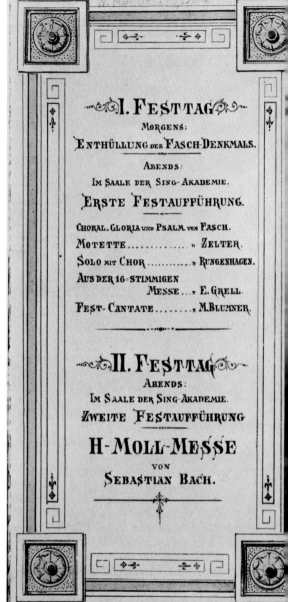

I. FESTTAG

MORGENS:

ENTHÜLLUNG DES FASCH-DENKMALS.

ABENDS:

IM SAALE DER SING-AKADEMIE.

ERSTE FESTAUFFÜHRUNG.

CHORAL, GLORIA UND PSALM VON FASCH.

MOTETTE .... " ZELTER.

SOLO MIT CHOR .... " RUNGENHAGEN.

AUS DER 16=STIMMIGEN
                MESSE ... " E. GRELL.

FEST-CANTATE .... " M. BLUMNER.

II. FESTTAG

ABENDS:

IM SAALE DER SING-AKADEMIE.

ZWEITE FESTAUFFÜHRUNG

H-MOLL-MESSE

VON

SEBASTIAN BACH.

Innenseite der beidseitig gefalzten Einladungskarte zum Jubiläum der Singakademie im Jahre 1891.

III. FESTTAG.

TAFELRUNDE
im Wintergarten des Centralhôt

26. MAI 1891.

FESTORDNUNG & SPEISENFOLGE

FRÜHLINGS-KRAFTBRÜHE.

RINDSLENDE NACH RICHELIEU ART.

LACHS MIT TARTARISCHEM BEIGUSS.

MISCHGEMÜSE MIT KALTER BEILAGE

GÄNSELEBERPASTETE.

FRANZÖSISCHE HÜHNER.

SALATE, EINGEMACHTE FRÜHCTE.

GEFRORNES, KÄSE, OBST.

IM MAIEN

Ging es ums Gedenken, trat an die Stelle der Feier die Anrufung des Herrn:

Wir loben Dich oben, Du Lenker der Schlachten,
Und flehen, mögst stehen uns fernerhin bei,
Daß Deine Gemeinde nicht Opfer der Feinde,
Gelobt sei Dein Name, o Herr, mach' uns frei!

Das galt nicht etwa dem lieben Gott, sondern dem Kaiser, dessen 100. Geburtstag am 21. März 1897 die Akademie in der Kaiser-Wilhelm-Gedächtniskirche versammelte.

Die Dichter der Akademie und der Liedertafel schätzten die starken Bilder auch dann, wenn sie verunglückten:

In Deines Geistes innerem Dom
Dort magst den Frühling Du gründen,

wobei der Zusammenhang gemäß der Unfähigkeit zu sagen, was man fühlt, versteckt bleibt hinter dem Wort „Dom", das nun auch den Wald aufnehmen muß, so daß im Walde denn der Frühling beginnen mag.

Weniger ambitioniert reimen die Geburtstagsdichter:

Nicht aus Sang und Klang allein
Steigerte sich das Gedeihn!
Nur wo fromme Sitte waltet,
Lieb' und Freundschaft nicht erkaltet:
Da zu immer reicherm Flor
schwingt das Edle sich empor.

Man braucht kein einziges Wort zu ändern, um diese Gedichte zu Festlichkeiten eines Postbeamten zu benutzen. Denn was die kunstsinnigen Bürger von ihresgleichen an Tugenden rühmen, das sind „fromme Sitte" und die „unscheinbare Tugend der Regelmäßigkeit", sind „Achtsamkeit" und „Biedersinn". So zogen sie die Kunst in ihre Sphäre, während sie gleichzeitig glaubten, daß sie sich aus ihrer Sphäre, der Gewerbskrämerei, heraushöben zur Huldigung des Schönen und – Hegel war schließlich als Ästhetiker in Preußen tätig – Wahren. Sie kamen mit ihren Gefühlen nicht klar, weil sie diese nicht auszusprechen wagten. Sie zogen um ihre Tätigkeit einen perfekten Kreis von Tages- und Vereinsgeschäften, von Ritualen. Unter den großen Deutschen ihrer Zeit verehrten sie vor allem Goethe. Dieser hat den Biedermännern in einem Vers gesagt, daß sie Bedrängte sind:

Füllt die wohlgeschmückten Hallen
Laut mit festlichen Gesängen,
Und in Chören laßt erschallen,
Wie sich die Gefühle drängen.

Prolog

zum Gesellschaftsabend der Singakademie am 24. 5. 21.

Jauchzet, frohlocket, erhebet die Humpen,
Rühmet, daß heute die Vorsteherschaft
Wieder (sie läßt sich bei so 'was nicht lumpen)
Spendet der Gerste vortrefflichen Saft!

Lasset das Zagen, verbannet die Klage,
Denkt nicht daran, daß da draußen die Welt;
Denkt nicht der üblen politischen Lage,
Die uns seit Jahren das Leben vergällt!

Haltet im Ohr noch die festlichen Klänge,
Die uns da oben entgegengeweht;
Schmelzend erklangen Klavier und Gesänge.
Nichts geht doch über Musikalität!

Allerdings: auch in der Kunst gibt es Heiden:
Neben mir trieb's einer beinah' zu bunt,
In seinen hochachtbaren Eingeweiden
Knurrt' es wie'n bissiger Kettenhund.

Gott — man versteht seine leiblichen Qualen,
Wenn man vorbei an den Tischen hier ging,
Und wenn der Blick an den Schüsseln und Schalen
Mit dem verheißenden Inhalte hing.

Selber erinner' ich des vorigen Jahres,
Was man so reichlich mir liebenswert bot:
Butter! Und Schinken! ('was heute noch Rares)
Schlabbrige Speise; ich litt keine Not.

Ähnlich wie vor'ges Jahr ist es auch heute:
Festlichen Anstrich hat Männlein und Weib,
Ähnlich dieselben gemütlichen Leute,
Und nach dem Kunstgenuß der für den Leib.

Wir setzten uns wahrlich mit Tränen nicht nieder,
Wir schmeißen uns kühnlich voll Stolz in die Brust:
Den alten Ruhm, wir erwarben ihn wieder,
Wir haben es wieder zu schaffen gewußt,

Wir haben aus voller Kehle geschmettert,
Vom gründigsten Baß bis zum höchsten Sopran;
Die Tonleiter 'rauf und 'runter geklettert,
Und jeder hat ehrlich sein Bestes getan.

O Bach, o du Meister von Gottes Gnaden,
O lebtest du noch und uns hörte dein Ohr:
Du tät'st jede Woche zu Freibier uns laden,
Den Alt und den Baß, den Sopran und Tenor.

Prolog zu einem Gesellschaftsabend der Singakademie (24. 5. 1921)

„Die schöne Müllerin" in Berlin

Elmar Budde

Die Lieder der ›Schönen Müllerin‹ sind untrennbar mit dem Namen Franz Schubert verbunden; in Schuberts Kompositionen fand der Gedichtzyklus Wilhelm Müllers eine musikalische Ausformung, die ihn, wie es uns heute scheinen will, für immer der Vergangenheit entrissen hat. Nur wenigen dürfte bekannt sein, daß auch andere Komponisten (wie z. B. Ludwig Berger, Karl Friedrich Curschmann und Heinrich Marschner) einige der Müllerin-Gedichte vertont haben; völlig in Vergessenheit ist jedoch der kulturgeschichtliche und gesellschaftliche Kontext geraten, dem die Gedichte ihre Entstehung verdanken, aus dem sie hervorgegangen sind. Seit dem ausgehenden 18. Jahrhundert ist die „Schöne Müllerin" eine Lieblingsfigur der deutschsprachigen Dichtung. „Wohin? Wohin? Schöne Müllerin!", läßt Goethe in seiner Ballade ›Der Edelknabe und die Müllerin‹ den Edelknaben rufen. Eichendorff, Brentano, Rückert und Kerner haben die schöne und ungetreue Müllerin in Gedichten und Erzählungen geschildert. In der Sammlung ›Des Knaben Wunderhorn‹ finden sich eine Reihe von Gedichten, die von der Müllerin, dem Müller und dem Mühlenleben handeln. Doch die Müllerin wurde nicht nur in Gedichten und Liedern besungen, als Singspielfigur betritt sie 1793 die Bühne des Theaters; schließlich erschien sie nach den Freiheitskriegen in den bürgerlichen Salons des Berliner Biedermeier, um ihr verführerisches Spiel zu treiben. In Berlin nahm die „Schöne Müllerin" jene lyrische Gestalt an, die später durch die Musik Franz Schuberts unsterblich werden sollte.

Das literarische Leben im Berlin des frühen 19. Jahrhunderts spielte sich vornehmlich in den Salons wohlhabender Bürger ab. Zumeist traf man sich in wöchentlich stattfindenden Zirkeln. Man las und diskutierte die neuesten Dichtungen, man lud Dichter, sofern sie nicht zu den Mitgliedern der Zirkel gehörten, zu literarischen Lesungen ein, man versuchte sich selber in poetischen Übungen, man sang und musizierte. Eine bedeutende Rolle im kulturellen Geschehen der damaligen Zeit spielten die Salons des Fürsten Radziwill, des mit E. T. A. Hoffmann befreundeten Kriminalrates Hitzig, des Staatsrates von Stägemann, der Varnhagens und nicht zuletzt die der Bankiers Beer und Mendelssohn. Hier verkehrten Fouqué, Hoffmann, Chamisso und von Arnim, um nur einige der bekanntesten literarischen Persönlichkeiten zu nennen. Im Jahre 1815 hatte im Hause des Staatsrates von Stägemann eine Gruppe junger Leute einen literarischen Zirkel gebildet, der sich wöchentlich – und zwar an jedem Donnerstag – zu Lesungen, Gesprächen und Diskussionen zusammenfand. Zu den Teilnehmern gehörten die Tochter und der Sohn des Hauses, Hedwig und August von Stägemann, der spätere Hofmaler Wilhelm Hensel, der 1829 Felix Mendelssohn Bartholdys Schwester Fanny heiratete, Hensels Schwester Luise, der spätere Historiker Friedrich Förster, sowie der Journalist, Romancier, Lyriker und Musikschriftsteller Ludwig Rellstab. Die männlichen Teilnehmer hatten alle am Freiheitskrieg teilgenommen und sich zum Teil dort erst kennengelernt. Im Herbst 1815 wurde durch Hensel der junge Dichter Wilhelm Müller in den Kreis eingeführt; beide kannten sich ebenfalls aus dem Kriege. Ein Jahr später, im Oktober 1816, erschien zum erstenmal Clemens Brentano im Hause der Stägemanns. Während alle Mitglieder des Zirkels sich insbesondere der Literatur widmeten, wurde die Musik durch den bereits vierzigjährigen Komponisten Ludwig Berger, dem späteren Lehrer Felix Mendelssohn Bartholdys, vertreten. Luise Hensel hat berichtet, daß sich in dem Freundeskreis überhaupt „die ersten Geister und besten Gestalten Berlins" versammelt hatten.

Eine der poetisch-literarischen Aufgaben, die sich die Mitglieder des Kreises stellten, bestand in der lyrischen Darstellung eines Liederspiels in verteilten Rollen. Als novellistisches Handlungsgerüst wählte man die Geschichte von der schönen Müllerin, die vom Jäger, vom Müllerburschen, vom Junker und vom Gärtnerknaben umschwärmt und begehrt wird. Man konnte dabei auf eine Vielzahl von Vorbildern in der zeitgenössischen Dichtung zurückgreifen; aber auch als Singspielgestalt dürfte die Müllerin dem Zirkel bekannt gewesen sein. Im April 1793 war in Hamburg die seinerzeit sehr bekannte Oper ›La Molinara‹ von Paisiello unter dem Titel ›Die schöne Müllerin‹ als deutschsprachiges Singspiel mit gesprochenen Dialogen zum erstenmal aufgeführt worden; am 16. Oktober des gleichen Jahres folgte die Erstaufführung in Berlin. Das Singspiel erfreute sich großer Beliebtheit; eine Vielzahl von Aufführungen sind bis weit ins 19. Jahrhundert hinein nachweisbar. Noch um 1819 erschien bei E. H. G. Christiani in Berlin ein Klavierauszug des Singspiels. Die Rollen des Handlungsgerüstes wurden auf die einzelnen Mitglieder des Kreises verteilt; jeder hatte die ihm zugedachte Rolle lyrisch auszugestalten. Die Hauptrolle gebührte selbstverständlich der Tochter des Hauses, Hedwig von Stägemann; Wilhelm Müller hatte den Müllerburschen darzustellen; Wilhelm Hensel war als Jäger und seine Schwester Luise als Gärtnerknabe ausersehen; der Junker schließlich wurde von Friedrich Förster personifiziert. Über die Entstehung des Liederspiels hat Ludwig Rellstab anschaulich berichtet.

„Im Hause des Geh. Staatsraths v. Staegemann hatte sich zunächst um dessen, in Gentz' Briefen unter der Bezeichnung Elisabeth verewigten Gattin, und deren Tochter, der jetzigen Frau v. Olfers, ein jugendlicher Kreis von Talenten gebildet, der einander dichterische Aufgaben stellte. Zu denselben gehörte Wilhelm Müller, der schnell berühmt gewordene, schnell dem Leben entrissene Dichter. Hier war es, wo er die ersten jener schönen Lieder schrieb, die nachmals als Wanderlieder und unter andern Bezeichnungen ganz Deutschland durchwandert haben, und überall heimisch geworden sind. Unter der Bezeichnung: ›Rose, die Müllerin‹ hatte man sich eine Art dramatischer, aber nur durch eine Verkettung von Liedern zu lösende, Aufgabe gestellt. Rose, die schöne Müllerin, wird von dem Müller, dem Gärtnerknaben und dem Jäger geliebt; leichten, fröhlichen Sinns giebt sie dem letzteren den Vorzug, nicht ohne früher den ersten begünstigt und zu Hoffnungen angeregt zu haben. Die Rollen wurden nun in dem Kreise vertheilt. Die geistvolle Tochter des Hauses, mit einem äußerst glücklichen Dichtungstalent begabt, übernahm die der Müllerin; Wilhelm Müller die des Müllers; so trieb man mit dem Namen Scherz, doch wie schöner Ernst ist aus diesem Scherz geworden! – Der jetzt so anerkannte Maler Prof. Hensel hatte damals den Jäger zu vertreten; noch einige andere minder bedeutende Aufgaben waren an Andere vertheilt. Jeder mußte sich in Liedern aussprechen, für die das genaue Verhältniß näher angegeben wurde."

Im Mittelpunkt des Liederspiels steht also Rose, die schöne Müllerin. Der Müllerbursche und der Jäger sind – neben anderen Nebenfiguren – die beiden von ihr bevorzugten Liebhaber. Schließlich erhört sie den Jäger, und der verzweifelte Müllerbursche stürzt sich in den Bach. Die Tochter Hedwig von Stägemanns, Marie von Olfers, hat später von einem anderen Schluß des Liederspiels berichtet. „Danach ging das harmlose Spiel des Staegemannschen Kreises zuletzt weit hinaus über die anfänglich gestellte Aufgabe in einen ganz phantastischen Schluß: erschüttert von dem Ende des Müllers, sucht auch Rose in tiefer Reue den Tod in den Wellen, und der Jäger stimmt auf dem Grabe der Liebenden ein wehmütiges Klagelied an." Die Gedichte stellten gleichsam lyrische Fixpunkte dar, um die sich, wie es im Singspiel üblich war, ein gesprochener, vielleicht auch ein improvisierter Text rankte. Um als Liederspiel zu gelten, mußten die Gedichte indessen eine musikalische Gestalt erhalten. „Das Spiel gewann einen großen Reiz", sagt Rellstab, „doch fühlte man, daß, um das Ganze zusammenzufügen, noch die Seele des Liedes, die Musik nöthig sei. Eine glückliche Wahl, vielleicht auch der Zufall, führte Berger in den Kreis, und ihm wurde die musikalische Aufgabe zuteil. Da die reizenden Gedichte ihn ungemein ansprachen, so ging er mit wahrer Begeisterung an die Arbeit. Die Composition des ersten Liedes ›Ich hab das Grün so gern‹ war unnachahmlich gelungen, und fand auch die richtige

Würdigung. Man drang in Berger, jetzt auch die übrigen Lieder in Musik zu setzen. Er that es, doch in seiner Weise, langsam, zaudernd, vielfach verwerfend. Er wollte nun auch ein gelungenes Ganzes hergestellt haben; die Beziehungen sollten sich stufenweise entwickeln, klar in einander greifen. Er forderte daher von W. Müller noch einige verknüpfende, vermittelnde Gedichte; andere wollte er entfernt wissen ... Ich war oft Zeuge, wie er Müller quälte; wie er diese und jene Wendung nicht für das Ganze passend, diese Zeile unmusikalisch, jenes Wort unbequem für den Rhythmus fand. Müller hatte Manches zu leiden, doch er fühlte auch, daß Berger oft Recht hatte, und gewahrte die Ausbeute, die ihm diese unerbittliche Kritik gewährte. Endlich war Berger befriedigt, der Cyklus der Lieder abgeschlossen, durchweg componirt."

Es ist nicht bekannt, wie groß die Zahl der Gedichte war, die von den Mitgliedern des Kreises für das Liederspiel verfaßt worden sind. Berger hat insgesamt zehn Gedichte ausgewählt und zu einem Zyklus zusammengestellt. Dabei hat Berger die Handlung auf vier Personen – auf die Müllerin, den Müller, den Jäger und den Gärtnerknaben – konzentriert; alle übrigen Nebenfiguren wurden von ihm gestrichen. Die bedeutende Rolle, die Wilhelm Müller bei der endgültigen Ausgestaltung des Zyklus zukam, wird bereits daraus ersichtlich, daß er insgesamt fünf Gedichte beisteuerte, während von Hedwig von Stägemann (Rose, die Müllerin) und Luise Hensel (Gärtnerknabe) nur je zwei Gedichte, und von Wilhelm Hensel (Jäger) sogar nur ein Gedicht in den Zyklus aufgenommen wurden. Sicherlich war Müller die einzige Person des Kreises – sieht man unter gewissen Gesichtspunkten von Luise Hensel ab –, deren dichterischen Qualitäten der Rang von Professionalität zukam. Rellstab erwähnt in seinem Bericht ausschließlich Müller als den Bearbeiter der endgültigen, von Berger komponierten Fassung des Liederzyklus; es ist deshalb wohl nicht auszuschließen, daß Müller in die Gedichte seiner Mitautoren korrigierend eingegriffen hat. Andererseits kann aber auf Grund der überlieferten Quellen nicht von der Hand gewiesen werden, daß Müller bei seiner späteren Ausarbeitung des Gedichtzyklus auf Anregungen, vielleicht sogar auf Formulierungen des Freundeskreises zurückgegriffen hat.

Das Liederspiel wird mit ›Des Müllers Wanderlied‹ von Wilhelm Müller eröffnet:

> Ich hört' ein Bächlein rauschen
> wohl aus dem Felsenquell,
> hinab zum Thal es rauschen,
> so frisch so wunderhell.

Auch das zweite Lied, das mit ›Müllers Blumen‹ überschrieben ist, hat Müller verfaßt:

Am Bach viel kleine Blumen stehn,
aus hellen blauen Augen sehn;
der Bach der ist des Müllers Freund
und hellblau Liebchens Auge scheint:
Drum sind es meine Blumen.

Als Gärtnerknabe singt anschließend Luise Hensel der schönen Müllerin ein ›Nachtlied‹:

Bist du schlafen gangen,
hast genug gewacht?
Hält dich Traum umfangen?
Liebe, gute Nacht.

Im vierten Lied ›Am Bach‹ singt der Gärtnerknabe von den Blumen, die er zur Müllerin tragen will, um Rose in den Blumen vor dem Müller, dem Jäger und dem Junker zu verbergen:

Ich sitz' in meinen Blumen,
seh still der Welle nach.
Sie rinnt sie rauscht so schnelle,
nimmt hin mein leises Ach!
Du Welle, liebe Welle,
in Liebchens Mühlenbach!
…
Ich möchte ganz sie bergen
in Blumen süß und schön,
Warum, ihr lieben Blumen,
will ich euch leis' gestehn:
Daß alle Junker und Jäger
und Müller sie nicht sehn.

Mit dem fünften Lied ›Am Maienfeste‹ tritt Wilhelm Hensel als Jäger in Erscheinung; er ist sich, wie der Tonfall seines Liedes anzeigt, des Erfolges seiner Werbung um die schöne Müllerin sicher.

Gärtnerbursche hat gepflanzet
grüne Kräuter mannigfalt –
Müllerbursche hält umschanzet
dich mit grünem Maienwald.
Doch am grünen Maienfeste
bring vom Grünen ich das Beste!

„Leggiermente e scherzando" erklingt im sechsten Lied der ›Vogelgesang vor der Müllerin Fenster‹; die leichtfüßigen Verse hat Hedwig von Stägemann geschrieben. Die Vöglein, die vom Grün singen, sind vom

Jäger geschickt. Rose, die Müllerin, entscheidet sich für das Grün, für den Jäger:

> Tirili tirili eya,
> der Mai ist da!
> Wiesenblümchen müßt nicht so stolz seyn!
> Blickt nicht,
> nickt nicht
> so viel in die Quellen und Bächlein hinein.

Nachdem die Vöglein die Botschaft des Jägers überbracht und den Müller obendrein verhöhnt haben, heißt es in der Schlußstrophe:

> Tirili tirili eya,
> der Mai ist da!
> Rose, wie steht dir das Grün so fein,
> Rose,
> Lose,
> mußt immer bei uns im Grünen seyn.

Der Müller ist verzweifelt. Er möchte in die Welt hinausziehn; doch er vermag die Welt nicht zu ertragen, da Wald und Feld im verhaßten Grün prangen:

> Ich möchte ziehn in die Welt hinaus –
> hinaus in die weite Welt –
> wenns nur so grün nicht wär,
> so grün da draussen in Wald und Feld.

Im anschließenden achten Lied besingt Rose, die Müllerin, ihre Lieblingsfarbe, das Grün:

> Wies Vöglein möcht' ich ziehen,
> in grüne Wälder fliehen,
> ich hab das Grün so gern!
> Will grün verhangen mein Fensterlein,
> den Boden mit grünem Kalmus streun,
> ich hab das Grün so gern!

›Müllers trockne Blumen‹ sind gleichsam die letzten Worte, die der Müller spricht, ehe er den Tod wählt, als den einzigen Ausweg aus seinem Liebesschmerz:

> Ihr Blümlein alle,
> die sie mir gab,
> euch soll man legen
> mit mir ins Grab.

Den Schluß des Liederspiels bildet ›Des Baches Lied‹:

Gute, gute Ruh,
thu die Augen zu,
Wandrer, du Müder, du bist zu Haus.
Die Treu ist hier,
sollst liegen bei mir,
bis das Meer will trinken die Bächlein aus.

Bergers Vertonung der Gedichte bewegt sich zwischen der Gattung des
Kunstliedes und der des volkstümlichen Liedes, wie sie von den Komponisten der Berliner Liederschule gepflegt wurde. Insgesamt sind die Lieder in ihrer strophischen Anlage eher durch Einfachheit als durch Kom-
pliziertheit gekennzeichnet; gleichwohl kann deren melodischer Tonfall
nicht unbedingt als volkstümlich charakterisiert werden. In ihrer Einfachheit und Natürlichkeit atmen die Lieder jenen biedermeierlichen Geist,
der die klassische Begeisterung fürs Ideale hintansetzt und die Wahrheit
des künstlerischen Ausdrucks in den Grenzen des Beschaulichen sucht,
ohne dabei in Simplizität und Abgeschmacktheit zu verfallen. Das erste
und vierte Lied (›Des Müllers Wanderlied‹ und ›Rose, die Müllerin‹) vermögen diese kompositorisch-ästhetische Haltung zu verdeutlichen. Im
Schlußlied (›Des Baches Lied‹) sind Bildhaftigkeit und musikalischer
Ausdruck in einer Weise gesteigert, die auch heute noch zu Bewunderung
hinzureißen vermag. Die melodische Textdeklamation bewegt sich
gleichsam verhalten in kleinsten melodischen Schritten; die Figurationen
der Klavierbegleitung lassen das Rauschen des Baches ahnen; in die Figurationen ist wiederum ein Rhythmus eingebettet, der den Charakter eines
Trauermarsches beschwört. Bergers Liederzyklus erschien nach anfängli-
chem Zögern des Komponisten im Jahre 1819 bei E. H. G. Christiani in
Berlin unter dem Titel: ›Gesänge aus einem gesellschaftlichen Lieder-
spiele (,Die schöne Müllerin') mit Begleitung des Pianoforte‹.

Im Anschluß an das Liederspiel, und vielleicht auch auf Anregung von
Ludwig Berger, hat Wilhelm Müller die Geschichte von der schönen Müllerin zu einem Gedichtzyklus von 23 Gedichten nebst einem Prolog und
einem Epilog ausgearbeitet. Wann diese Ausarbeitung im einzelnen geschah, ist nicht genau zu ermitteln. Bereits 1817 verließ Müller Berlin, um
als Reisebegleiter des preußischen Kammerherrn Baron von Sack eine
längere Reise nach Wien und Rom zu unternehmen. 1819 kehrte Müller
nach Dessau, seinem Geburtsort, zurück; er wurde Lehrer der Gelehr-
tenschule und Bibliothekar an der Herzoglichen Bibliothek. Nachdem
bereits einzelne Gedichte des Zyklus in verschiedenen Almanachen und
Zeitschriften erschienen waren, veröffentlichte Wilhelm Müller den gesamten Gedichtzyklus zum erstenmal im Jahre 1821 in der Gedichtsamm-
lung ›Sieben und siebzig Gedichte aus den hinterlassenen Papieren eines

reisenden Waldhornisten<; der Gedichtzyklus >Die schöne Müllerin< bekommt den Zusatz, „im Winter zu lesen". Franz Schubert benutzte im Jahre 1823 diese Erstausgabe bei der Komposition. Müller hat in seinem Gedichtzyklus den Handlungsverlauf nicht nur präzisiert und erweitert, er hat ihn zugleich auch um psychologische Dimensionen erweitert. „Nun entwickelt sich die Handlung in einem bewegten Stimmungswechsel: dumpfes Unbehagen, aufflammende Eifersucht, scheuer Stolz, zerrissene Bitterkeit, wehmütige Erinnerung, schmerzliche Entsagung und fassungslose Verzweiflung. Der Schluß kehrt wieder zum Anfang zurück: wie das Bächlein den Gesellen hingeführt hat zu der Stätte seiner Lust und seiner Qual, so leitet es ihn nun zur ewigen Ruhe und singt ihm den letzten Abschiedsgruß" (Friedlaender). Die im Bergerschen Liederzyklus veröffentlichten Gedichte hat Müller in einigen Details verbessert und durch eine zusätzliche Strophe erweitert; schließlich hat er die Überschriften unter dem Gesichtspunkt des gesamten Zyklus verändert (z. B. >Des Baches Lied< in >Des Baches Wiegenlied<). In einem Falle scheint Müller sogar auf ein von ihm nicht verfaßtes Gedicht des Bergerschen Zyklus zurückgegriffen zu haben; es ist das Gedicht >Rose, die Müllerin< der Hedwig von Stägemann. In dem Gedicht >Die liebe Farbe< taucht die Verszeile „Ich hab das Grün so gern", die das Gedicht der Hedwig von Stägemann refrainartig durchzieht, als „Mein Schatz hat's Grün so gern" nicht nur wieder auf, auch die Müllersche Strophenform folgt der Vorlage.

Mit dem Bergerschen Liederspiel und dem späteren Gedichtzyklus von Wilhelm Müller sollte es indessen nicht sein Bewenden haben. Am 16. April 1820 wird im Königlichen Opernhaus zu Berlin zum erstenmal das ländliche Singspiel >Rose, die Müllerin< aufgeführt. Das Szenarium, die Handlung und der Text waren von einem gewissen Adalbert vom Thale entworfen und verfaßt worden; die Musik hatte der Baron Adolph Lauer von Münchofen, Befehlshaber eines königlichen Regiments, komponiert. Der Name des Textdichters ist ein Pseudonym; hinter ihm verbirgt sich der preußische General Karl von Decker. Als Adalbert vom Thale galt er in Dilettantenkreisen als ein angesehener Dramatiker und Erzähler; die zwischen 1820 und 1827 unter dem Titel >Freie Handzeichnungen nach der Natur< in Berlin erschienene, zweibändige Reihe von Erzählungen erfreute sich allgemeiner Beliebtheit. Als Karl von Decker war er der Verfasser militärischer Schriften, die sich unter anderem mit den in den Freiheitskriegen erworbenen Erkenntnissen strategischer Kriegsführung beschäftigten; Verbreitung und Resonanz fand seine Schrift >Der kleine Krieg im Geiste der neueren Kriegsführung< (Berlin 1822).

Adolph Lauer von Münchofen war ebenfalls preußischer General; er hatte an den Freiheitskriegen teilgenommen und „wegen Auszeichnung vor dem Feinde das eiserne Kreuz und den russischen St. Georgs-Orden" erhalten. Nach Beendigung des Kriegs avancierte er zum Regimentskommandeur des in Berlin stationierten Garde-Kürassier-Regiments. Lauer von Münchofen wird in zeitgenössischen Berichten als vortrefflicher Pianist und Komponist bezeichnet, dessen Dilettantismus durchaus auf gediegenen musikalischen Kenntnissen und Fertigkeiten beruhte; seine gründliche musikalische Ausbildung verdankte er dem Berliner Organisten und Komponisten Wilhelm Schneider. Er war Mitglied der jüngeren Berliner Liedertafel, die 1819 von Ludwig Berger, Bernhard Klein, Gustav Reichardt und Ludwig Rellstab gegründet worden war, und Ehrenmitglied der Potsdamer Liedertafel; für beide Vereinigungen schrieb er Männerchöre.

Das Singspiel ›Rose, die Müllerin‹ wurde also von zwei Dilettanten verfaßt, die als Generäle zugleich hohe Positionen innerhalb der preußischen Militärhierarchie innehatten. Ob eine Beziehung der Autoren zum Stägemann-Kreis bestanden hat, kann nicht nachgewiesen werden, ist aber doch wohl anzunehmen. Einerseits war Lauer von Münchofen als Mitglied der jüngeren Liedertafel sowohl mit Berger als auch mit Rellstab bekannt, andererseits verweist Rellstab in seiner Berger-Biographie auf einen gewissen Einfluß des Bergerschen Liederzyklus auf das spätere Singspiel, wenn er schreibt: „Der Erfolg dieses Liederheftes veranlaßte auch eine Operette, die denselben Gegenstand behandelt, wozu der verstorbene General von Decker den Text, der Baron Lauer die Musik geliefert hat." In der Tat finden sich in dem Text des Singspiels entsprechende Formulierungen. So läßt der dichtende General *seine* Müllerin mit Worten der Hedwig von Stägemann singen: „Das Grün, das Grün, das lust'ge Grün, will von den Farben allen, am besten mir gefallen." Auch sei noch angemerkt, daß die beiden Autoren des Singspiels als hochgestellte Persönlichkeiten des öffentlichen Lebens sicherlich den gleichen gesellschaftlichen Kreisen angehörten, in denen der Vater Hedwig von Stägemanns, der Geheime Staatsrat Friedrich August von Stägemann, mit seiner Familie verkehrte.

Gegenüber dem Liederspiel des Stägemann-Kreises beruht das Singspiel der beiden Dilettanten auf einer fortlaufenden Handlung, die nicht ein tragisches, sondern ein glückliches Ende findet. Die Szene spielt auf einem freien Platze vor Rosens Haus; im Hintergrund sieht man die Wassermühle. Der Handlungsverlauf gliedert sich in zwei Abteilungen; gesprochene Partien wechseln, wie es im Singspiel üblich ist, mit musikalischen Einlagen (Duette, Arien, Chöre etc.) ab. Hauptperson ist Rose, die ausdrücklich als eine *reiche* Müllerstochter bezeichnet wird. Liepold, der Müller, und Rudolph, der Jäger zu Schwarztanne, sind die beiden rivalisierenden Bewerber. Der Gärtner, der sich zum Vetter der Müllerin verwandelt hat, spielt aber nur die Rolle eines Mitbewerbers; zusammen mit dem Gerichtshalter hält er die Handlungsfäden in der Hand.

Nach einer Ouvertüre, deren pastoraler Tonfall sowohl die Idylle des Mühlenlebens als auch die Welt des Jägers musikalisch einzufangen sucht, erfährt der Zuschauer, daß der Müllerbursche unglücklich in die Müllerin verliebt ist. Der anschließend auftretende Gärtner berichtet, daß Roses Vater plötzlich gestorben sei; Rose sei nun als Erbin der Wassermühle das reichste Mädchen im Gau. Gleichzeitig erwähnt er den Jäger, worauf der Müllerbursche seine Abneigung gegen alles Grün zu erkennen gibt. Der Gerichtshalter betritt die Szene, um Rose das Testament ihres Vaters bekanntzumachen; den beiden Verehrern der Müllerin eröffnet er, daß Rose den genauen Inhalt des Testaments erst dann erfahren dürfe, so der Wille ihres Vaters, wenn sie einen Bräutigam erwählt habe. Daraufhin redet der Gärtner dem Müller zu, mit Rose wegen seiner Liebe zu ihr zu sprechen, wozu dieser aber keinen Mut hat, denn er ist arm, Rose hingegen reich. Hörnerrufe hinter der Szene kündigen die Ankunft des Jägers an, der sich seiner Werbung um die Müllerin sicher ist. Rose tritt auf und beklagt den Tod ihres Vaters; gleichzeitig läßt sie verlauten, daß sie sich einen Mann, der sie glücklich machen soll, suchen will. In einer Arie („Drei Freier werben zwar um mich") gibt sie unzweideutig zu verstehen, daß sie dem Grün hold gesonnen ist. Hierauf macht sie ihren Freiern einen Vorschlag. Jeder von ihnen soll ihr eine Gabe bringen, und sie verspricht, denjenigen zu erwählen, dessen Geschenk am meisten zu ihrem Herzen sprechen würde. Alle drei gehen auf den Vorschlag ein, und ein Quartett beschließt die erste Abteilung. Nach einer Zwischenaktmusik beginnt die zweite Abteilung. Wiederum beklagt Rose den Tod ihres Vaters. Sie läßt den Jäger allein zurück, der nun zu erkennen gibt, daß er Rose nur um ihres Geldes willen heiraten will. Der Jäger und sechs Jägerburschen bekränzen Roses Haus mit Tannengrün; sie errichten schließlich eine Ehrenpforte vor der Tür, die Roses Namenszug trägt. Anschließend erscheint der Gärtner mit einigen Gärtnerburschen; sie bekränzen Roses Haus mit Blumen und hängen Vogelkäfige an den Fenstern auf. Der Müller betrachtet die Gaben seiner Nebenbuhler. Er ist zu arm, um Rose etwas schenken zu können. Seine Abschiedstränen sollen seine Gabe für die spröde Müllerin sein. Nachdem Rose ihre Geschenke betrachtet hat, unterbricht plötzlich der Gerichtshalter das fröhliche Treiben. Er verliest ein richterliches Dekret, aus dem hervorgeht, daß Rose ein Findelkind und nicht die Tochter des Müllers sei; sie könne deshalb die Mühle nicht erben, vielmehr habe sie noch zur selben Stunde das Haus zu räumen. Schrecken und Verwirrung bemächtigen sich der Szene. Der Jäger und der Gärtner wenden sich von Rose ab. Nur der Müller hält zu ihr; er verspricht, sie durch seiner Hände Arbeit zu ernähren. Der Jäger kehrt unmittelbar nach Schwarztanne zurück. Rose und der Müller gehen noch einmal ins Haus, um sich zur traurigen Wanderung anzuschicken. Inzwischen erfährt der Zuschauer, daß das Dekret vom Gerichtshalter und vom Gärtner erfunden ist (der Gärtner war nur zum Schein als Bewerber aufgetreten); damit wollten beide die Treue und Ehrlichkeit des Jägers prüfen. Rose und der Müller treten wieder auf; beide werden über die Intrige aufgeklärt. Der Schmerz der Müllerin weicht der Freude, und dankbar reicht sie dem Müller die Hand. Landleute eilen zum Finale herbei und leiten das fröhliche Ende ein:

> So lächelt denn von neuem
> der Freude Wonne-Glück
> und Liebe soll Euch freuen
> mit ihrem Zauberblick.

> Die Wolken sind verschwunden,
> die Lieb' hat sie zerstreut,
> sie haben sich gefunden
> voll treuer Zärtlichkeit.

Nachdem Rose noch einmal dem Müller ihre Liebe gestanden hat, wendet sie sich an das Publikum und singt den Schlußvers:

> Euch Frau'n und Herren allen
> mag unser Spiel gefallen,
> o nehmt es gütig hin,
> und denkt mit frohem heitern Blick
> an dieses Liederspiel zurück,
> und an die kleine Müllerin.

Daß die schöne Müllerin in Berlin ihr Wesen trieb, ehe sie durch Schubert unsterblich wurde, ist wohl nicht nur der Gunst der Stunde zu verdanken; als Erscheinung ist sie vielmehr Spiegelung jener Biedermeier-Kultur der bürgerlichen Salons, in denen sich zu Beginn des 19. Jahrhunderts das geistige Leben Berlins entfaltete.

Über das „Berlinsche Zwitterwesen"

Felix Mendelssohn Bartholdy in Briefen über Berlin

Rudolf Elvers

Als Kind Berliner Eltern wurde Felix Mendelssohn 1809 in Hamburg geboren. Er lebte von 1812 bis 1833 in Berlin – seine Familie hatte 1822 den Beinamen Bartholdy angenommen –, war von 1833 bis 1835 städtischer Musikdirektor in Düsseldorf, sodann bis an sein Lebensende 1847 Dirigent der Gewandhauskonzerte zu Leipzig. In Berlin hat er kein Amt übernommen, obwohl man sich, besonders unter Friedrich Wilhelm IV., um ihn bemühte und er als loyaler Preuße (in sächsischen Diensten) wohl gern in seine eigentliche Vaterstadt gegangen wäre. Die Verhältnisse indes ließen dies nicht zu, selbst dann nicht, als der berühmte Komponist und Dirigent mit seiner ganzen Familie von Leipzig nach Berlin umgezogen war.

Mendelssohn hatte schon 1833 bei der Wahl der Nachfolge seines väterlichen Freundes Karl Friedrich Zelter in der Leitung der Berliner Singakademie, die noch mit Zelter selbst und dem Vorstand des Instituts abgesprochen gewesen war, eine herbe Niederlage einstecken müssen (Rungenhagen wurde mit 148 Stimmen gewählt, auf Mendelssohn entfielen 88). Wurde so ein Trauma erzeugt bei dem Vierundzwanzigjährigen, das er nie ganz hat überwinden können? Doch nicht nur die Nichtwahl in die Singakademie-Direktion und die ewig unklaren Beziehungen zu Friedrich Wilhelm IV. gaben Anlaß zu tiefer Bitterkeit über „diesen unbeschreiblichen Ort" Berlin. Es war auch die besondere Art des Berlinertums, die Mendelssohn immer wieder abstieß, die er als unkünstlerisch empfand und stark kritisierte.

Über nichts hat Mendelssohn sich so negativ geäußert wie über Berlin und Berliner Zustände. Er hatte auch allen Grund dazu, wie die nachfolgenden Auszüge aus seinen Briefen zeigen. Es sind nur Ausschnitte, die noch hätten vermehrt werden können, doch charakteristisch genug – freilich nicht für die Öffentlichkeit bestimmt. Denn so frei, ungezwungen und aufrichtig hat Mendelssohn sich nur seiner Familie und seinen Duzfreunden gegenüber geäußert. (Er konnte sonst sehr viel diplomatischer sein.) Zu diesen gehörten Karl Klingemann, der an der hannoverschen Gesandtschaft in London tätig war, der Schauspieler Eduard Devrient, der Advokat Schleinitz in Leipzig und, als zwar auch Vertrauter, aber noch ohne das *Du*, der Maler Lessing in Düsseldorf.

Das Wohnhaus von Moses Mendelssohn in Berlin, Spandauer Straße

An Karl Klingemann in London. Berlin, 9. April 1830
Was ich Dir nun endlich von Berlin zu melden hätte, ist wenig und nicht erfreulich, die Leute sind kalt, maliziös und setzen eine Ehre darin, nie zufrieden zu sein; als die Sonntag sogar neulich auftrat, wurde sie am ersten Abend mit ziemlicher Kälte und mit sichtbarer Zurücksetzung gegen andere Mitwirkende aufgenommen, ihre Schwester, die am andern Abend erschien, wurde fast ganz ausgezischt. Darauf rächte sich nun die Gegenpartei, und beim nächsten Auftreten (in Othello) wurden wieder alle Mitwirkenden ausgezischt ... Ist denn aber solches Parteibilden die Sache eines vernünftigen und theilnehmenden Publikums, und verdirbt es nicht jeden Genuß am Kunstwerk und jede Freude für den Künstler?

Die genannten Sängerinnen sind Henriette und Nina Sontag. Henriette war die entschieden berühmtere. Sie verursachte dort, wo sie auftrat, das „Sontagsfieber", heiratete einen sardischen Diplomaten, wurde in den erblichen Adelsstand erhoben und starb als Gräfin Rossi Sontag von Lauenstein 1854 in Mexiko an der Cholera. Ihr Gesang war so rührend, daß man selbst „alte Männer weinen" sah. Die Schwester Nina stand in ihrem Schatten; sie beendete frühzeitig ihre Karriere und beglückte bis in ihr Todesjahr 1846 als Schwester im Karmeliterkloster zu Marienthal in Sachsen während des Gottesdienstes mit ihrer schönen Stimme die Gemeinde. – ›Otello‹ wurde von Gioacchino Rossini komponiert. Diese 1816 uraufgeführte Oper war bis Ende des Jahrhunderts so berühmt, daß Verdi lange zögerte, ehe er sich 1884 an die Komposition seiner heute viel berühmteren Oper ›Otello‹ wagte.

An die Schwester Fanny in Berlin. Norwood, Surrey, 25. Mai 1831
Du schreibst, liebe Fanny, ich möchte nun doppelt eilen zurückzukommen, um wo möglich die Anstellung bei der Akademie zu erhalten. Das werde ich aber nicht thun. Ich komme zurück sobald ich kann, weil Vater mir schrieb, er wünsche es, in 14 Tagen denke ich abzureisen. Aber nur aus dem Grunde, der andre könnte mich eher zurückhalten, wenn es hier irgend einer könnte, denn ich will mich auf keine Weise darum bewerben. Die Gründe, die mir Vater damals dagegen angab, als ich ihn an den Antrag der Vorsteher erinnerte, und worin er mir sagte, daß er diese Stelle mehr wie eine Sinecure für spätre Jahre ansähe, „wo mir die Akademie als ein Hafen übrig bliebe", sind gewiß vollkommen richtig, und ich möchte diese Stelle ebenso wenig wie irgend eine andere für die nächsten Jahre ambiren, denn da will ich von dem leben was ich schreibe und will ungebunden sein. Dazu kommt, daß bei der besonderen Stellung der Akademie, bei dem kleinen Gehalt das sie geben, und der großen Wirksamkeit, die sie besitzen könnte, die Directorstelle mir wie eine Art Ehrenstelle vorkommt, um die ich mich nicht bewerben möchte. Wenn sie

Das Gebäude der Singakademie in der von Ottmer gestalteten Form. (In dem Gebäude unter den Linden neben dem ehemaligen Finanzministerium und hinter der Neuen Wache spielt heute das Maxim-Gorki-Theater.) Kupferstich

sie mir anböten, so würde ich sie annehmen, weil ich es ihnen damals versprach, aber nur auf bestimmte Zeit, und wenn sie es nicht thun, so ist meine Gegenwart zu nichts nutz, intriguiren mag und kann ich darum nicht.

Mit ›Akademie‹ ist die Singakademie unter Carl Friedrich Zelter gemeint.

An den Vater Abraham in Berlin. London, 15. Juni 1832
Ich befürchte Euer nächster Brief wird mich schelten, daß ich die Akademiestelle nicht ambiren will, und das ist mir um so mehr leid, weil dann der letzte Brief, den ich empfange, ein mismutiger sein würde. Aber wir brauchen nun nicht mehr drüber zu correspondiren.

An Karl Klingemann in London. Berlin, 5. September 1832
Seit Deinem letzten Brief, mein Alter, hat sich wieder einmal mein Gesicht merklich in die Länge gezogen, und meine Lustigkeit in die Kürze, ich bin seit einigen Wochen so unsäglich herunter und so tief verstimmt, daß ich es Dir nicht ausdrücken kann ... Auch war ich körperlich unwohl und bin es noch, litt entsetzlich an Ohrenpein und seitdem an Kopfschmerzen, aber das hängt immer zusammen; dann kommt die große Ru-

he und Gleichmäßigkeit auf aufgeregte Zeit dazu, dann das ganze still stehengebliebene Berliner Nest, dann die Verhandlungen wegen der Akademie, mit der sie mich mehr quälen, als recht ist, um am Ende doch ihren Rungenhagen oder Gott weiß wen zu wählen, dann mein sehr dummer Kopf, in den nichts Heitres will – hol' der Teufel solche Zeit.

Carl Friedrich Rungenhagen wirkte unter Zelter als Vizedirektor der Singakademie; er war 30 Jahre älter als Mendelssohn Bartholdy.

An Friedrich Rosen in London. Berlin, 5. Dezember 1832
Eigentlich ist es ein Misverständnis, daß Du und Klingemann und ich nicht in einer Stadt leben; ich glaube, wir gehörten zusammen und ergänzten einander. Und doch werde ich auch nächstes Jahr nicht meine Wohnung in England aufschlagen können, denn so lange es geht, muß ich in Deutschland bleiben, nur wenn sie mich durchaus nicht haben wollen, würde ich im Ausland leben mögen. Wie ich aber hier leben soll und was thun, das weiß ich gerade jetzt gar nicht, es sind einige Opern bei mir bestellt, aber ich habe nicht einen Text, die Vorsteher der Sing-Akademie wollen mich gern zum Director, aber die Mitglieder wollen Rungenhagen lieber ... Hier sieht es übrigens aus wie anno 26, oder 21 oder Null; die Leute sind gut Hollandisch, und bekümmern sich um wenig.

An Karl Klingemann in London. Berlin, 26. Dezember 1832
Heut' vor 28 Jahren haben sich die Eltern verheiratet, und heut' vor 3 Jahren haben wir ein Liederspiel aus a-dur aufgeführt ... Aber es ist nicht mehr so, wie es beim Liederspiel war ... jeder Schritt außer dem Hause erinnert mich dran, wie die ganze Stadt stehen geblieben und also zurückgegangen ist. Die Musik geht schlecht, die Leute sind nur noch knöcherner geworden, die besten sind gestorben, die andern, die noch schöne Pläne hatten, sind jetzt glückliche Philister und sprechen noch manchmal von ihren Jugenderinnerungen ... von neuen Talenten ist nicht ein einziges aufgekommen ...Moeser gibt Quartettensammlungen, ein Telegraph wird eingerichtet, bei dem Fränkels Schwiegersohn, Herr von Lauer, angestellt wird, weil man ihn sonst nicht brauchen kann, Pistor hat es fabriziert und kriegt ein Patent auf neue Flügelfortepianos, die Prinzen sind herablassend und peitschen die Bürgerlichen selten, der Kronprinz lädt mich sogar zu sich ein, ich werde auch ein Berliner großer Mann – Schwerenot!

Das Liederspiel in A-Dur hat den Titel ›Heimkehr aus der Fremde‹ und trägt die Opuszahl 89. – Carl Möser (1774–1851) war Königlicher Kapellmeister und Lehrer der Instrumentalklasse der Königlichen Oper, einer Vorstufe zum Berliner Konservatorium. Er veranstaltete Konzerte mit der Kapelle des Opernhauses und spielte Kammermusik. Im Streichquartett hatte er noch mit Friedrich Wilhelm II., der das Violoncello traktierte, gespielt. – Mit Herrn von Lauer ist Eugen, der Bruder von Adolf Julius Lauer gemeint (der in dem Beitrag von E. Budde in diesem Band vorgestellt wird). Er war mit Sophie Fränkel verheiratet.

An Karl Klingemann in London. Berlin, 4. Februar 1833

Dies ist wahrhaftig ein Nest; ich bin nicht parteiisch dagegen, das glaub' mir, aber es ist zu Zeiten zum Verzweifeln, ich denk mir China nicht viel ärger, und unbewußter, natürlicher. Die ganze Stadt ist ja genau auf demselben Punkte, wie ich sie vor drei Jahren verlassen habe; da liegt 1830 dazwischen, unglaubliche Zeiten, „bejammernswerte Umwälzungen" wie unsre Landstände sagen, aber bis hieher ist nichts gedrungen, wir sind nicht aufgewacht und nicht eingeschlafen, es ist als gäbe es keine Zeit. Früher schrieb ich das Alles meiner bösen Laune zu, nicht meine Laune dem Allen, aber jetzt wo mir wieder frei zu Mut ist, jetzt sehe ich, daß es nicht meine Schuld ist. Die Gesellschaften sind langweilig, Geselligkeit haben sie nicht und Öffentlichkeit auch nicht. Nur wenn man sich in seine vier Pfähle zurückzieht, kann man behaglich sein; das tue ich denn auch jetzt nach Kräften.

Ich mußte eben an die Sing-Akademie schreiben, die mir die Vicedirectorstelle angetragen hat, nachdem sie Rungenhagen mit Pauken und Trompeten zum Director sich gewählt hatte. Ich glaube, meine Antwort wäre sonst etwas klobig ausgefallen, aber der Brief machte mich demütig, und so schrieb ich nur mit höflichen Ausdrücken, daß sie sich hängen lassen könnten.

An Karl Klingemann in London. Berlin, 27. September 1834

Trotz aller Veränderungen leben wir doch so behaglich, daß wir wohl sehen, wir sind einander nicht fremd geworden. Um so mehr betrübt es mich, dies Glück immer nur auf gegebene Zeit genießen zu können, und auch jetzt schon wieder bald fort zu müssen, denn in drei bis vier Tagen werde ich wohl wieder zurückkreisen [nach Düsseldorf]; aber leider hat sich diesmal wie sich die Freude an dem elterlichen Hause mir erhöht hat, auch mein Widerwille gegen alles was man Berlin nennen kann gesteigert, so daß ich fürchte, ich werde niemals wieder längere Zeit hier wohnen oder gar mich festsetzen können. Die Politik spielt wohl auch mit hinein, und diese ewige Verehrung des Russischen, und die Annäherung an Rußland bei der Entfremdung gegen Deutschland tut wohl das ihrige, daß mir die Stadt mit dem vielen Militair, und den großen viereckigen Plätzen, und der Kunstausstellung, wo Paskewitsch' und des russischen Kaisers Portrait die Hauptbilder sind, verleidet werden muß; doch ist das nur so ein Grund, den ich mir raisonnirend heraussuche, das Wesentliche ist der Eindruck, den mir die Stadt macht, der ist durchaus ein unerfreulicher, erdrückender und dennoch kleinstädtischer. Es ist hier nicht deutsch und doch nicht ausländisch, nicht wohltuend und doch sehr gebildet, nicht lebhaft und doch sehr aufgereizt, ich muß an den Frosch denken, der sich aufblasen will, nur daß er hier nicht zerspringt, sondern am Ende wirklich ein Ochse werden wird – aber ich mag nicht blasen helfen.

Iwan Fjodorowitsch Paskewitsch, Graf von Eriwan, Fürst von Warschau, wurde wegen seiner Taten während der Leipziger Völkerschlacht in Preußen verehrt. 1831 hat er sich als Besetzer von Warschau hervorgetan. Im Haß auf seine Taten schrieb Frédéric Chopin die bekannte ›Revolutionsetüde‹.

An Karl Klingemann in London. Berlin, 14. August 1835
Es geht hier nach wie vor, und wird auch niemals anders werden.

An Karl Klingemann in London. Leipzig, 26. Oktober 1840
Von den Huldigungsfestlichkeiten [für Friedrich Wilhelm IV.] schreiben sie von zu Hause nur mit geringem Entzücken; der Regen scheint alles weggewaschen zu haben, obwohl die Preußische Staatszeitung behauptet, er habe das Feuer des Königs noch mehr angefacht. So haben sie in Berlin sogar eine eigne Art Regen, wenn's gilt, und sind über den Regen in zwei Partheien geteilt.

An den Bruder Paul in Berlin. Leipzig, 13. Februar 1841
Nun und nächstens muß ich Dir gestehen, daß mir die Berliner Angelegenheit sehr im Kopfe liegt und mancherlei zu denken giebt. Ich bezweifle noch immer, daß sie zu dem Resultate führen wird, das wir beide – wie ich denke – am liebsten hätten, weil ich immer noch bezweifle, daß Berlin ein Boden sei, wo sich grade einer von meiner Kunst nur leidlich heimisch fühlen kann, trotz aller Ehren und Gelder – aber die bloße Anerbietung davon giebt mir einen gewissen innern Ruck, eine gewisse Satisfaction, wenn ich auch niemals mit einem Menschen davon sprechen könnte, die mir viel werth sind; mit einem Wort, ich fühle daß man mir eine Ehre angethan hat und freue mich dessen. Minister v. Massow schreibt in seinem letzten Briefe, der König wolle die definitive Bildung der Academie verschieben, bis ich im Frühjahr nach Berlin käme – da ich geschrieben hatte ich könne vor dem Frühjahr nicht abkommen – ob ich bis dahin schriftlich Anträge machen wolle zur Veränderung der Statuten, die er mir beilegt, müsse er mir ganz anheim stellen. Da ich nun dergleichen Schriften sobald man mirs anheim stellt, viel lieber *nicht* mache, so werde ichs unterlassen, bis ich gewiß weiß ob ich nach Berlin im Frühjahr reise oder nicht, und nur im letzteren Fall thun. Merkwürdig, aber gar zu merkwürdig sind diese Statuten, namentlich die der bisherigen Compositions-

schule; denk Dir, daß von 11 Lehrfächern, die sie aufgestellt haben, 7 geradezu unbrauchbar, ja widersinnig sind; was hältst Du u. A. zu folgendem, das no. 8 ist: „Beziehung der Musik auf die andern Künste, insbesondre auf *Bildende-* und auf Bühnenkunst." Und dabei no. 11 „Anleitung zum geistlichen und weltlichen Drama." Ich habe diese Dinge früher zuweilen in der Staatszeitung gelesen und drüber gelacht; schickt sie einem aber ein ernsthafter Minister oder Marschall zu, da wird's weinerlich.

Ludwig van Massow, Wirklicher Geheimer Rat, war der Unterhändler in den Verhandlungen zwischen Minister Eichhorn und Felix Mendelssohn Bartholdy. Aus dem Plan zur Errichtung einer ›Academie‹, das heißt in diesem Zusammenhang einer Musikhochschule nach dem Vorbild Leipzigs, wurde wegen Kompetenzstreitigkeiten zwischen Ministerium, Akademie der Künste mit der angeschlossenen Abteilung für Komposition, Opernintendanz und Singakademie zunächst nichts.

An den Bruder Paul in Berlin. Leipzig, 5. Juni 1841
Wie ich Dir am letzten Tage sagte, so ist's geworden; ich habe mich hier sogleich und ohne Schwierigkeit für das Jahr in Berlin entschieden, sehe die Sache von hier aus besser und klarer, als ich es dort konnte, und bin dabei meinem ursprünglichen Vorsatz treu geblieben, mich erst nach der Berliner Reise bestimmt zu entscheiden. Viel hat mir diesen Entschluß noch die wirklich musterhafte Freundlichkeit erleichtert, deren ich mich von allen meinen hiesigen Freunden und der Direction zu rühmen habe. Es hat mir keiner das geringste in den Weg gelegt.

An Karl Klingemann in London. Leipzig, 16. Juni 1841
Hier hast Du ein Lied ... Ich wollte, Du könntest es von unserer hiesigen Hauptdilettantin hören, die Lieder so wunderschön singt, daß ich schon deswegen gar nicht nach Berlin gehen sollte ...
Überhaupt weniger musikalischer Klang. Dort gehört ein Mann hin, der die Anfangsgründe erst wieder erweckt; der 10–15 Jahre lang wieder belebt, was 20–25 Jahre lang totgeschlagen worden ist, systematisch; dann kann sich ein Musiker wieder dort behaglich fühlen, ohne jede Vorarbeit nicht. Die zu unternehmen habe ich weder Lust noch Beruf. Hätte ich das so vorher gewußt, wie ich es in der 3. Woche des vergangenen Monats mit eigenen Augen gesehen habe, so würde ich nicht von vornherein 2 Briefe gewechselt, sondern alles rund von der Hand gewiesen haben. Da das nicht geschehen war, so ist die kürzeste Zeit, mit der ich abkommen kann, ein Jahr; da zeige ich meinen guten Willen, und wenn das irgend fruchten könnte, ohne jede Vorarbeit, so haben sie recht, und ich unrecht, und dann würde ich auch wohl länger bleiben. Aber wenn das nicht der Fall ist, wenn ich auch nur solch ein Figurant werden soll, wie

fast alle Künstler aller Fächer dort notwendig sein müssen meiner Ansicht nach, so habe ich recht – und ich glaube niemals, mehr Recht gehabt zu haben – und kehre nach abgelaufenem Jahr hieher zurück, wo es wenig Ansichten und wenig Anstalten über und für Musik gibt, wo aber die gut klingt, die wir spielen und singen.

Die im Brief genannte „Hauptdilettantin" hieß Livia Frege. Der Komponist widmete ihr die Liedersammlung op. 57 mit Kompositionen wie ›Suleika‹ oder ›Venetianisches Gondellied‹.

An den Bruder Paul in Berlin. Leipzig, 10. Juli 1841
So weit schrieb ich gestern Abend, ärgerlich und verdrossen über die ganze Sache. Doch kann ich auch heut früh bei kühlerem Blute nicht anderer Meinung sein. Sieh also, was Massow sagt, und theil mir es mit. Vergiß dabei nicht, daß ich es stets für wahrscheinlich hielt, und jetzt natürlich mehr als je, daß jene definitive Bestimmung der Musikakademie Verhältnisse *nicht* in dem einen Jahr erfolgen wird, und zwar nicht durch meine Schuld oder aus Mangel an Bereitwilligkeit von meiner, sondern aus Mangel an bestimmtem Willen von ihrer Seite. Deshalb wünschte ich schon damals, und wünsche ich noch jetzt etwas Bestimmtes zu haben, *wozu* ich nach Berlin gerufen bin, die Direction der Akademie kann ich wie gesagt keinem Menschen als Zweck angeben; sie ist nicht vakant. Wollen sie mich zum Geheimsecretair machen statt zum Kapellmeister, so ist mirs ganz eben so recht, aus irgend einem *ostensiblen* Grunde möchte ich gern hingehen, wenn ich hingehen soll. Wahrscheinlich wird es die Sache noch erschweren, daß ich nun mittlerweile schon den besprochnen Titel (eines Königl. Kapellmeisters) – hol ihn der Teufel – in Sachsen erhalten habe; man wird sagen, wozu dann noch einmal? Man wird es für Eigensinn ausgeben. Ich berufe mich aber auf meine obigen Gründe, und denke im Gegentheil, man könne daraus sehen, daß ich nicht aus Titelsucht oder dgl. darauf bestanden habe, oder bestehe.

An Karl Klingemann in London. Leipzig, 15. Juli 1841
Noch ein curioses Misverständnis ist in Hinsicht des Vergleichs der beiden Städte Leipzig und Berlin. Du glaubst, und dasselbe haben mir mehrere hiesige und auswärtige gesagt, hier in Leipzig sei die Bequemlichkeit, das Hausvaterleben, die Abgeschlossenheit, dort das öffentliche Wirken in und für Deutschland, die Tätigkeit für andere etc. Es ist wahrhaftig gerade umgekehrt. Eben weil ich so ungern schon jetzt ein Sinekur mir aufhängen ließ, eben weil mir jenes öffentliche Wirken, zu dem Du mich damals triebst, und das mir selbst nothwendig schien, nach und nach lieb geworden ist, eben weil an dergleichen in Berlin nicht zu denken ist, – deshalb gehe ich ungern dahin. Dort sind alle Bestrebungen Privatbestre-

bungen, ohne Wiederhall im Lande, und den haben sie hier, so klein das Nest auch ist. Wegen des Ruhiglebens habe ich mich nicht hier nach Leipzig gesetzt, im Gegenteil empfand ich das Bedürfnis danach, weil mir es gar zu arg und bunt hier wurde, Dafür habe ich manches erreicht und gelernt, was sich nur so erreichen und lernen ließ, und bin nicht faul dabei gewesen; habe auch, glaube ich, in Deutschland bei meinen Landsleuten besseren Fuß gefaßt und mehr Zutrauen gewonnen, als ich vielleicht mein Lebenlang in Berlin getan hätte, und das ist doch auch was wert. Daß ich nun ein Privatleben wieder anfangen soll, aber etwa ein Konservatorienschulmeister werden, dazu kann ich mich nach meinem guten frischen Orchester nicht verstehen; ich könnte es allenfalls, wenn es eben ein reines Privatleben sein sollte; da würde blos componirt und in aller Stille gelebt; aber da kommt ja schon wieder das Berlinsche Zwitterwesen; die großen Pläne, die winzige Ausführung; die großen Anforderungen, die winzigen Leistungen; die vollkommene Kritik, die elenden Musikanten; die liberalen Ideen, die Hofbedienten auf der Straße; das Museum und die Akademie und der Sand! Ich zweifle, daß länger als das eine Jahr dort meines Bleibens sein wird.

An Karl Klingemann in London. Frankfurt a. M., 13. September 1842
Am 25. oder 26. dieses Monats werden wir wieder in Berlin eintreffen, wenn auch nur für kurze Zeit. Ich denke nämlich, mündlich dort dem Minister meinen Vorsatz, nach Leipzig zurückzugehen, zu eröffnen, und mich bestmöglichst von den Berliner Plänen loszumachen; auch hoffe ich, den König mit diesem Entschluß zu versöhnen, seine gute Meinung nicht zu verscherzen und mich für vorkommende Kompositionsfälle ganz zu seiner Disposition zu stellen. Sobald das in Ordnung ist, gehe ich nach Leipzig zurück ...
Das Resultat oder vielmehr Nicht-Resultat meiner Massowschen Unterredung hast Du nun schon aus dem Obigen gesehen. Es war eben wieder nichts; ein vergeblicher Gang, wie so hundert. Nur mit meiner Mutter, das dauert mich gar zu tief; das ist der bittre saure Apfel, in den ich beißen muß! Aber es hilft nichts, es geht nicht anders.

An Karl Klingemann in London. Leipzig, 23. November 1842
Den Zustand der Ungewißheit in Berlin möchte ich nicht länger ertragen; es war eigentlich nichts dort gewiß, als daß ich so und so viel Geld bekam, und das allein soll denn doch nicht den Beruf von einem Musikanten ausmachen; mich drückte es wenigstens von Tag zu Tag mehr und ich verlangte, sie möchten entweder aussprechen, ich *solle* nichts tun oder aussprechen, *was* ich tun sollte. Da es nun wieder darauf hieß, die Folge würde mir gewiß Beschäftigung genug bringen, so schrieb ich an Hrn. v. Massow, bat ihn, mir eine Audienz beim König zu erwirken, damit ich

Felix Mendelssohn Bartholdy: Skizze vom Bahnhof zu Birmingham

Felix Mendelssohn Bartholdy: ›Alpenlandschaft bei Mürren‹ (Schweiz). Aquarell

ihm mündlich danken und ihn um meine Entlassung aus den und den Gründen bitten könne, bat ihn, den Inhalt des Briefes dem König vorzutragen; er tat es und zeigte mir den Tag der Audienz an, indem er mir sagte, die Sache sei nun leider abgemacht, der König sei sehr verstimmt über mich, und werde in wenig Worten Abschied nehmen – und so war ich drauf gefaßt, mich auch im Bösen von dort loszumachen, so sehr es mir schwer wurde. Denn nun endlich mußte ich meiner Mutter davon sprechen, ihr anzeigen, daß ich in 8 Tagen wieder in Leipzig sein würde, und ich hatte nicht geglaubt, daß es sie so entsetzlich affiziren würde, wie's der Fall war ...

So ging ich denn folgenden Tages zum König mit Massow ... Der König muß besonders guter Laune gewesen sein, denn statt ihn böse auf mich zu finden, hatte ich ihn nie so liebenswürdig und wirklich vertrauensvoll gesehen. Er sagte mir auf meine Abschiedsrede: er könne mich freilich nicht zum Bleiben zwingen, aber er wolle mir doch sagen, daß es ihm herzlich leid täte, wenn ich ihn verließe, daß dadurch alle Pläne scheiterten, die er auf meine Anwesenheit in Berlin gebaut habe, und daß ich ihm dadurch eine Lücke reiße, die er nicht wieder ersetzen könne. Da ich das nicht zugeben wollte, so sagte er, wenn ich ihm einen nennen könnte, der ihm die und die Pläne so gut ausführen würde, wie er glaubte, daß ich es täte, so wolle er es dem übergeben, aber ich würde keinen nennen, der ihm recht wäre. Und folgendes seien die Pläne. Er setzte sie nun weitläufig auseinander, zunächst solle sich's darum handeln, ihm eine Art von wirklicher Kapelle zu bilden, d. h. einen kleinen Chor von etwa 30 ausgezeichneten guten Sängern, und ein kleines Orchester (aus der Elite des Theaterorchesters bestehend), die die Verpflichtung hätten, Sonn- und Festtags Kirchenmusik, außerdem auch wohl noch Oratorien und dergl. aufzuführen, und die ich ihm nun dirigiren sollte, Musik dafür componiren etc. etc.

Ja, sagte ich, wenn davon hier die Rede gewesen wäre, wenn das zustande gekommen wäre, das wäre ja gerade der streitige Punkt, den ich vermißt hätte. – Darauf erwiderte er wieder: Das wisse er wohl, daß ich ein „Instrument" haben müsse, um darauf Musik zu machen, und ein solches Instrument von Sängern und Spielern anzuschaffen sei *seine* Sorge. Aber wenn er es nun angeschafft hätte, so müßte er auch wissen, daß ich bereit sei, darauf zu spielen. *Bis* dahin möge ich tun, was ich wollte, nach Leipzig zurückgehen, nach Italien reisen, vollkommen unbeschränkt sein, nur müsse er Gewißheit haben, daß er auf mich rechnen könne, wenn er mich *brauche*; und das wäre dann nur zu machen, wenn ich in seinen Diensten bliebe.

Das war wenigstens im wesentlichen der Inhalt der ganzen langen Unterredung. Darauf trennten wir uns; eine Antwort solle ich ihm *nicht* gleich geben ... Massow war ganz rot vor Freude, als wir aus dem Zimmer kamen, und konnte sich gar nicht fassen, und wiederholte immer: nein, wenn Sie nun noch an Fortgehen denken! – und ich dachte, die Wahrheit zu sagen, mehr an mein Mütterchen als an alles übrige. – Kurz, nach 2 Tagen schrieb ich an den König, sagte ihm, nach den Worten, die er an mich gerichtet hätte, könne ich nicht mehr aus seinen Diensten gehen, und wollte ihm vielmehr mit besten Kräften mein Leben lang zu Diensten stehen. Er habe mir nämlich das und das gesagt (ich wiederhole ihm den Inhalt des ganzen Gesprächs), ich würde die Freiheit, die er gelassen, annehmen, und *bis* ich also zu *bestimmten*, öffentlichen Arbeiten berufen würde, in Leipzig bleiben; deswegen bitte ich ihn aber, auf mein halbes Gehalt Verzicht leisten zu dürfen, bis ich an jenen Arbeiten auch wirklich zu tun hätte. Das hat er angenommen.

Aus dem Plan eines „kleinen Chores" wurde der Domchor zu Berlin, gebildet nach dem Vorbild der Petersburger Hofkapelle in Form eines Knaben-Männer-Chores.

An den Bruder Paul in Berlin. Leipzig, 5. Dezember 1842

Da es einmal hergebracht ist, und zwar von Rechtswegen, daß ich in meiner Berliner Angelegenheit keinen Schritt geschehen lasse ohne ihn Dir gleich ausführlich zu hinterbringen, so schreibe ich Dir heut diese Zeilen ... Vom König bekam ich gestern folgenden Brief: „Aus der abschriftlichen Anlage gebe ich Ihnen zu ersehen, was Ich in Betreff des Instituts zur Verbesserung des Kirchengesanges an die Special-Commissarien W. G. R. v. Massow und W. G. R., Gen. Intendanten der Hofmusik Graf v. Redern u. d. heut. Dato erlassen habe. Zugleich habe ich Ihrem Wunsche gemäß den St. Min. Eichhorn und Finanz-Min. v. Bodelschwingh davon in Kenntniß gesetzt, daß Sie vorläufig bis zum Eintritt in Ihre Functionen nur 1500 Th. statt 3000 Th. beziehen wollen. Ich ernenne Sie zum General-Music-Director und vertraue Ihnen die Ober-Aufsicht und Leitung der kirchlichen und geistlichen Musik als Wirkungskreis an. Charlottenburg 22. Nov. 42." Die Anlage erhält eine Kabinetsordre, die durchaus in dem Sinne der damaligen Unterredung, durchaus nach meinen Wünschen, sehr klar und zweckmäßig abgefaßt ist – offenbar unter Mitwirkung des Hrn. v. Massow und mit dem Willen die Sache wirklich und wahrhaftig ins Werk zu setzen. Daß auch gar keine erheblichen Schwierigkeiten obwalten, ist aus der Cabinetsordre aufs Neue zu ersehen; ob ich dennoch die Ausführung für gewiß annehmen kann, das lasse ich dahin gestellt bis ichs sehe ... Hr. v. Massow schreibt mir – ebenfalls gestern – ich möge nun bald einmal nach Berlin kommen, um mit ihm und Graf Redern zu sprechen, es bedürfe nur eines oder zweier Tage dazu.

An den Bruder Paul in Berlin. Leipzig, 21. Juli 1843
Ich war drauf und dran wieder nach Berlin zu reisen. Hr. v. Massow hat
mir eine Zusendung in der ewig-langen Angelegenheit gemacht, über die
ich mich so geärgert habe, daß ich fast krank geworden bin; und ich kann's
noch nicht recht aus den Gliedern bekommen. Ich wollte im ersten Verdruß nach Berlin, und da persönlich mit Dir sprechen, und alles abbrechen – jetzt habe ich vorgezogen zu schreiben ... – Statt nämlich die Genehmigung jener Vorschläge, über die wir uns in jener Conferenz am
10ten ganz einig gewesen waren zu schicken, erhalte ich von Hrn. v. Massow erst den Auftrag den Choral „Hr. Gott Dich loben wir" unverzüglich
für Orchester und Chor zu schreiben, und das ist der längste Choral und
die langwierigste Arbeit, die mir vorgekommen ist; und Tags nachdem ich
damit fertig bin und abgeschickt habe, erhalte ich ein „Acktenstück",
welches ich unterzeichnen soll, ehe die Genehmigung des Königs erbeten
wird; wenn ich es unterzeichnet hätte, würden es die andern Theilnehmer
an jener Conferenz auch unterzeichnen. In diesem Actenstück sind alle
Verabredungen jener Conferenz richtig wiedergegeben, etwa 6–8 Zusät-
ze dazu am Rande gemacht, die gerade alles wieder aufheben, was der
Sinn jener Verabredung war, von denen keine Sylbe in der Conferenz
erwähnt worden ist, die das ganze Institut und mich dazu in die vollkomm-
neste Abhängigkeit von Hrn. v. Küstner setzen, die mit einem Wort alle
Schwierigkeiten, von denen ich sprach und die Hr. v. Massow abläugnete,
ins hellste Licht setzen ... Wie gesagt, ich habe mich fast krank geärgert.
Deiner Worte eingedenk schien mir das Vernünftigste, gleich an den König zu schreiben und abzubrechen. Nach 2tägiger Überlegung kam mir
das wieder nicht motivirt vor; ich habe also an Hrn. v. Massow geschrieben, daß und warum ich nicht unterzeichnen könnte, und habe ihn gebe-
ten mich wissen zu lassen ob der König unsre damal. Beschlüsse geneh-
migt oder nicht. Genehmigte er sie nicht, oder hielte er, Hr. v. M., die
Aufnahme neuer Puncte in jenen Beschlüssen für nothwendig, so sähe ich
die Sache für unausführbar an.

*Karl Theodor von Küstner war einer von vielen Sachsen in Berlin. Nach
Intendanztätigkeiten in Leipzig, Darmstadt und München übernahm er
von 1842 bis 1851 die Leitung der Königlichen Schauspiele.*

An den Bruder Paul in Berlin. Leipzig, 26. Juli 1843
Ich muß nächsten Dinstag, d. 1sten August, wieder nach Berlin, um das
tausendjährige Reich zu probiren, aufzuführen, und mit dem König über
seine Ansicht von der Composition der Psalmen zu sprechen. Dazu hat er
mich gestern eingeladen, und es versteht sich, daß ich komme; daß ich bei
Dir wohnen möchte, versteht sich auch; versteht sichs aber auch, daß ich
Euch gelegen komme?

Von Massow, der mir die Einladung des Königs schreibt, habe ich zugleich Antwort auf meinen Brief. Er sagt, wir wären nun gewiß sehr einig, und es handle sich nur noch um Formfragen. Die sämtlichen Stellen gegen die ich mich opponirt, rührten von Hrn. v. Küstner her, und er schlägt nun andere an deren Statt vor. Ich werde mir die Langeweile und den Verdruß den mir eine so langwierige Correspondenz immer mit sich bringt, ersparen, und da ich zum 1000jährigen Reich ohnehin komme, auch zugleich die 10000jährige Sache mündlich beantworten. Hr. v. Massow sagt ziemlich gerade heraus: handeln und bieten mache den Kauf; er habe erst einmal versuchen wollen, ob ich das unterschreiben wolle.

Mendelssohn Bartholdy meint mit dem abgekürzten Titel ›Das 1000jährige Reich‹ eine bislang ungedruckte Komposition „zur Feier des 1000-jährigen Bestehens von Deutschland im August 1843" mit dem Titel ›Herrgott, dich loben wir‹ für Chor, Soli, Orchester und Orgel.

An Karl Klingemann in London. Leipzig, 20. November 1843
Am Sonnabend zieh ich mit Sack und Pack und mit Frau und Kindern nach Berlin. Es wird mir unsäglich schwer und traurig, doch fühle ich mich frischer und jugendlicher dabei als ich gedacht hatte. Denn mit diesem Umzug ist mein Wort nun gelöst, und ich bin wieder frei zu tun und zu lassen, was für mich und die Meinigen und meine Kunst das beste ist. Geht es dort, nun wohl so geht's; wenn aber nicht, so soll mich nichts auch nur eine Woche länger halten, und diese Gewißheit an der ich festhalte, gibt mir eben Lust und Unabhängigkeit wieder.

An Eduard Devrient in Dresden. Berlin, 25. Oktober 1844
Meine hiesige Stellung hat sich seit einigen Tagen ganz nach meinen Wünschen, und so angenehm wie ich nur hoffen konnte, entwickelt. Ich bleibe in einem persönlichen Componisten-Verhältniß zu dem Könige, werde auch ein mäßiges Gehalt dadurch beziehen, bin aber außerdem all meiner Verpflichtungen für das hiesige öffentliche Musikwesen, meiner Anwesenheit in Berlin, kurz allem was mich seit so lange drückte und quälte, los und ledig. In kurzer Zeit denke ich zu den Meinigen in Frankfurt zurückzukehren, und zum Besuch so oft als möglich, bleibend aber niemals wieder nach Berlin zu kommen. Sogar meine Geschwister werde ich dadurch besser sehen, und genießen, als das an diesem unbeschreiblichen Orte möglich ist, sobald ich ihn bewohnte, und somit ist alles so wie ich mir gewünscht hatte.

Die Familie Mendelssohn hat ihr Umzugsgut in Berlin deponiert, wohnte aber bei den Verwandten Souchay am Fahrtor in Frankfurt a. M.

An Konrad Ferdinand Schleinitz in Leipzig. Berlin, 26. Oktober 1844

Ich eile Dir heut eine Nachricht mitzutheilen, von der ich gewiß bin, daß sie Dich freut, weil ich die Theilnahme kenne, die Du von jeher für mich, und die Meinigen und unser Wohlergehen, gehabt hast. Meine hiesige Angelegenheit ist nämlich seit vorgestern durchaus nach meinen Wünschen, und wie ich es von jeher so gern gewollt hätte, geordnet und beendigt. Ich bin aller Verpflichtungen, die mich an Berlin fesselten, des persönlichen Wohnens hier, und aller Dinge die damit zusammenhängen, *los und ledig*, bleibe dagegen in so fern im Verhältniß zum König, als er mir Aufträge zu Compositionen geben, mich auch ab und zu um dieselben aufzuführen hieher kommen lassen will, mir für diese Verpflichtung auch ein mäßiges Gehalt bestimmt und sich ausbedungen hat, daß ich keinen andern „Königlichen Dienst" annehme, so lange ich dies Verhältniß nicht auflösen will. Das Alles ist nun so ganz meinen Wünschen gemäß, daß mir ist als sei mir ein Stein vom Herzen, seit ich die Cabinets-Ordre darüber habe, und wie gesagt ich weiß, daß Du Dich mit mir freust, darum schreibe ich es Dir gleich. Es braucht kein Geheimniß zu sein, aber da ich noch 3–4 Wochen hier bleiben muß, und alles Gerede möglichst vermeiden möchte, so wäre es mir sehr unangenehm, wenn – namentlich von Leipzig aus – die Journale ihre Glossen darüber anfingen, also bitte ich Dich inständig so viel Du kannst es zu verhindern, daß viel davon die Rede kommt – wenigstens so lange ich hier bin.

An Karl Friedrich Lessing in Düsseldorf. Berlin, 24. November 1844

Meinen Wohnsitz in Berlin gebe ich allerdings auf, nicht wegen einzelner Unannehmlichkeiten, sondern weil ich die Überzeugung gewonnen habe, daß ich mit meinem Hiersein der Sache d. h. meiner Kunst nichts nütze und mir selbst d. h. meinem frohen vergnügten Leben schade, oder vielmehr ganz zu Grunde richte. Es ist mir zu viel äußerer Glanz und zu wenig innere Bewegung im hiesigen Wesen, und dabei ist die allgemeine Unzufriedenheit so groß, daß eigentlich nichts recht mit Eifer und Leben getrieben wird ausgenommen das Raisonniren. In solcher Luft kann einem nicht wohl werden, und der König, der gewiß den besten Willen und auch die größten Fähigkeiten hat ist auch nur ein Mensch, und kommt nicht durch, so wenig wie die Andern.

Preußens theatralische Sendung

Die königlichen Schauspiele zu Berlin unter der Intendanz des Grafen Brühl 1815 bis 1828

Marieluise Hübscher-Bitter

> Das Leben hat Tragödien genug.
> *Friedrich Wilhelm III. von Preußen*

1 So sind wir am Ziel nun; Er hat es gewollt,
Daß freudig geschehe, was alle gesollt.
Des Vaterlands Mitte versammelt uns hier,
Nun ist es ein Tempel und Priester sind wir;
Wo alles zum Höchsten, zum Besten gemeint,
Um unseren Herrscher entzückt sich vereint.

Mit diesen Versen endete der Prolog, den Goethe nicht etwa zur Einweihung einer Kirche, sondern zur Eröffnung des von Schinkel erbauten Schauspielhauses am Gendarmenmarkt auf Bitten seines Schülers Brühl verfaßt hatte. Fast alle, die zu Preußens theatralischer Sendung beigetragen hatten, waren aus diesem Anlaß 1821 vereint: der Dichter Goethe, der in Berlin und zumal im einst führenden Salon der Rahel Levin andächtig verehrt wurde, der Intendant Graf von Brühl, Goethes Schüler, Schinkel, der Baumeister und Bühnenbildner der königlichen Schauspiele, der König von Preußen und natürlich die Schauspieler: Amalie und Pius Alexander Wolff etwa, einst Mitglieder des Weimarer Hoftheaters und Schüler Goethes, schließlich das Berliner Publikum, an dessen Sittlichkeit und Urteilskraft in Goethes Prolog appelliert wird.

2 Der Weg des Theaters in Preußen und insbesondere in Berlin bis zum Augenblick der Eröffnung des neuen Schauspielhauses mutet seltsam widersprüchlich an. 80 Jahre waren es her, daß der Direktor einer umherziehenden deutschen Theatertruppe, Johann Friedrich Schönemann, in seinem Antrag auf Spiel- und Aufenthaltserlaubnis beteuerte, „seit einigen Jahren die eifrigste Mühe anzuwenden, eine deutsche Schaubühne zustande zu bringen, welche der französischen in allen Stücken ähnlich wäre". Obwohl der Hinweis auf die französischen Stücke die Entscheidung des französenfreundlichen Friedrich II. erleichtern sollte, blieb der gewünschte Auftrag aus. Der König zog es vor, sich in dem von Knobels-

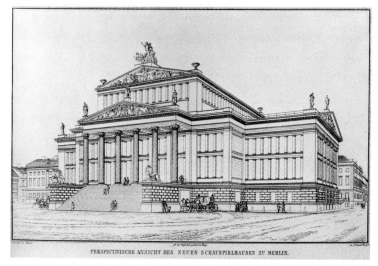

PERSPECTIVISCHE ANSICHT DES NEUEN SCHAUSPIELHAUSES ZU BERLIN.

Karl Friedrich Schinkel: Perspektivische Ansicht des neuen Schauspielhauses am Gendarmenmarkt mit Ansicht der Wageneinfahrt unterhalb der großen Treppe

dorff 1741 gebauten Opernhaus zu amüsieren und gab Schönemann den Laufpaß. 1748 zog dieser mit seiner Truppe, in der auch der berühmte Schauspieler Konrad Ekhof wirkte, nach Schwerin, wo man eine Spielstätte und dauernde Heimstatt fand. Immerhin hatte die Truppe noch in Berlin Lessings Erstling ›Der junge Gelehrte‹ uraufgeführt.

Zwanzig Jahre später hatte sich eine andere deutsche Wandertruppe unter Theophil Doebbelin in Berlin doch seßhaft machen können, weil Friedrich II. nach dem Siebenjährigen Krieg die Lust am Theater verloren hatte und nun nicht mehr die Ablehnung von Gesuchen deutscher Truppen verfügte. Am 21. 3. 1768 fand im Theater in der Behrendstraße die Uraufführung von Lessings Lustspiel ›Minna von Barnhelm‹ statt, ein Markstein in der Geschichte des deutschen Theaters. Doebbelin und seine Leute hatten das zustande gebracht. Nach mehrmaligem Wechsel der Namen von Theatertruppen in der Gunst des Berliner Publikums gelang es Doebbelin schließlich im Jahre 1775, die Konkurrenz aus dem Felde zu schlagen und das Haus in der Behrendstraße als ständige Spielstätte zu beziehen.

Mit dem Tode Friedrichs II. endete auch die Epoche des Theaters nach italienischem oder französischem Vorbild. Der neue König favorisierte das deutsche Theater. Er befahl Doebbelin zu sich und versicherte ihn seiner Unterstützung. Die praktischen Folgen waren einschneidend, ja umwälzend. Der neue Monarch stellte das französische Komödienhaus am Gendarmenmarkt zur Verfügung, und so schien der Weg geebnet für eine deutsch-preußische Schaubühne. Es gab Stücke deutscher Dichter: Stücke von J. E. Schlegel, Lessing, Lenz, Klinger u. a., und der König mit Hofstaat besuchte regelmäßig die Aufführung im inzwischen zum ›Königlichen Nationaltheater‹ aufgewerteten Haus. Zwar wurde bald der so bevorzugt behandelte Direktor untragbar – Doebbelin war nicht nur auf dem Theater dem Spiel verfallen –, aber der König hielt am deutschen Schauspiel fest und versuchte, nach Doebbelins Ausscheiden die Leitung des Hauses durch ein Dreierdirektorium zu garantieren. Dieser Plan scheiterte, aber schließlich gelang der Durchbruch. 1796 holte Friedrich Wilhelm II. den ersten Starschauspieler nach Berlin: August Wilhelm Iffland.

3   Iffland wurde zum ausdrücklich als alleinverantwortlich bezeichneten Direktor des ›Königlichen Nationaltheaters‹ berufen. Das war *seine* Bedingung gewesen: „Ich erkenne jede bei dem Theater angestellte Verwaltung als respektive der Direktion untergeordnet. Ich erkenne keine Mitdirektion, keine Ökonomie-Direktion noch Direktor! Alle Ressorts vereinigen sich in meiner Führung zum ehrlichen Zweck des zu hebenden Ganzen." Dies hielt Iffland bis zu seinem Tod 1814 durch. Er arbeitete wie ein Pferd. (Iffland lebte allein und unverheiratet.) Außer seinen Direktionsgeschäften spielte er viele große Rollen, so zum Beispiel Franz Moor, Shylock, Harpagon; drei- bis viermal in der Woche trat er auf, auch gastierte er außerhalb Berlins; er inszenierte und unterrichtete an einer eigens errichteten Schauspielschule; auch schrieb er eine nicht unbeträchtliche Anzahl von Theaterstücken, die durchaus erfolgreich waren. Neue Rollen, so heißt es, lernte Iffland während der Wagenfahrten vom Theater zu seinem am Stadtrand gelegenen Landhaus. Ein Diener mußte ihm seinen Part vorlesen.

Als dieser große Schauspieler im Alter von nur 54 Jahren an Überarbeitung gestorben war, hatte er nicht nur persönlichen Ruhm gewonnen, sondern er hatte dem deutschen Schauspielerstand insgesamt Achtung und Anerkennung verschafft. Äußeres Anzeichen dafür waren die Verleihung des Titels eines Ritters vom Roten Adlerorden und für die Schauspieler die gesellschaftliche Gunst, mit den Angehörigen des Hofes in Dilettantenaufführungen vereint wirken zu dürfen. (1819 spielte man in dieser Besetzung Szenen aus Goethes ›Faust‹.)

Vor allem aber die Nachfolge in der Leitung der ›Königlichen Schauspiele‹ zeigt das entstandene Ansehen. Mit Karl Graf von Brühl kam 1815 ein zweiundvierzigjähriger Mann nach Berlin, der dem König seit Kindheitstagen gut bekannt war, seit vierzehn Jahren in preußischen Diensten stand und als Generaldirektor und etwas später als Generalintendant Preußens theatralische Sendung vollenden wollte.

Karl von Brühl war ein Enkel des berühmten sächsischen Ministers Heinrich Graf von Brühl, der in Diensten des Königs August III. von Sachsen-Polen stand und eine Preußen feindliche Politik betrieb, aber schon 1786 trat kurz nach des Vaters Tod einer seiner Söhne in preußische Dienste: Charles von Brühl übernahm das einflußreiche Amt eines Oberhofmeisters des Kronprinzen, des nachmaligen Königs Friedrich Wilhelm III. „Wäre unser Vater", schreibt er am 20. 12. 1786, „noch Zeuge von dem, was vorgeht, er würde sehr erstaunt sein, er könnte aber keine größere Genugtuung erleben, als den Nachkommen seines großen Feindes den Händen eines seiner Söhne übergeben zu sehen." Ein anderer, Hans Moritz von Brühl, übernahm 1791 die Generalintendanz der Chausseen, und sein Sohn, eben Karl, der spätere Schauspielintendant, wäre am liebsten königlich-preußischer Forstmeister geworden, aber da die Stelle nicht frei war, trat er als Kammerherr in die Dienste des eigenwilligen Heinrich in Rheinsberg. Dieser liebte wie sein Bruder, der große Fritz, alles Französische. Der junge Karl von Brühl aber war durch häufige Besuche in Weimar mit dem Theater unter Goethes Leitung vertraut. Auch hatte er in Liebhaberaufführungen am weimarischen Hofe mitgewirkt, so in der Rolle des Don Carlos oder 1803 in der Rolle des Paläophron in Goethes ›Paläophron und Neoterpe‹. Daß er in Weimar auch Herder, Schiller und Wieland kennenlernte, verstärkte nur noch seine Liebe zum deutschen Schauspiel. Kein Wunder, daß er in Rheinsberg begeistert vom deutschen Theater erzählte, und es scheint, als habe er Prinz Heinrich von Preußen umstimmen können. Jedenfalls verschaffte sich Graf von Brühl für das Rheinsberger Theater die Texte deutscher Dramen wie ›Mahomet‹ und Teile der ›Wallenstein‹-Trilogie. „Ich möchte doch gern der deutschen Literatur diesen Triumph verschaffen", heißt es in einem Brief. Nach Heinrichs Tod trat er in den engeren Kreis des Berliner Hofes, und durch ausführliche Studien der Kunstgeschichte vollendete er eine Bildung, die immer deutlicher auf die Übernahme der Intendanz des Schauspielhauses gerichtet war. Er trat 1815 seine Stelle an unter der Leitlinie des Staatskanzlers Graf Hardenberg: „Machen Sie das beste Theater Deutschlands, und danach sagen Sie mir, was es kostet."

4   Die ›Königlichen Schauspiele‹ waren dem Staatskanzler unterstellt. Im Gegensatz zu Iffland schaffte es Brühl nicht, sich der neuen, einschneidenden Instruktion des Königs zu entziehen, der gleich bei der Ernennung Brühls eine „Curatel über die Theatercasse" eingerichtet haben wollte. Das Hauptgeschäft der Aufsichtsbehörde solle darin bestehen, „sich mit dem Herrn Grafen von Brühl von Zeit zu Zeit über wesentliche, das Theaterwesen betreffende Gegenstände zu besprechen und darüber gemeinschaftliche Beschlüsse zu fassen", wie Hardenberg 1816 schrieb. Ferner sollten die Hauptausgaben, die Theaterkasse sowie die Verwal-

Karl Friedrich Schinkel: Perspektivische Ansicht des Konzertsaals im Schauspielhaus mit Büsten der in Berlin verehrten Komponisten, u. a. J. S. Bach, J. A. Hasse,
G. F. Händel, K. H. Graun, K. F. Fasch, L. Leo und F. Durante – sämtlich Meister
des alten Stils

tung selbiger inspiziert werden. So entstand in dieser Zeit das bis in unse-
re Tage übliche Theatersystem: hier die künstlerische Leitung, dort der
Geheime Legationsrat Jordan und der Geheime Rechnungsrat Rother,
Vorläufer unserer heute mächtigen, die Gelder hütenden Verwaltungsdi-
rektoren, ohne deren konstruktive Mitarbeit jede Art von künstlerischer
Leitung zum Scheitern verurteilt ist.

In den ersten Jahren bis 1822 scheint es keine bemerkenswerten Differenzen gegeben zu haben. Nach Hardenbergs Tod aber und der Übernah-

me des Hausministeriums durch den Fürsten Wittgenstein drängte das Kuratorium den Intendanten an die Wand. Das Repertoire mußte vorgelegt werden, Kontrakte mit Künstlern bedurften der Zustimmung, „überflüssige" Ausgaben waren zu vermeiden, wobei die Ansichten darüber zwischen Intendanz und Kuratorium weit auseinandergegangen sein dürften. Die Kontrollfunktion des Kuratoriums ging weit über den Finanzbereich hinaus, und Brühl bekam die wenig tolerante Haltung des Fürsten bitter zu spüren. Dennoch hat er manches durchgesetzt: Die Gagen wurden erhöht und die Altersversorgung durch Lebenszeitpensionen gesichert. Die ehemals heimatlos herumziehenden Komödianten waren somit Hofbeamte geworden. Aber die soziale Sicherheit wurde mit künstlerischer Abhängigkeit bezahlt. Da zudem seit 1819 Gaspare Spontini gegen den Willen des Grafen als Generalmusikdirektor der Oper fungierte und ihm ein Einspruchsrecht gegenüber den Plänen des Intendanten zugestanden worden war, demissionierte nach mehreren Anläufen Graf Brühl 1828 und übernahm den Posten eines Generalintendanten der preußischen Museen. Schon in einem Brief vom 23. 1. 1825 schreibt er: „Früher hatte der Generalintendant nur den König unmittelbar über sich – später auch den Staatskanzler, später den Hausminister, – jetzt ist er dem Hausminister und dem Curatorio untergeben, und muß noch überdies dulden, daß Spontini gleichfalls einen kleinen Staat im Staate bildet."

Innerhalb von bloß zehn Jahren war dank preußischer Gründlichkeit ein schwerfälliger Verwaltungsapparat entstanden, der Brühls künstlerische Ambitionen beträchtlich einzuschränken versuchte und den Anhänger der Idee vom Theater als einem Gesamtkunstwerk zur Resignation trieb. Diese Tendenz im Theater des Hofes verstärkte sich nach Brühls Abgang, so daß der Aufbruch zum neuen Drama und zu einer neuen Theaterkunst im Naturalismus sich nicht mehr am preußischen Staatstheater vollzog.

5 „Es bedarf nur einiger Anregung und ich arbeite wohl wieder für die Bühne und dann ist doch Berlin der einzige Ort in Deutschland, für den man etwas zu unternehmen Muth hat", schrieb Goethe Ende Mai 1815 an Zelter, als er gehört hatte, daß sein Schüler Brühl Intendant in Berlin geworden war. Seit Lessings Aufenthalt in Berlin hatte diese Stadt eine beeindruckende Entwicklung durchgemacht. Rahel schrieb 1820 über Berlin: „Auch muß ich der Stadt im Winter ihre Gerechtigkeit widerfahren lassen; es ist gewiß die reichste, vielfältigste und vielhaltigste deutsche Stadt, in Rücksicht des geselligen Umgangs. Mehr Frauen, die häuslich empfangen, findet man wohl außer in Paris nirgend; trotz der allgemeinen Zerstörung und Aufbauung der Gesellschaft." Innerhalb dieses Prozesses kam dem Theater eine ganz neue, zentrale Bedeutung zu. Friedrich

Wilhelm III. hatte die in den Freiheitskriegen genährte Hoffnung des Volkes auf Mitverantwortung und Beteiligung an der Regierung nicht erfüllt; von einer Einigung der Nation konnte seit 1815 keine Rede mehr sein. Die Menschen in Berlin und anderswo waren enttäuscht. Depression und Rückzug aus der Politik waren die Folgen. In dieser Zeit nun rückte das Theater als fast einziger Treffpunkt außer Hause für Bürger aller Schichten in den Mittelpunkt des Interesses. In seinem Theateralmanach auf das Jahr 1828 hat der Kritiker Saphir diesen Sachverhalt kommentiert: „Und was Deutschland ohne Theater und Oper wäre? Eine große Langeweile von 11 600 Quadratmeilen mit ungefähr 30 Millionen Einwohnern, da niemand in Gesellschaft ginge, weil niemand wüßte, von was er reden sollte."

Der schwedische Kunstgelehrte Atterboom beschreibt in seinen ›Reisebildern aus dem romantischen Deutschland‹ die Stadt Berlin des Jahres 1817: „Im übrigen läßt sich nicht leugnen, daß die ästhetische Kunst hier wirklich populär geworden ist; sie ist sogar bis zu den Stiefelputzern und Dienstmädchen herabgestiegen. Die Kellner in den Wirtshäusern prüfen mit Kennerblick plastische Kunstwerke, die Barbiere sprechen von Schönheitssinn und Kunstgefühl, die Haarschneider von Gemüt und geläutertem Geschmack. Meine Aufwärterin beschwor mich, nicht die Aufführung von Schillers ›Jungfrau von Orleans‹ zu versäumen." Und Heinrich Heine schreibt in den ›Briefen aus Berlin‹ über den Enthusiasmus der Berliner Bürger für Webers ›Freischütz‹. So kann es uns nicht wundern, wenn Goethe für diese damals in Kunstdingen so lebendige Stadt arbeiten wollte. Sein Appell an das Berliner Publikum, sich zu wahren Kunstrichtern und -kennern ausbilden zu lassen, mußte damals auf fruchtbaren Boden fallen, und sicherlich hat seine Formulierung vom Theater, das nun zum Tempel geworden, Zustimmung erhalten.

Allerdings standen die von Goethe und Schiller entwickelten Forderungen an das Theater ihrer Zeit im größten Gegensatz zu den Vorstellungen, die Friedrich Wilhelm III. vom Theater hatte. „Einfache, kunstlose, dabei humoristische Stücke waren ihm am liebsten. Aber er mochte keine Tragödien sehen. ‚Das Leben‘, sprach der Vielgeprüfte, ‚hat Tragödien genug.‘" Der Hofbiograph Rulemann Friedrich Eylert berichtet weiter, dem König seien Mozarts ›Don Giovanni‹, Webers ›Freischütz‹ und vor allem Beethovens ›Fidelio‹ zuwider gewesen. Diese Ansichten bestätigt Brühl: „So oft er [der König] auch nur den Namen ›Fidelio‹ ausspricht, so schimpft er auch gleich auf das verfluchte Stück – wie er es nennt." Diese drei Opern waren nun in der Tat weder einfach oder kunstlos noch das, was man im allgemeinen als humoristische Stücke bezeichnen würde. Vielleicht erinnerte das Freiheitspathos im ›Fidelio‹ den König an Versprechen, die er nicht gehalten hatte.

Goethe dagegen wollte gerade nicht das leichte Genre fördern, sondern das Publikum lenken und leiten in der Ausbildung eines erlesenen Geschmacks. Dazu sollten die Stücke von Calderón, Shakespeare, Schiller und seine eigenen dienen. „Man hat die höheren Forderungen der Poesie, die sich eigentlich auf dem Theater nur symbolisch oder allegorisch aussprechen können, der Tragödie und Kommödie durchaus verkümmert und alles was nur einigermaßen die Einbildungskraft in Anspruch nimmt, in die Oper verwiesen", schreibt Goethe am 1. Mai 1815 an den Grafen Brühl. „Diese Richtung, in der sich Autoren, Schauspieler, Publikum wechselweise bestärken, ist nicht zu ändern, ja ihr nicht gerade entgegenzuarbeiten, aber sie zu lenken und zu leiten geht doch an, und wenn man es auch nur im einzelnen tut." Mit beispielhaften Aufführungen guter Stücke des Welttheaters, so möchte man hinzufügen. Goethe und Schiller hatten dies in Weimar mit wechselhaftem Erfolg versucht, Brühl sollte nun auf diesem Wege weitermachen.

Eine der ersten Taten des Intendanten war die Aufführung von Goethes Festspiel ›Des Epimenides Erwachen‹, das dieser schon 1814 für Iffland geschrieben hatte. Es war ursprünglich als Beitrag zur Feier des Sieges über Napoleon gedacht, gelangte aber erst aus Anlaß der Rückkehr des Königs und seiner Familie vom Wiener Kongreß zur Aufführung.

In den folgenden Jahren wechselten Goethe und Brühl viele Briefe. Immer wieder holte sich der Theaterneuling Rat beim Meister. Noch im Jahre 1815 engagierte er Amalie und Pius Alexander Wolff, die zum Weimarer Ensemble gehörten. Goethe war ungehalten, doch Brühl verstand ihn zu nehmen: „Indem ich mich so an Ihnen versündige, befolge ich treulich die Lehre meines hochverehrten Meisters, denn ich suche das Gute im Osten und Westen und versammle es um mich. Weimar ist nun einmal unsere hohe dramatische deklamatorische Schule, so lange Ihr Geist dort waltet, und so können Sie uns auch nicht zürnen, wenn wir einige Funken dieses Geistes an uns zu ziehen wünschen" (3. 1. 1816).

Die Wolffs prägten den Stil des Berliner Schauspiels und hatten wesentlichen Anteil an der Berliner Goethe-Rezeption. 1819 hatte Pius Alexander Wolff zusammen mit Schauspielern wie Auguste Stich-Crelinger als Gretchen und Dilettanten wie dem Herzog Karl von Mecklenburg als Mephisto und dem Grafen Voß als Wagner, unterstützt durch die Musik des Fürsten Anton von Radziwill, Szenen aus Goethes ›Faust‹ im Schloß Monbijou gespielt. Die Aufführung wurde 1820 unter Beisein des Königs wiederholt. Ottilie und August von Goethe, die „Kinder", wie der Vater sie in den Briefen an Zelter nennt, waren zugegen gewesen und hatten dem Vater Bericht gegeben. Dieser sollte selbst mitwirken. Brühl hatte ihm vorgeschlagen, den Erdgeist zu spielen, aber Goethe beschränkte sich auf Ratschläge zur Darstellung dieser Rolle. So erschien denn statt des Dichters selbst bloß sein kolossal großer Kopf. Der Meister war äußerst geschmeichelt und lobte Brühl für seine umsichtige und gelungene Regiearbeit. Auch äußerte er die Hoffnung, daß aus dem Unternehmen eine „öffentliche Erscheinung" werden möge. Doch dazu kam es nicht. (›Faust‹ wurde erstmals in Braunschweig gespielt, 1828 unter August Klingemann.)

Die öffentliche Goethe-Rezeption gipfelte vielmehr in der Festaufführung zur Eröffnung des neuen Schauspielhauses mit Goethes ›Iphigenie auf Tauris‹. Die Wolffs spielten die Hauptrollen: Amalie die Iphigenie, Pius Alexander den Orest.

6   Für die Fortschritte der Theaterkunst war eine andere Neuerung durch den Grafen Brühl entscheidend: historische Kostüme. „Man stellte als unerläßliches Gesetz auf, daß außer der dramatischen Poesie, außer der dramatischen Musik bei zweckmäßiger und geschickter Leitung des Theaters auch *alle übrigen Künste* im weitesten Sinne konkurrieren müßten, und daß dabei auch das Kleinste nicht versäumt werden dürfe, wenn das Theater eine wirkliche Kunstanstalt und mit Recht so heißen soll." (Vorrede aus der zwischen 1819 und 1832 erschienenen Ausgabe ›Neue Kostüme der beiden königlichen Theater in Berlin unter der General-Intendantur des Grafen von Brühl‹). Dem Intendanten kamen seine Kenntnisse aus den Kunstreisen vor Antritt seines Amtes zugute. Er hatte entsprechende Studien getrieben, und der Brand des von Langhans erbauten Schauspielhauses im Jahre 1817 gab den willkommenen Anlaß, alle Theaterkostüme von Grund auf zu erneuern, das Tragen von jeweils der geltenden Mode abgeschauten Kostümen zu untersagen und den ersten Kostümfundus der Theatergeschichte anzulegen. Berlins berühmter Baumeister Karl Friedrich Schinkel tat das übrige für das Bühnenbild. Den historischen Kostümen entsprachen detailgetreue historische Bühnenbilder. In gemeinsamer Arbeit konnten Intendant und Malerarchitekt ungestört 42 Inszenierungen auf diese kostspielige Art ausstatten. Dabei kam ihnen das nach den Kriegen erneuerte Repräsentationsbedürfnis des preußischen Hofes entgegen.

Den krönenden Stein ins erneuerte Gebäude des Theaters konnte Brühl allerdings nicht einsetzen. Für ihn wäre das mit der Ernennung von Carl Maria von Weber als Musikdirektor gelungen. Aber der König wollte es anders. Des unheroischen Königs Vorliebe galt nämlich Gaspare Spontini. Ihn hatte er in Paris wirken gesehen. Im März 1818 verfügte der König eine alljährliche Aufführung von Spontinis Oper ›Die Vestalin‹ für den jeweiligen 1. April. Am 18. Oktober des gleichen Jahres erklang erstmals ein preußischer Volksgesang mit der Hymne ›Heil dir im Siegerkranz‹ als Apotheose, ebenfalls eine Komposition von Spontini. (Sie wurde von 1820 bis 1840 alljährlich am Geburtstag des Königs gespielt.) Und am 1. Februar 1820 wurde dann Spontini hinter Brühls Rücken auf vorerst zehn Jahre zum ersten Generalmusikdirektor der europäischen Musik- und Theatergeschichte ernannt.

7 „Übrigens haben EW. sehr wohl daran getan, alle bittern Ausfälle gegen die jüdische Nation ... zu streichen, da dergleichen Äußerungen mit der Toleranz und Liberalität der Preußischen Regierung schwer zu vereinigen sein würde", schrieb Hardenberg 1815 an Brühl. Zensur zum *Schutze von Minderheiten*! Vorausgegangen war ein Verbot der Posse ›Unser Verkehr‹ von Karl Sessa aus Breslau, einem Freunde des beliebten Schauspielers Ludwig Devrient. Das Stück spielt in einem jüdischen Getto und hatte eine „Bombenrolle" für Devrient, der sich mit ihr in Berlin vorstellen wollte. Es sei sehr unanständig, schreibt Hardenberg an den Polizeipräsidenten Le Coqu, „wenn religiöse Begriffe, welche der Staat duldet, und sich mithin seines Schutzes zu erfreuen haben, auf der Bühne lächerlich gemacht und verächtlich dargestellt werden". Nach entsprechenden Änderungen konnte die Aufführung stattfinden.

Ein anderes Stück wurde durch solche Zensurmaßnahmen allerdings verstümmelt: Heinrich von Kleists Schauspiel ›Prinz Friedrich von Homburg‹. Ludwig Tieck hatte 1821 dafür gesorgt, daß Kleists Schauspiel gedruckt und am Dresdener Theater aufgeführt wurde. Eine für 1822 in Berlin geplante Aufführung scheiterte aber am Einspruch der Schwägerin des Königs, weil „ihr Ahnherr in einer unedlen Gestalt darin erscheine".

Besonders umstritten war die berühmte Todesfurchtszene im dritten Akt. Selbst Tieck fühlte sich verpflichtet, diese Szene seinem Publikum ausführlich erläutern zu müssen: Er nennt sie „grell", obwohl er doch Kleist gründlich kannte und ihn verstand. Graf Brühl in Berlin hatte sich schon für Kleists Drama ›Das Käthchen von Heilbronn‹, allerdings in der unmöglichen Bearbeitung durch den Dichter Holbein, eingesetzt; nun ließ ihn der Gedanke, auch den ›Prinzen von Homburg‹ auf die Bühne zu bringen, nicht los. Daher erteilte er 1827 dem Schriftsteller Ludwig Robert, Rahel Levins Bruder, den Auftrag, das Schauspiel zu bearbeiten. Natürlich ging es vor allem um die Todesfurchtszene. Über sie schrieb der Bearbeiter an den Intendanten: „Daß diese Scene aber der Mittelpunkt des Dramas bleiben muß, ist klar; daß die Intention des Dichters großartig war ... darüber waren wir einig ... Ich hatte also nur das Krasse dieser Scene zu mäßigen, durfte aber nicht etwa die Todesfurcht ganz streichen. Ich habe sie gelassen, ja vielleicht verstärkt, nur durfte der Prinz weder Ehre noch Liebe in die Schanze schlagen; nur mußte er – durch Nataliens muthige Worte gestärkt – schon halb von seiner *bürgerlichen* Angst geheilt, die Bühne verlassen."

Das Wort „bürgerlich" ist im Original dick unterstrichen, was so zu deuten ist: Ein Prinz kann zwar von Sinnen, dem Wahnsinn nahe sein, darf aber keine Angst vor dem Tod haben, denn Angst ist eine Schwäche, die zwar dem Kaufmann, nicht aber dem Offizier zusteht. In diesem Sinne bearbeitete Robert das Schauspiel und dichtete neue Verse. Brühl versicherte sich vor der Aufführung der Genehmigung durch den Hof. Erst nachdem der Herzog von Mecklenburg seine Zustimmung gegeben hatte, kam die Premiere im Jahre 1828 zustande. Der König nahm an ihr nicht teil, verfügte aber trotz guter Kritik nach der dritten Aufführung in einer Order an Brühl: „Des Königs Majestät haben befohlen, daß das gestern aufgeführte Stück ›Prinz von Homburg‹ niemals wieder gegeben werden soll."

Diese Aufführung war eine von Graf Brühls letzten Taten. Wie manche seiner Bestrebungen ist auch diese von „oben", vom Monarchen, blockiert worden. Mittelmaß oder Alltäglichkeit oder festlicher Pomp waren den Preußen, jedoch nicht den Berliner Theatergängern, lieber. Das Leben hatte ja Tragödien genug. Dann schon lieber das Theater als Tempel, das konnte man eher akzeptieren.

Der musikalische Freiheitskrieg gegen Gaspare Spontini

Berliner Opernstreit zur Zeit Friedrich Wilhelms III.

Norbert Miller

1 „Willkommen unter uns, du hoher herrlicher Meister! – Längst tönte dein Gesang recht in unser Innerstes hinein; dein Genius rührte seine kräftigen Schwingen, und mit ihm erhoben wir uns begeistert und fühlten alle Wonne, alles Entzücken des wunderbaren Tonreichs, in dem du herrschest, ein mächtiger Fürst! – Und darum kannten und liebten wir dich auch schon längst!" So begrüßte der Dichter E. T. A. Hoffmann, der führende Theoretiker und – durch seine 1816 am Königlichen Opernhaus in Berlin uraufgeführte ›Undine‹ – auch der damals führende Komponist der romantischen Oper in Deutschland, in der ›Vossischen Zeitung‹ (68. Stück vom 6. Juni 1820) den eben eingetroffenen Gaspare Spontini. Seine überschwengliche Grußbotschaft versucht, das Schaffen des in Paris naturalisierten Italieners in die Entwicklung der deutschen Musik vorab zu integrieren und so seinem künftigen Schaffen den Weg vorzuzeichnen: „Ja, ganz unser bist du, denn deinen Werken entstrahlt in vollem Himmelsglanz das Wahrhaftige wie den Werken unseres Händel, Hasse, Gluck, Mozart und aller der Meister, die in Wort und Ton nur echtes, edles Metall ausprägen und nicht prahlen dürfen mit flinkerndem Rauschgold, und nur dem Wahrhaftigen mag sich doch der echte deutsche Sinn erschließen." Triumphal schien sich die Ankunft des weltberühmten Opernmeisters, dessen ›La Vestale‹ und ›Fernando Cortez‹ noch während der Herrschaft Napoleons auf der Bühne Epoche gemacht hatten und der selbst wie ein napoleonischer General aussah und auftrat, nicht wie ein Tonsetzer, an seiner neuen Wirkungsstätte Berlin zu gestalten: Am 27. Mai wurde er in Potsdam vom König empfangen, am 30. Mai wurde er durch eine Festaufführung der ›Vestalin‹ gefeiert, am 28. Juni fand die Berliner Erstaufführung des ›Fernando Cortez‹ mit verschwenderischen Dekorationen statt. Die bald aufflackernden Anfeindungen aus dem Publikum, auch die heftigen Auseinandersetzungen am Königlichen Opernhaus wurden immer wieder überdeckt durch vielbestaunte Aufführungen seiner älteren Werke; mit dem zum Besuch des russischen Thronfolgerpaares komponierten Festspiel ›Lalla Rookh‹ (aufgeführt unter Mitwirkung der königlichen Familie im Hof des Schlosses am 27. November 1820) bewies Spontini erstmals seine ungebrochene Schaffens-

›Vorsaal im Forsthaus‹, Bühnenbild der Berliner Uraufführung von Webers ›Frei-schütz‹ (Gropius)

›Offene Galerie‹, Bühnenbild zum Schauspiel ›Das Bild‹ von Houwald (Schinkel)

›Felsige Gegend‹, Bühnenbild zur ›Zauberflöte‹, I/1 (Schinkel)

›Angenehmer Garten. Mondschein‹, Bühnenbild zur ›Zauberflöte‹, II/7 (Schinkel)

›Feuer- und Wasserprobe‹, Bühnenbild zur ›Zauberflöte‹ (Schinkel)

Schlußbild zur ›Zauberflöte‹ (Schinkel)

›Palmenwald‹, Bühnenbild zur ›Zauberflöte‹, II/1 (Schinkel)

Bühnenbild zu Calderóns Drama ›Der standhafte Prinz‹ (Schinkel)

›Straße in Fest‹, Bühnenbild zu Calderóns Drama ›Der standhafte Prinz‹ (Schinkel)

›Hohle Gasse‹, Bühnenbild zu Schillers Drama ›Wilhelm Tell‹ (Schinkel)

Schlußbild zu Glucks Oper ›Armida‹ (Schinkel)

Bühnenbild zur Spontini-Oper ›Olimpia‹, 1. Akt (Schinkel)

Bühnenbild zur gleichen Oper, 1. Akt

Bühnenbild zur gleichen Oper, 2. Akt

Bühnenbild zur Spontini-Oper ›Olimpia‹, 3. Akt (Schinkel)

Bühnenbild zur Spontini-Oper ›Cortez‹, 1. Akt (Schinkel)

kraft, und als am 14. Mai 1821 schließlich seine deutsche Neufassung der Oper ›Olimpia‹ – sie war bereits im Auftrag des preußischen Königs komponiert, dann aber in Paris uraufgeführt worden – nach 42 Proben in Szene ging, kannte der Jubel keine Grenzen. E. T. A. Hoffmann hatte die deutsche Fassung des Librettos besorgt, um die Assimilation des Werks in die Entwicklung der deutschen Oper vom Text her zu gewährleisten, Friedrich Schinkel hatte in seinen Bühnenentwürfen für den grandios-erhabenen Rahmen gesorgt. Ein Heer von Musikern, Chorsängern und Statisten überwältigte die Sinne der Theaterbesucher. Es war ein europäisches Ereignis: die Wiedergeburt von Glucks ernster, tragischer Oper im Zeichen der Romantik. Das Außerordentliche dieses szenisch-musikalischen Dramas riß auch die Widerstrebenden mit. E. T. A. Hoffmann machte sich zum Sprecher der Kenner und Liebhaber in der Stadt, wenn er in einer langen, erst durch seine Todeskrankheit abgebrochenen Studie Spontinis Werk als zukunftweisendes Paradigma für das künftige Musikdrama analysierte (in unverkennbarer Parallele zu seiner früheren Hymne auf Beethovens Instrumentalmusik).

Spontinis Triumph währte nur wenige Wochen. Als am 18. Juni Carl Maria von Webers romantisches Singspiel ›Der Freischütz‹ in Berlin uraufgeführt wurde, war der erst zögernd einsetzende, dann unbeschreibliche Taumel der Begeisterung, war die traulich-seelige Selbstvermischung der Berliner mit den Schauern der Wolfsschlucht und mit der Naturpoesie der Musik unmißverständlich gegen den fremden Glanz, das übersteigerte Pathos und den Klassizismus von Spontinis „welscher" Oper gerichtet: Ein während der Uraufführung verteiltes anonymes Gedicht, das von Friedrich Förster stammte, verband die Huldigung an Weber mit höhnischen Spitzen gegen den Italiener, die Ovationen für den Dresdner Kapellmeister waren ebenso viele Schmähungen für den Berliner Intendanten der königlichen Musik. Weber selbst war verzweifelt über diese Nebenwirkung seines Erfolges, da ihm die Kontroverse um Spontini alle Hoffnungen auf eine Position zerschlagen mußte und da er seine Bemühungen um die deutsche Nationaloper so in einen falschen politischen Zwiespalt hineingezogen sah. Er hat auch später Spontini Gerechtigkeit widerfahren lassen, und seine ›Euryanthe‹ zeigt in ihrer Anlage deutlich, wie sehr er nun selbst auf die Überwindung der im ›Freischütz‹ nachwirkenden Singspieltradition ausging. In Berlin aber waren die Würfel gefallen. Der Kampfruf: „Hie deutsch!" „Hie welsch!" – „Hie Weber!" „Hie Spontini!" bestimmte zunächst die Auseinandersetzung in der Öffentlichkeit und in der Presse, dann die nicht endenden Querelen um Spontinis Wirken in Berlin und nicht zuletzt das kritische Urteil der Geschichte über die romantische Oper in Deutschland. E. T. A. Hoffmann hatte sich auf Spontinis Seite geschlagen, der Musiktheoretiker Adolph Bernhard Marx und der Dirigent und Musikkritiker Heinrich Dorn waren ihm darin, mindestens zeitweise, nachgefolgt, während die meisten anderen Kritiker und das breite Publikum ebenso entschieden Partei gegen den italienischen Komponisten nahmen. Hoffmanns Eintreten für Spontini wurde ihm schon zu Lebzeiten verdacht: Weber schied von ihm in Freundschaft, aber doch mit Zweifeln; sein Schüler Julius Benedict, der an der Premieren-Feier des ›Freischütz‹ teilgenommen hatte, mißtraute dem skurrilen Witz des Kammergerichtsrates so sehr, daß er in der Erinnerung Hoffmann für den Verfasser einer hämischen und ungerechten Kritik über Webers Oper hielt, in der dieser kaum verhüllt des Plagiats an Spontini bezichtigt wurde. Und es ist bezeichnend, daß diese Behauptung – sie gelangte erst in der Weber-Biographie des Sohnes Max Maria von Weber 1864 an die Öffentlichkeit – ungeprüft bis fast in die Gegenwart selbst von den Hoffmann-Forschern übernommen wurde. Ein Musikkritiker, der in einer Verwirrung aller Maßstäbe Gaspare Spontini für den Gipfelpunkt der musikalischen Romantik erklärt, muß zwangsläufig ein Gegner der wahren romantischen Oper sein, ein verblendeter, allenfalls durch seine Krankheit entschuldigter Intrigant gegen seinen Freund Weber, der doch selbst die ›Undine‹ liebenswürdig für sein Vorbild erklärt hatte. Der Musikkritik in Deutschland galt Spontinis Wirken in Berlin immer als eine unglückliche Episode, bei der sich ein alternder, unzeitgemäß gewordener Tonsetzer der Empire-Zeit störrisch und verzweifelt gegen die romantische Bewegung gestemmt habe, ohne hier, bei erlahmenden Kräften, einen eigenen Gegenentwurf des Musiktheaters konfrontieren zu können. Er habe in seinem vielleicht heroischen Scheitern nur der musikalischen Moderne den Weg verbaut. Auch Philipp Spitta hat in seinem 1892 erschienenen Aufsatz ›Spontini in Berlin‹ – der frühesten und entschiedensten Rechtfertigung des Komponisten und Dirigenten – an dieser grundsätzlichen Einschätzung nichts geändert: „Spontini selbst konnte es sich nicht verhehlen: er war unmittelbar nach einem glänzenden Siege von einem bisher kaum beachteten Gegner vollständig geschlagen worden. Dies mußte ihn um so tiefer treffen, als er sich bewußt war, in der ›Olympia‹ sein Höchstes geleistet zu haben. Es hätte allein vielleicht nicht hingereicht, ihm den Muth zu nehmen. Aber in dem ›Freischütz‹ trat ihm eine Seite des deutschen Wesens gegenüber, für die er kein Verständnis hatte. Diesen Gegner zu bekämpfen, fehlten ihm die Waffen." Die Gleichsetzung von romantischer Einbildungskraft und deutschem Wesen verhindert von vornherein eine unbefangene Beschäftigung mit dem abgewerteten Gegenstand. Nun wäre eine Umwertung des geschichtlichen Urteils, eine Neubesinnung auf den Rang von Spontinis für Berlin komponierten Opern eine Aufgabe der Musikwissenschaft und der Romantikforschung. Für die Diskussion um den preußischen Charakter der Berliner Romantik kann die Episode nur dann von Interesse sein, wenn sich in ihr ein symptomatischer Umbruch in der zeitgenössischen Kunstauffassung spiegelt. In diesem Sinn aber scheint mir der Fall Spontini ein Fall für das preußische Selbstverständnis nach 1814 zu sein.

2   Der ältere Brauch deutscher Fürstenhöfe, die Oper ausschließlich oder doch vorwiegend der italienischen Opera seria zu öffnen und italienische Komponisten und Generalintendanten an ihre Spitze zu stellen, hatte sich nach den Freiheitskämpfen nur im ultrakonservativen Sachsen uneingeschränkt gehalten: Hier bereits hatte Weber einen jahrelangen, zermürbenden und demütigenden Kampf um Repertoire, Besetzung und Aufträge gegen Francesco Morlacchi zu bestehen, ohne selbst auch nur *eine* Oper komponieren zu dürfen. Überall sonst hatten sich um diese Zeit die einheimischen Musiker neben den Italienern etablieren können. Dazu kam das gestiegene Ansehen der deutschen Kultur im Zeichen Goethes und die musikästhetische Geltung der deutschen Musik seit Beginn des Jahrhunderts. Spätestens nach Hoffmanns Beethoven-Rezensionen von 1812 galt die Trias aus Haydn, Mozart und Beethoven als das Vorbild jeder großen Instrumentalmusik, und blickte man in die Vergangenheit zurück, so ließen sich auch Bach und Händel, Johann Adolph Hasse und Gluck als deutsche Komponisten auffassen, zugehörig einer geheimen Tradition, bei der das Komponieren mit einem Schaffen aus der Inspiration gleichgesetzt werden konnte. Zwar hatten gerade die deutschen Opernmeister fast ausschließlich im italienischen oder französischen Geschmack komponiert, aber gegen die gefällige Äußerlichkeit der Romanen konnte man das Streben nach Vergeistigung der Affektdarstellung, nach dramatischer Einheit des musikalischen Geschehens und nach der genaueren Durchdringung von Kantilene und Instrumentalmusik als das Gemeinsame der deutschen Musik auch dort ausfindig machen, wo ihre Neuerungen am fremden Ort – wie beim Streit zwischen den Anhängern von Gluck und Piccini in Paris – oder im fremden Genre stattfanden, wie in Mozarts italienischen Opern. Besonders die von Mozart geleistete Erweiterung des musikalischen Ausdrucksbereichs in der Oper um die Wirkungen der reich entfalteten, klassischen Instrumentalmusik galt schon kurz nach der Jahrhundertwende auch außerhalb Deutschlands als untrügliches Kennzeichen für den deutschen Nationalcharakter in der Musik: Um 1820 trennen Rossini und der junge Stendhal gleich selbstverständlich die deutsche von der italienischen Schule. Und dieses Schlagwort, wonach eine Verquickung beider Kompositionsrichtungen dem waghalsigen Adepten je zum Schaden gereichen müsse, gehörte bald zu den in ganz Europa geltenden Glaubenssätzen der gebildeten Gesellschaft. Insofern ist die polemische Auseinandersetzung deutscher Musikkritiker der Romantik mit der welschen Musik geläufiger Gurgeln, äußerlichen Wohllauts und unvorbereiteter Effekte durchaus Teil eines allgemeineren Diskussionszusammenhangs dieser Zeit.

Mit einigem Recht konnte in Preußen die Avantgarde, gestützt auf Mozarts ›Zauberflöte‹, von der Friedrich Schinkel eine im großen Stil des Wunderbaren gehaltene Aufführung ausgestaltet hatte, und auf E. T. A. Hoffmanns ›Undine‹ (beide Aufführungen 1816), die Forderung erheben, daß gerade in der Hauptstadt des Staats, der vor allen anderen die deutschen Befreiungskriege getragen hatte, auch der Pflege der deutschen Oper beispielgebendes Vorrecht eingeräumt werden müsse. Und der Generalintendant des Opernhauses, Graf Brühl, unternahm die entschiedensten Anstrengungen zu einer Verwirklichung dieses Gedankens, für die er auf den Beifall und die Mitarbeit der Künstler und Kritiker bauen konnte. Zwar hatten die verschiedenen Ansätze zu einer deutschen Nationaloper nur wenig Verbindendes miteinander: Mozarts deutschsprachige Singspiele repräsentierten verschiedene Traditionsstränge, Peter von Winters ›Unterbrochenes Opferfest‹ (1796) und Beethovens ›Fidelio‹ als unterschiedlich fortgeschrittene Adaptionen der französischen Rettungsoper, dazu ein paar Versuche mit dem romantisch-komischen Volksmärchen in Wien – das alles gab ja noch keine in sich zwingende Entwicklungslinie hin zu einer eigenständigen deutschen Oper, die sich ebenbürtig neben der italienischen oder französischen hätte behaupten können. Der allen Versuchen gemeinsame Rückbezug auf das Singspiel (mit seiner Trennung in gesprochenen Dialog und volkstümlich-liedhafte Musiknummern) hatte auf Dauer sogar eher lähmende Folgen für die Ausbildung eines spezifisch deutschen romantischen Musiktheaters. Aber die Ansätze waren vielversprechend genug, die Forderung nach einer deutschen Oper von gleichem Rang wie die zeitgenössische Instrumentalmusik war auch kulturpolitisch so unabweisbar, daß die Absicht Friedrich Wilhelms III., als musikalischen Direktor der Berliner Hofoper einen Italiener zu berufen, auf Befremden und Empörung stoßen mußte. War eine so selbstherrliche und rücksichtslose Entscheidung des preußischen Königs nicht ein bewußter Affront gegen die vaterländische Bewegung, ein Fanal der einsetzenden Reaktion, deren Auswirkungen nach 1817 ohnehin auf allen Bereichen des politischen Lebens bereits spürbar wurden?

Die Pläne des Königs reichen weit bis ins Jahr 1814 zurück, als er während der Pariser Besetzung erstmals die beiden Werke hörte, die Gaspare Spontinis Ruhm begründet hatten: die 1807 uraufgeführte tragédie lyrique ›La Vestale‹ und den 1809 in Anwesenheit Napoleons aufgeführten ›Fernando Cortez‹. In ihnen hatte sich Spontini, bis dahin ein vielschreibender, leichtgewichtiger Dutzendkomponist der neapolitanischen Schule, aus deren Fesseln befreit und sich einem strengen, hoch pathetischen Klassizismus zugewandt, der sich musikalisch teils an Gluck und seinen französischen Nachfolgern, teils an Mozarts ›Don Giovanni‹ orientierte. Mit einem scharf ausgeprägten Kunstbewußtsein begabt, hatte Spontini schon in der (unmittelbar von Winckelmann herleitbaren) ›Vestalin‹ den Anspruch der bildenden Kunst, aus klassischem Stilgestus eine Neubegründung des Erhabenen durch das Sendungsbewußtsein des begnadeten Künstlers zu erzwingen, die Individualität des Genius und die vollkommene Kunstform in eins zu setzen, auf die Musik übertragen: Spontini strebt nach dem in sich geschlossenen, notwendigen Drama für Musik, bei dem jede Einzelheit der Charakterisierung und der Affektdarstellung, jede melodische Floskel und jede Bühneneinzelheit zwingend aufeinander bezogen sind. Mit dieser Forderung trennt er sich von der italienischen Oper vor ihm. Zugleich ist die Rückbesinnung auf Gluck nur der Ausgangspunkt, um von seinen Forderungen nach Schlichtheit der melodischen Geste, nach Wahrhaftigkeit des Ausdrucks und nach der Einbindung aller musikalischen Elemente in den dramatischen Gang der Handlung aus nach einer neuen Monumentalität der Oper zu streben, die weit über alle seine Vorgänger hinaus gesteigert wurde. Arie und Ensemble werden streng aufeinander bezogen, alle Nebenzwecke werden aus der Musik verbannt, um die Einheit des Geschehens und der Charaktere zu wahren. Zugleich aber wird nicht nur der Kunstanspruch der Musik so gesteigert, wie es das vorher nur für die Instrumentalmusik der Wiener Klassik gegeben hatte, sondern auch die Aufführung selbst – Bühnenbild wie Inszenierung – hat sich dem Außerordentlichen des großen Dramas anzubequemen. Die cäsarische Prachtentfaltung seiner Opern, die ihn später in so schroffen Gegensatz zur deutschen Romantik bringen sollte, gehört von allem Anfang an in sein dramatisches Konzept eines Klassizismus der Überwältigung. Spontini war sich voll bewußt, mit seiner ersten lyrischen Tragödie eine Revolution der Oper bewirkt zu haben, deren Folgen für sein eigenes Schaffen er schmerzlich klar vor Augen hatte: Die angestrebte Vollkommenheit des dramatischen Kunstwerks und die ihr korrespondierende Wirkungsabsicht, durch das Neue, Ungewöhnliche des starken Effekts den Theaterbesucher wie den Musikkenner in Bann zu schlagen, mußte den Komponisten vor den Zwang einer ständigen Selbstübertrumpfung stellen, weil er nur darin seinem eigenen Kunstgesetz genügen konnte. „Nach Gluck habe ich mit der ›Vestalin‹ die eigentliche Revolution des Musiktheaters bewirkt ... Mit ›Fernando Cortez‹ bin ich noch einen, mit ›Olimpia‹ drei Schritte weiter nach vorn gegangen", bekannte er später herrisch in einem Gespräch mit Richard Wagner. Aber diese ungestüme Vorwärtsbewegung im Kunstbewußtsein des Musikers ließ zugleich das Ungenügen am jeweils Erreichten wachsen: Das Arbeitstempo des Komponisten verringerte sich im umgekehrten Verhältnis zum Aufwand an Zeit; das Bedürfnis, die früheren Opern auf den jeweils neu erreichten Stand der Reflexion zu heben, dokumentierte sich in immer neuen Fassungen und Überarbeitungen. Hatte Spontini anfangs wie seine neapolitanischen Lehrmeister drei und mehr Opern im Jahr komponiert, so werden die Abstände zwischen seinen Hauptwerken danach immer länger. Als Friedrich Wilhelm III. Spontini begegnete, lag der Erfolg des ›Fernando Cortez‹ bereits fünf Jahre zurück, und seitdem hatte er nur ein frostiges Festspiel zur Wiederherstellung der bourbonischen Herrschaft in Frankreich komponiert. Für den preußischen König war die Problematik des Komponisten Spontini nicht erkennbar, wohl aber das Ungeheuere und Außerordentliche dieser titanischen Musikdramen. Er war von seiner Musik und von seinem theatralisch-repräsentativen Genie begeistert.

Ob der Gedanke, Spontini für Berlin zu gewinnen, wirklich vom König ausging oder diesem vom Komponisten nahegelegt wurde, ist heute nicht mehr mit Sicherheit zu entscheiden. Jedenfalls hat sich Friedrich Wilhelm III. in den langjährigen, zähen, am Ende noch beinahe scheiternden Verhandlungen mit der Berliner Verwaltung stets für Spontini eingesetzt und ihn schließlich durch einen Handstreich – gegen den erklärten Willen seines Generalintendanten Brühl – an die Berliner Oper verpflichtet. Graf Brühl hatte sich bereits 1815 in einem Gutachten gegen eine Berufung Spontinis ausgesprochen, und er hat auch in späteren Stellungnahmen die gleichen stichhaltigen Argumente gegen den Italiener vorgebracht: dieser sei nur durch zwei bedeutende Werke hervorgetreten. „Von beiden ist aber die erstere Oper unstreitig vorzüglicher als die letzte und gäbe beinahe Anlaß zu glauben, der junge Künstler habe seine ganze Fülle in der ersten Arbeit verschwendet. Diese Mutmaßung wird dadurch noch vermehrt, daß so Weniges von ihm erscheint." (Gutachten von 1815) Selbst wenn Spontini die verabredeten zwei Opern pro Jahr schreibe, sei der Kostenaufwand nicht zu rechtfertigen, wenn er nicht als Dirigent zur Verfügung stehe. Es sei aber erweislich, daß Spontini wie alle in Paris wirkenden Komponisten keine oder wenig Übung in diesem schwierigsten Geschäft habe und daß er überdies des Deutschen kaum mächtig sei. Später treten dieser Argumentation noch Bedenken gegen den herrschsüchtigen, anmaßenden und unverträglichen Charakter Spontinis bei, der diesem schon in Paris geschadet hätte und auf jede Zusammenarbeit vergiftend einwirken müßte. Graf Brühl war ein weitsichtiger, im Metier erfahrener und immer rechtlich denkender Intendant, der sich auch später im Rahmen des Möglichen um eine Zusammenarbeit mit Spontini bemüht hat. Und seine Einwände, auch moralischen Vorbehalte gegen den Starrsinn und das aufbrausende Temperament des Komponisten erwiesen sich in der Folge als durchaus begründet. Aber im Hintergrund der Überlegungen stand weniger das gekränkte Ehrgefühl des in seinen Rechten deutlich geschmälerten Intendanten als vielmehr die Sorge, ob durch die Verpflichtung Spontinis nicht die von Brühl geförderte, selbständige Entwicklung zu einer deutschen Nationaloper beeinträchtigt werde, ob Spontinis prunkvoll-exotische Ausstattungsopern nicht der

Musik einen falschen Weg in die leere Effekthascherei zeigen müßten Es sind Einwände gegen Spontini, die zur gleichen Zeit auch E. T. A. Hoffmann noch gegen ›Vestalin‹ und ›Cortez‹ vorbrachte.

Die theaterpraktischen Einwände Brühls hielten aber in einem Punkt nicht stand: Er hätte auch beim besten Willen dem königlichen Wunsch, zur Pflege der Musik einen berühmten Komponisten an die Berliner Oper zu ziehen, durch keinen Gegenkandidaten entsprechen können. Hoffmanns ›Undine‹ war nur ein Lokalereignis gewesen, und auch Weber konnte erst nach dem ›Freischütz‹ zum Parteinamen werden. Bis dahin hatte der Dresdener Kapellmeister auf der Bühne kaum mehr als Talentproben gegeben. Es gab keinen deutschen Musiker vom Rang Cherubinis, Simon Mayrs oder Spontinis. Im Gegenteil ließ sich argumentieren, daß von allen bedeutenden Opernkomponisten keiner in so engen Beziehungen zur deutschen Musik stehe wie gerade Gaspare Spontini. Seit der ›Vestalin‹ strebte Spontini nach einem modernen Musikdrama aus dem Zusammenspiel von großer Kantilene, dichtestem Instrumentalgewebe und dramatisch-heroischer Gestik, das der Gattung der Oper wieder den alten Rang neben und über der Symphonie verleihen sollte. Wenn es die Aufgabe der neueren Musik sein sollte, die „wahre Opera seria" wiederherzustellen, damit nicht „bald das höchste, was die Dichtkunst mit der Musik verbunden für die Bühne leisten kann, ganz verschwinden wird", so mußte Glucks tragisches Pathos mit der reichen Fülle von Mozarts Instrumentalgedanken verbunden werden, um so neben Beethovens Symphonien bestehen zu können. War das aber nicht genau der Vorsatz, der hinter Spontinis ersten Musikdramen stand? 1817 besuchte der preußische König in Paris eine Aufführung der Neufassung des ›Fernando Cortez‹, aus dem Spontini selbst nach Kräften die neapolitanischen Reminiszenzen, das Zerrissene der Anlage und viele Uneinheitlichkeiten der Stilhaltung getilgt hatte. Auch versprach er seinem Gönner, in der bereits weit geförderten ›Olympie‹ (nach Voltaires gleichnamigem Drama) eine erste, ganz aus *einem* Geist entworfene Tragödie für Musik zu schreiben, die auch als Kunstganzes einen neuen Begriff von den Möglichkeiten der großen Oper geben werde.

Man versteht von daher, warum E. T. A. Hoffmann seine anfängliche Ablehnung von Spontinis Schaffen schrittweise in deren Gegenteil verwandelt, und das in dem Maße, wie bei ihm die Einsicht in die Notwendigkeit einer romantischen Oper des erhabenen Stils wächst. Sein Willkommensgruß an Spontini erklärt diesen für die höchste Erfüllung der Oper, so wie Beethoven der größte Repräsentant der Symphonie ist. Friedrich Wilhelm III. hat – frei von musiktheoretischen Erwägungen – die Stellung seines neuen Generalmusikdirektors in der zeitgenössischen Musik ähnlich eingeschätzt: Für beide war die Frage nach der Romantik in der Musik nicht an die Herkunft des je schaffenden Komponisten gebunden.

Ganz im Sinn der Goethezeit stand eine ins Allgemeine ausgreifende Idee hinter jeder Einschätzung bestehender oder neu sich bildender Verhältnisse. Der vorsichtige Verweis auf den „echten deutschen Sinn", der sich nur dem Wahrhaftigen in der Musik erschließe, macht bei Hoffmann die Ablehnung einer national gebundenen Kunst deutlich. Spontini ist für ihn ein romantischer Komponist und darin soviel oder sowenig Deutscher wie jeder Genius, der aus dem Reich des Wunderbaren und Wahren seine Inspiration zieht. Der König aber, berauscht von der Verfügungsgewalt über alle theatralischen Mittel und fasziniert von der Möglichkeit, den führenden Opernkomponisten nach Berlin ziehen zu können und damit auf theatralischem Gebiet dem Bedürfnis nach Repräsentation eine wirkungsvolle Grundlage zu geben, vollzog nur die List der Vernunft, die darin bestand: Der repräsentativste Komponist war zugleich der esoterischste. Spontini kam aus dem für die deutsche Romantik fremden Paris und schien in seinen Opern für Kenner und Liebhaber die hochgespannten Erwartungen im frühromantischen Traum einer progressiven Universalpoesie zu erfüllen, die auch die Musik und die bildende Kunst mit umspannte. Das Deutsche war da noch nicht als national-vaterländisches Epitheton der Selbstabgrenzung verstanden.

3   Spontinis Schwierigkeiten waren von Anfang an vorgezeichnet, und der mit gewaltigem Aufwand ertrotzte Triumph seines ersten Jahres verdeckte nur locker den schwelenden Konflikt. Zunächst verdroß aus der Ferne bereits der enge Anschluß des Komponisten an den preußischen König, sein freilich unvermeidliches Überspielen des Grafen Brühl, weil sich darin die feudalen Kunstverhältnisse des 18. Jahrhunderts zu wiederholen schienen: 1817 hatte Spontini Friedrich Wilhelm III. eine Militärmusikfassung seines ›Grand Bacchanale‹ (für Salieris Oper ›Les Danaides‹) gewidmet, im Jahr darauf jenen pompösen ›Preußischen Volksgesang‹, der nach 1820 jährlich zum Geburtstag des Königs im Opernhaus aufgeführt werden mußte. Als es am 1. September 1819 soweit war, daß Spontini, ausgestattet mit außerordentlichen, aber nicht genau definierten Vollmachten zum „Ersten Capellmeister und General-Musik-Direktor" für zehn Jahre ernannt wurde, geschah dies unter Mißachtung der Usancen als ein Akt königlicher Willkür. Der Kontrakt enthielt aber noch mehr Konfliktstoff: Zu den ganz wenigen Pflichten Spontinis sollte die musikalische Leitung der Königlichen Kapelle und des Opernhauses gehören, dazu die Komposition von zwei großen, ersatzweise von drei kleineren Opern in jeweils drei Jahren – in der Auffassung der Zeit verständliche, eher bescheidene Anforderungen, denen Spontini bei seiner Kunstauffassung jedoch in keiner Weise genügen konnte. Er hat zwar seine eigenen Werke, dazu ausgewählte Opern von Gluck und Mozart dirigiert, mit großem Ernst und Erfolg. Aber er war, wie Brühl richtig vorausgese-

hen hatte, kein geschulter Dirigent und in allem Technischen auf fremde Unterstützung angewiesen. Und sein Drang nach Vollkommenheit ließ jede zeitliche Festlegung seiner Arbeitsweise beim Komponieren illusorisch werden. Auch hier hatte Brühl richtig prophezeit. In beiden Punkten war Spontinis Position damit vom ersten Tag an verwundbar. Dazu kam belastend ein vom König gnädig nachgesehener Wortbruch: Die für Berlin geplante Uraufführung der ›Olympie‹ fand (am 22. Dezember 1819) noch in Paris statt, so daß der mißtrauisch erwartete Opernmeister mit leeren Händen in die preußische Residenzstadt kam. Schon für die musikalische Untermalung der lebenden Bilder zu Moores ›Lalla Rookh‹ (aufgeführt immerhin erst am 27. November 1821) mußte er improvisieren und auf Musiknummern seiner früheren neapolitanischen Opern zurückgreifen.

Die Auseinandersetzung um Spontinis Rolle im Berliner Musikleben zerfällt in zwei deutlich getrennte Phasen: den heftigen Sachstreit mit Brühl um die Führung der Königlichen Oper, bei dem es auch um die Gestaltung des Repertoires ging (von 1820 bis zum Ausscheiden des Intendanten 1828), und den Kreuzzug zur Vernichtung des Italieners im Namen der deutschen Nationaloper, der 1827 mit einem hämischen Verriß des jungen Kritikers Ludwig Rellstab über ›Agnes von Hohenstaufen‹ einsetzte und erst mit der künstlerisch-moralischen Vernichtung Spontinis unrühmlich endete. Die ersten Jahre sind noch gekennzeichnet vom Nebeneinander unbestreitbarer Bühnenerfolge und leidenschaftlicher Kontroversen um den zukünftigen Weg der Gattung Oper, dann folgt nur mehr eine langgezogene Agonie, der starrsinnig weitergeführte, aussichtslose Kampf um die eigene Geltung. Noch in der Schlußphase entstehen dabei, aus kaum gebrochener Schöpferkraft, außerordentliche musikdramatische Leistungen, aber es sind Leistungen außerhalb der Zeit. Anders verhält es sich mit seinem Wirken zu Beginn seiner Berliner Zeit: Mit der Neufassung der ›Olimpia‹ hatte er 1821 seine drei Pariser Opern in Musteraufführungen auf die Bühne gebracht. Die Bühnenbilder und Ausstattungen, die Friedrich Schinkel für alle drei Werke entwarf, stellten Spontinis Musikdramen in den gleichen Zauberkreis des Phantastischen wie Mozarts ›Zauberflöte‹ und E. T. A. Hoffmanns ›Undine‹. Es ist ja nicht wahr, daß der Klassizismus der Napoleon-Ära und die romantische Kunstauffassung sich ausschließende Extreme darstellen. Schinkels Bühnenbilder verdeutlichen vielmehr, wie sehr die Läuterung der Kunst selbst im Volkstümlichen die Voraussetzung alles Romantisierens ist. Die ägyptischen Wunderbauten und die gestirnten Himmelsprojekte lassen in Mozarts Märchenoper den Schikaneder-Späßen sowenig Raum wie die mittelalterlichen Burglandschaften zu Hoffmanns Vorzeit-Sage der Traunfürwahr-Simplizität des Singspiels. Das Erhabene und die dichte Beschwörung des Exotischen überwältigen und erweitern die Einbildungskraft des Zuschauers. So mußten die mexikanischen Tempel- und Urwaldvisionen, vor allem aber die monumentalen Veduten einer historisch-mythischen Vorzeit des klassischen Altertums Fortsetzung und Einlösung des gleichen romantischen Kunststrebens sein. Besonders die ›Olimpia‹, in der sich Spontinis Sinn für die dramatische Verdichtung des musikalischen Geschehens und seine wuchtige Charakterisierungskunst mit einem neugewonnenen Raffinement verband, gegensätzliche Affekte und Zustände in *einen* Kontext zu zwingen, war für viele der Zeitgenossen die ideale Ausformung der hohen Oper aus modernem Geist. Zugleich stand außer Frage, daß das Musiktheater seit Gluck und Mozart kein vergleichbares Ereignis gesehen hatte.

Entsprechend suchte Spontini, die Berliner Oper auf diese moderne Wiederherstellung der Opera seria auszurichten. Er wollte das vorzügliche Ensemble erweitern, Chor und Orchester verstärken, die Sänger im hochdramatischen Stil sorgfältig ausbilden. Eine Vielzahl von Proben, eine maßlos strenge Disziplin der Solisten und Orchestermusiker, ein Unterwerfung heischender Stil des Dirigierens sollten jede Aufführung zu einem unübertrefflichen, vorbildlichen Ereignis machen. Und erst recht sollte der Spielplan von der großen Oper her bestimmt werden. Gluck, Mozart und Spontini hießen die Götter, von denen das Heil des Musiktheaters in Zukunft abhänge. Und die Rettungsopern, Singspiele und Divertissements erklärte er für musikalische Mißgeschicke und Narreteien („des misères, des niaiseries"). Wie sein Vertrauter Hoffmann glaubte er nicht an die Zukunft des romantischen Singspiels und war von daher auch Webers ›Freischütz‹ gegenüber ablehnend. Er hat sicher die Aufführung dieser und ähnlicher deutscher Opern nicht ausdrücklich verhindert. Aber sie schienen ihm weniger fördernswürdig als Werke, deren Kunstanspruch sie unmittelbar neben Beethovens Symphonien stellte. Hierüber kam es zu den ersten Zerwürfnissen mit Brühl, der die Zukunft der deutschen Nationaloper im Verfolg der Linie ›Zauberflöte‹, ›Fidelio‹, ›Undine‹ und ›Freischütz‹ sah und der in den widerwillig bewunderten Meisterwerken Spontinis nur die gesteigerte Wiederholung einer abgelebten Operntradition zu erkennen vermochte. Brühl drang auf Subordination, Spontini berief sich auf sein Vertrauensverhältnis zum preußischen König. Vermittlungsversuche und geänderte Dienstinstruktionen halfen in dem Konflikt sowenig wie die wechselseitigen Bemühungen der Betroffenen, zu einem einvernehmlichen Zusammenwirken zu gelangen. Zu unterschiedlich waren die Positionen, zu gegensätzlich die Parteinahme auf dem Theater. Es konnte dabei nicht ausbleiben, daß der Hader in die Öffentlichkeit drang, die fast von Anfang an gegen Spontini eingenommen war und ihn für das Scheitern der Berufung Webers nach Berlin verantwortlich machte. Wie angestrengt er auch sein Engagement für die deutsche Musik bekundete, wie hochachtungsvoll er auch Webers Werk gegenüberstand – die Stimmung war zunehmend gegen ihn. Und daß Brühl ausgerechnet in einem Kompetenzstreit über die Aufführung der ›Euryanthe‹ mit seinem Rücktritt drohte, half diese Ansicht noch befestigen. Spontini geriet durch seine Amtsführung immer mehr in die Rolle des fremden Gegners aller deutschen Kunst und des reaktionären Fürstendieners hinein. Ungeschickt in seinem verblendeten Stolz, jähzornig und von schlechten Ratgebern umringt, konnte sich Spontini schon nach 1823 nur durch den Glanz der von ihm geleiteten Aufführungen behaupten. Und durch einige wenige Auftragswerke, die er sich unter großen Mühen abnötigte.

Spontini war nicht blind. Er hatte E. T. A. Hoffmanns Wink auf den deutschen Charakter seiner Musik durchaus verstanden. Auch konnte er sich nicht verhehlen, daß der Begeisterungstaumel für Webers ›Freischütz‹ durch die Neuartigkeit der Musik, durch ihren Naturton und ihre zwingende Dramatik einfachster Mittel, ausgelöst war. Da er selbst auf seine Stellung in der von Gluck und Mozart herkommenden Tradition pochte, suchte er vom Beginn seines Berliner Aufenthalts nach Möglichkeiten, seine Kunst mit der romantischen Zeittendenz abzugleichen. Zwar taucht immer wieder einmal der Plan auf, seine frühe Pariser Oper ›Milton‹ (1804) zu einem großdimensionierten Hauptwerk auszubauen, aber die drei für die Königliche Oper geschriebenen Stücke sind ebenso viele Stadien in seinem Experiment der Annäherung an die Romantik. Ein Pendant zum ›Freischütz‹ zu komponieren verbot sich aus mehreren Gründen: Naturmagie und Idylle waren Spontini fremd. Fasziniert von den Geheimnissen der menschlichen Leidenschaft und von der Atmosphäre fremder Geschehnisse, fehlte ihm der Sinn für das deutsche Waldweben, für Zauber und Schauder der Natur, für den einfachen Volksliedton, in dem sich Empfindung und Stimmung durchdringen. Keine Frage, daß er weder die Wolfsschlucht noch den Zwergenspuk im Anfang von Marschners ›Hans Heiling‹ hätte komponieren können. Zum anderen war ihm die Gattung des romantischen Singspiels – die Mischung aus gesprochenem Dialog und Einzelnummer sowie die zwitterhafte Begründung der Musik aus der je anderen Bühnensituation – zutiefst suspekt. Er hatte selbst für Mozarts ›Zauberflöte‹ keine Sympathien. Daß es auch aus taktischen Überlegungen unklug gewesen wäre, die eigene Kunst für die Nachahmung des Rivalen zu nutzen, versteht sich. Aber der Orient, das Morgenland der Märchen und der weltschmerzlichen Reisenden, stand seiner musikalischen Phantasie offen. Schon in den Chorszenen und Balletten seiner Pariser Opern und im malerischen Pomp seiner Bühnenchoreographie war dieser Zug zum Exotismus spürbar geworden. In seinen Gesängen zu dem morgenländischen Poem ›Lalla Rookh‹ des Byron-Freundes Thomas Moore hatte er sich dann bereitwillig dem Zauber des Fremdartigen überlassen: „Als die Musik zu dem ›Fest der Rosen‹ begann, war dem Referent zumute, als schaue er an einem sonnenhellen warmen Frühlingstage in das reine glänzende Blau des wolkenlosen Himmels und es flüstere und kose in den dunklen Büschen wie süßer Liebestraum, und von den Schwingen des Zephirs, der dahinstrich auf lustiger Reise durch die Flur und Wald, berührt, erschlössen sich die Blumenknospen in brünstigem Verlangen, und ihre Düfte stiegen empor wie die Seufzer der Sehnsucht." Hoffmanns Schilderung gleicht ganz seinen Beschreibungen des fernen Zauberreichs in seinen Märchen, aus dem ja auch die Musik herstammt. Genau diese Absicht einer durchsichtigen, synästhetisch alle Grenzen verwischenden Beschwörung des Phantastischen in der Musik stand hinter den ersten beiden Opernschöpfungen Spontinis für Berlin.

In ›Nurmahal oder Das Rosenfest von Kaschmir‹ (der hölzerne Text stammt von C. A. Herklotz) spürt der Komponist nach dem koloristischen Reiz der musikalischen Erfindung und nach der Verbindung von melancholischer Welterfahrung und sinnbildlichem Traum. Er löst die Charaktere auf in flüchtige Traumchiffren und in das rezeptive, träumende Ich. Zugleich gewinnen alle Vorgänge die Augenblicksintensität der Vision und deren Folgenlosigkeit. Auf diesem Weg in ein romantisches Stoffgebiet – und nur die Fixierung auf Weber in Deutschland konnte Spontinis Sujetwahl als romantikfremd bezeichnen! – waren ihm teilweise die Errungenschaften seiner Musikdramen hinderlich: Er brauchte jetzt andere, rein malerische Farben in der Instrumentierung; die Augenblicke des Phantastischen mußten aus sich heraus tragen, und schließlich mußten auch die Empfindungen der Personen einen Hauch des Exotischen aufnehmen. Man hat sich über den altertümlichen Charakter des ›Nurmahal‹ (und des ihm folgenden ›Alcidor‹) gewundert und hat die Selbstentlehnungen ganzer Arien und Szenen mit der Ermattung der Inspiration beim Komponisten erklärt. Bei einem bloßen Gelegenheitswerk habe sich Spontini mit achtlosen Rückgriffen auf die Nummernoper, auf das Potpourri französischer Provenienz, zufriedengegeben. Der Rückgriff auf die italienische Spieloper des späten 18. Jahrhunderts ist unverkennbar: Spontini knüpft mit seinen Überlegungen wieder an, wo er auf seinem Weg zu Gluck einmal die andere Richtung eingeschlagen hatte: bei der Opera buffa, die ja zuerst eine spielerische, reich kolorierte Anschauung des Abenteuerlichen und Wunderbaren aus der Musik entwickelt hatte. Spontini separiert die einzelnen Nummern, die er in der ›Olimpia‹ fast aufgelöst hatte, um jeden musikalischen Augenblick für sich nehmen zu können. Und er vereinfacht die musikalische Struktur auf den melodischen Ablauf, bei dem jede Wendung gestisch umgedeutet werden kann. Dafür nutzt er jetzt exzessiv zwei Möglichkeiten der musikalischen Darstellung der älteren Spieloper: das Tongemälde (etwa das damals berühmte Traumquartett, das bloß auf dem Vokal a von drei Sopranen und einem Tenor ausgehalten wird) und die Ausweitung der Gesangslinie in der Koloratur. Archaisch anmutend in der Ornamentierung, wird in den unaufhörlichen Wiederholungen der abgewandelten Triller und Läufe ein Moment von auf der Stelle tretender Insistenz auf einer einmal gefundenen Formulierung sichtbar, das auf die neuen Ziele dieser Musik (hinter den scheinbar neapolitanischen Gemeinplätzen) hinweist: In der Auflösung der Gesangslinie öffnet sich die Melodie nach innen, wird durchsichtig auf eine teppichartige Verknüpfung der Elemente unterhalb der geschlossenen Oberfläche der Musik. In den regelmäßigen Formeln löst sich die Form selbst auf; das Weiterschreiben auf dem Punkt gibt dem Gesang phantastische Konturen, während die Einzelgestalt sich in der musikalischen Arabeske verliert und aufhebt. Es ist kein Zufall, daß sich Weber für die morgenländischen Tonmalereien im ›Oberon‹ ähnlicher Verfahrensweisen bedienen wird. Von Schinkel mit herrlichen Bühnenbildern ausgestattet – darunter der wunderbare Blick von einer Terrasse auf die Stadt Kaschmir –, wurde das „Gelegenheitswerk" am 27. Mai 1822 zur Hochzeit der Prinzessin Alexandrine mit dem Herzog Paul von Mecklenburg-Schwerin aufgeführt. Es wurde ein Achtungserfolg, der das Werk aber nur für wenige Jahre auf dem Spielplan des Generalmusikdirektors halten konnte. Immerhin gab Spontini von dieser Oper noch einen Klavierauszug heraus, während die späteren Werke unveröffentlicht blieben.

Mit seiner zweiten Oper ›Alcidor‹ (drei Jahre später uraufgeführt, am 23. Mai 1825, wiederum zu einer Fürstenhochzeit, diesmal der Prinzessin Luise von Preußen mit dem Prinzen Friedrich der Niederlande) wandte sich Spontini dann ganz der romantischen Märchenoper zu. Es ist eine Umdeutung des Märchens von den neun Bildsäulen aus ›1001 Nacht‹ zu einem Wettstreit zwischen Kriegsruhm und Liebe, wobei die flüchtig und nach Schema gearbeitete Handlung nur den Vorwand gibt für die Einlösung aller Märchenwunder auf der Bühne, wie sie von E. T. A. Hoffmann für die eigentlich romantische Oper gefordert war: fabelhafte Erscheinungen und Verwandlungen, der unversehens entschwebende Luftpalast der Genien und das sehnsüchtig beschworene Dunkel weiter Gartenanlagen, auf gestimmten Ambossen hämmernde Gnomen und klagende Sylphen – alles in diesem französisch-morgenländischen Feenmärchen ist auf eine Musik zugeschnitten, die nur von dem Wunderbaren handeln kann, dem sie nach romantischer Auffassung entspringt. Spontini hat sich für seine Komposition mit der Verfeinerung der im ›Nurmahal‹ verwendeten Mittel begnügt: dem reich verzierten, sich selbst verwirrenden Koloraturgesang in den Arien, den synästhetisch malerischen Toneffekten in den weit ausgreifenden Chor- und Orchesterpartien sowie in den reich ausgeführten, an Mozarts ›Zauberflöte‹ geschulten Finalszenen. Manche Szenen der sehr ungleich gearbeiteten Partitur gehören zum Vollkommensten, was Spontini überhaupt geschaffen hat, aber das zusammengeflickte Textbuch von G. M. Théaulon de Lambert, deutsch nachbuchstabiert von Herklotz, ließ eine gleichmäßige Inspiration kaum zu und gab überdies dem Dramatiker Spontini kaum die dürftigsten Anlässe, seine Kunst frei zu entfalten. Aber romantikfremd ist das Stück sowenig wie Webers ›Oberon‹. Hatte nicht gerade die Überzeichnung in die Arabeske und die Beschwörung einer ungebrochenen Sphäre des Märchens als der Inbegriff der romantischen Oper gegolten? Und zwar so wie hier im orientalischen „conte" und just nicht in dem Loreley-Halbdunkel des deutschen Waldes und in der Gemüthaftigkeit der Naturbeseelung, wie das – als eine unter anderen Möglichkeiten – Weber im ›Freischütz‹ vorgetragen hatte. Bei ihrer Aufführung machte die Oper im übrigen durchaus Eindruck auf das Publikum. Erst die lautstarke Opposition in der Presse ließ die Aufmerksamkeit langsam sinken und behielt damit gegen den unleidlichen Italiener und seine Hofpartei recht. Spontini gab sich geschlagen; wohl aus der Resignation vor seinen Gegnern, vielleicht aber doch aus der Erfahrung, daß dieser Weg für seine Vision des Musikdramas ungeeignet sei. Anfang März 1826 verabredete er mit dem erfolgreichsten und wendigsten Theaterautor nach Kotzebues Tod, mit Friedrich von Raupach, den Plan zu einer tragischen Oper aus der ritterlich-mittelalterlichen Geschichte Deutschlands: ›Agnes von Hohenstaufen‹. Das heroische Sujet seiner Pariser Dramen, aber in vaterländisch-romantischem Kostüm, ein Drama übersteigerter Leidenschaften, wenn auch in den finsteren Zeiten der Welfen und Waiblinger. Das sah für Spontini nach einer verlockenden Chance zur Wiedergewinnung des hohen Stils in der Oper aus, nach einer übersteigerten Aussöhnung von Klassizismus und Romantik. In überraschend kurzer Zeit entsteht der außerordentlich umfangreiche erste Akt des Werks, der am 28. Mai 1827 uraufgeführt werden konnte – zur ratlosen Verwunderung des Festpublikums, das sich nach Stunden mit der bloßen Exposition eines gänzlich unverständlichen Dramas abfinden mußte, und zur Freude einer feindlichen Theaterkritik, die den Musiker und Fürstenknecht zugleich ins Mark treffen wollte. Mit der vernichtenden Kritik Rellstabs in der ›Allgemeinen musikalischen Zeitung‹ (23.–26. Nummer) beginnt die zweite Phase in der Auseinandersetzung um Spontini in Berlin.

4 In den maßlosen Ausfällen gegen Spontinis Musik, provokant und gehässig im Ton, chauvinistisch in der Musikauffassung, brach sich der lang aufgestaute Zorn des sich fortschrittlich verstehenden, deutsch-nationalen Publikums Bahn. Der junge Rellstab konnte sich als Vorfechter der öffentlichen Meinung gerieren, wenn er dem Italiener am Preußenhof Unverständnis der wahren Musik, den Hang zu äußerlicher Prachtentfaltung, aber auch den Mißbrauch seiner einflußreichen Stellung, die Geg-

nerschaft zu Weber und seiner Schule vorwarf. Bis 1829 ließ sich Spontini den Streit nicht wirklich anfechten: Er komponierte fieberhaft am zweiten und dritten Akt der ›Agnes von Hohenstaufen‹. Er wollte seine Kritiker durch eine Schöpfung überzeugen, die er selbst für das Beste in seinem Werk und für eine nochmalige Steigerung des in der ›Olimpia‹ Geleisteten hielt. Das in jeder Hinsicht außerordentliche Bühnenwerk wurde, nach nur dreijähriger Kompositionsdauer, schließlich am 12. Juni 1829 zur Hochzeit des Kronprinzen Wilhelm (des späteren deutschen Kaisers) in Schinkels Dekorationen uraufgeführt.

Warum hat ein geborener Dramatiker wie er Raupachs Vorschlag fast unbedenklich aufgegriffen, obwohl ihm schon während des Anfangsstadiums seines Komponierens die Schwächen und Unzulänglichkeiten des Textbuchs hätten auffallen müssen? Eine ritterliche Historie aus dem Hochmittelalter war nach August Wilhelm Schlegels wie nach Madame de Staëls Auffassung das eigentliche, das romantisch-moderne Pendant zum Antiken-Kult des 18. Jahrhunderts. So konnte ihm eine Oper über die Hohenstaufen zugleich als Weiterführung und als Übertrumpfung der klassizistisch-vorromantischen ›Olimpia‹ gelten. Der Wechsel in der Draperie ließ, während alle exotische Farbigkeit dem Fresko aus der deutschen Vergangenheit gutgeschrieben werden konnte, die Entwicklung des musikalischen Dramas aus den inneren Konflikten ihrer überlebensgroßen Helden unbetroffen. Er konnte wieder an die übersteigerte Affektkunst seiner Pariser Opern anknüpfen und brauchte, geschützt durch sein „vaterländisches" Thema, nicht zu fürchten, daß seine Auffassung des Wunderbaren und Erhabenen in der Musik mit der von Weber oder Marschner in Konflikt geriet. Auf den ersten Blick wirkt seine Rückwendung zum Stil seiner früheren Opern außerordentlich rabiat, da er von den Errungenschaften seiner orientalischen Märchenopern buchstäblich nichts beibehält. Aus der Einsicht heraus, er müsse nun in den Jahren nach Webers Tod sein Äußerstes geben, um sich, als größter Musikdramatiker seiner Zeit, die Geschichte der Oper zu unterwerfen oder vor einer hämischen Clique von Kritikern zu kapitulieren, schiebt er alle Märchenstimmung als bloßes Nebengeschäft beiseite und versenkt sich so tief in die leidenschaftlichen Verwicklungen seines Sujets, als habe es zwischen seiner letzten heroischen Oper und der neuen kein Zwischenstück gegeben. Raupach lieferte ihm Anlässe zu szenischem Pomp, zu lyrischen Ruhepunkten in der Handlung, zu außerordentlichen Zwangslagen aller Beteiligten. Und das in beliebiger Fülle, wie es sich für einen seichten, aber effektsicheren Theaterpraktiker gehörte. Nur war Raupach als Librettist unerfahren. Er bezog seine Vorstellungen aus dem Singspiel und aus den melodramatischen Ergüssen seines Vorbilds Kotzebue. So ist ihm sein verwickelt-verworrenes Intrigenspiel um die Auseinandersetzungen zwischen den Staufern und den Welfen im heiligen deutschen Reich, in das die von den Umständen bis fast zur Katastrophe erschwerten Liebesgeschicke der Hohenstaufin Agnes und des jungen Heinrich, Heinrichs des Löwen Sohn, eingestellt sind, zu einem schwer verständlichen, in allem Durcheinander langweiligen Mittelalter-Tableau geraten, das dem Musiker die Aufgabe schwer genug machte. Spontini setzte auf die Macht seiner Einbildungskraft und auf seinen Sinn für den großen Bühneneffekt: Er schreibt schon im ersten Akt für ein bis dahin nicht gekanntes, Beethoven und seine eigene Oper weit hinter sich lassendes Ensemble, bestehend aus einem Riesenorchester, mehreren Chören und einer Vielzahl überforderter Solisten. Er studierte Raumers ›Geschichte der Hohenstaufen‹ und Werke über die mittelalterliche Kunst. Er suchte seinen Orchesterklang noch einmal zu verfeinern und zu intensivieren; er strebte nach musikalischer Glaubwürdigkeit auch unsinniger Textpassagen, nach der zwingenden Entfaltung großer Charaktere. Besonders der zweite Akt schien ihm, von der eindringlichen Kerkerszene bis zum Gewitterfinale, eine Schöpfung aus einem Guß zu sein, weit über den erhabensten Szenen seiner früheren Opern. Die Hoffnungen waren hochgeschraubt, die fast einmütige Verwerfung seiner Musik durch die Kritik, die kaum noch aufmerksam zuzuhören bereit war, hat Spontini dennoch nicht zugrunde gerichtet: Er verlor weder seine bockige Widerstandskraft, mit der er sich ein Dutzend Jahre länger gegen die öffentliche Meinung behauptete, noch auch seine Schöpferkraft. Er nahm sehr rasch die Arbeit wieder auf, rang über Jahre um die Vollendung seines letzten, als Krönung gedachten Meisterwerks – es sollte eine neue, schlackenlose Fassung eben der gescheiterten ›Agnes von Hohenstaufen‹ werden –, und für diese Aufgabe erfand er neue, revolutionäre Konzepte eines musikalischen Dramas, nie gehörte Klangwirkungen, ein raffiniertes Ineinander von melodischer und harmonischer Charakterisierung der Figuren wie des Geschehens. Aber sowohl sein Kampf gegen die Berliner Öffentlichkeit, immer zögernder unterstützt vom Hof und dem König, als auch das Ringen um *die* große, romantische Oper haben Züge einer Donquichotterie und sind überschattet von dem Wissen um die Aussichtslosigkeit des Unterfangens.

Äußerlich gesehen blieb die Auseinandersetzung zwischen Spontini und seinen Gegnern unentschieden, solange Friedrich Wilhelm III. lebte. Spontini focht erbittert gegen Graf Redern, der 1828 Brühl als Intendant nachgefolgt war. Aber er konnte immer schwerer sein Terrain behaupten, besonders als der König 1835 erstmals deutlich gegen ihn Partei nahm. Auch die Kritik kühlte nur in längeren Abständen an Spontini ihr Unmütchen, wenn sich aus der Nichtaufführung eines Werks oder aus einer nach außen gedrungenen Intrige ein flüchtiger Vorwand bot; denn Spontini war seit 1829 als Komponist verstummt. Aber auch hier konnte sich der Italiener in Berlin nicht verhehlen, daß keine seiner Anstrengungen um die neue ›Agnes von Hohenstaufen‹ ihm je das Publikum zurückgewinnen würde. Er schrieb für sich, er schrieb vielleicht für die Nachwelt, aber zugleich mit dem quälenden Gefühl, mehr und mehr aus der Gegenwart herauszugeraten, von neueren Komponisten überflügelt zu werden. Mindestens zum Teil war die ›Agnes‹ an sich selbst gescheitert: an der Konturlosigkeit von Raupachs Libretto. Die früheren Fassungen der Oper sind aus den erhaltenen Autographen schwer zu rekonstruieren, da Spontini die brauchbaren Partien jeweils in die spätere Fassung einzuarbeiten pflegte. Die Fassung von 1837 zeigt jedoch deutlich, worin Spontini den wichtigsten Mangel in Raupachs Libretto erkannte. Er vermißte den klaren Umriß der Charaktere und die geschichtliche Anschauung des Stoffes. Alles in Raupachs Text blieb vage und unbestimmt, mehr Rittertraum als Drama, mehr Fouqué als Raumer. Für die endgültige Fassung der Oper ließ Spontini Raupachs „lyrisches Drama" durch den Freiherrn von Lichtenstein von Grund auf umschreiben und in eine „große historisch-romantische Oper" verwandeln. Walter Scotts historische Romangemälde sind jetzt das Vorbild, Rossinis ›Guillaume Tell‹ (1829) und den französischen Opern Meyerbeers, Aubers, Halévys gilt die kritische Aufmerksamkeit des alternden Komponisten. Die politische Situation des Geschehens wird im Text vergegenwärtigt, die Konstellationen und Parteiungen zwischen den Agierenden werden auf die Bühne gebracht, die Motive hinter dem verworrenen Hakenschlagen der Handlung treten jetzt für den Zuschauer einsehbarer nach vorn. Zugleich legte Spontini Wert darauf, die Finalbewegung in den drei Akten schärfer herauszuarbeiten und die Handlungshöhepunkte (vor allem der beiden ersten Akte) zu mächtig ineinandergreifenden Effekten zu steigern. Er wollte noch einmal, kraft seiner beispiellosen szenischen Erfindungsgabe, seine jüngeren Konkurrenten aus dem Feld schlagen. Besonders den ihm verhaßten Meyerbeer, den er für einen Blender, für einen nach dem leeren Effekt suchenden Modekomponisten hielt. Das musikalische Drama brauche zwar den Effekt, die Bühnenanschauung, den überwältigenden Augenblick. Aber all das darf nur die Konsequenz innerer Konflikte sein, das szenische Zeichen für den wahrhaftigen Ausdruck tiefster menschlicher Empfindungen und Leidenschaften.

Musikalisch übernimmt er aus den früheren Fassungen die in sich geschlossenen, großen Zustandsnummern: die Arien Heinrichs und der Agnes, die kontemplativen Ensembles, die einen jeweiligen Augenblick in sich auffangen und reflektieren, die Festaufzüge und Märsche, die Jubel- und Trauerchöre. Sie alle sind samt Raupachs Text unverändert in die Ausgabe letzter Hand übernommen. In ihnen ist Spontini noch halb um eine deutliche Vereinfachung der ›Olympie‹-Verhältnisse bemüht – lineare Durchzeichnung eines Affekts oder einer Stimmung, gegen die dann die reich und differenziert behandelte Orchestrierung in Gegenmotiven und Zitaten angehen mag, Freistellung ruhender Momente aus dem Handlungskontinuum, ein gelegentlicher Seitenblick auf Webers Magie des einfachen Naturtons – halb dagegen sucht er nach einer noch stärkeren Differenzierung des Ausdrucks, nach einer noch genaueren Integration aller Einzelheiten ins Ganze einer Szene oder eines Aktes. Darin kommt es zu entschiedenen Neuerungen: die erste, heimlich vorbereitet in den überlangen Koloratur-Ketten der Märchenopern, ist die Auflösung einer periodisch gegliederten Melodik und ihre Ersetzung durch eine frei sich weiterspinnende, im Prinzip unabschließbare Melodie. (Die schönsten Beispiele dafür finden sich in den Arien des zweiten Aktes.) Ein fast beiläufiges Motiv verwandelt sich im Fortschreiten, bis als Ziel einer ganzen Nummer die Errichtung eines fast unpersönlichen Klangraums als Empfindungsraum gewonnen wird. Dieser Auflösung der Struktur, diesem Verzicht auf den zwingenden Einfall zugunsten eines sich entwickelnden Klangteppichs, durch den die Helden wie ihr Schicksal in die atmosphärisch dichte Gegenwärtigkeit einer Szene eingebunden werden, entspricht die weiterentwickelte Behandlung des Orchesters.

Spontinis Instrumentierung galt lange als undifferenziert und monoton. Das riesige Orchester diene stets nur dem Unterstreichen von Wirkungen. Es kenne kein Eigenleben, keinerlei Vielfalt des Ausdrucks. In Wahrheit hat schon der Pariser Spontini kühne Experimente mit den Orchesterfarben unternommen; er hat Soloinstrumente und Orchestergruppen zu selbständigen Partnern der Sänger und der Bühnengeschehnisse gemacht, und in den Märchenopern hatte er dann die malerischen Möglichkeiten eines Orchesters am romantischen Sujet erprobt. In der ›Agnes von Hohenstaufen‹ geht es ihm jetzt um die Verschmelzung aller differenzierten Stimmen zu einem in sich zusammenhängenden, in sich weiterwirkenden Stimmungsbogen. Gerade hier sucht er für die endgültige Fassung seiner Oper nach zeitlos gültigen Lösungen: Das legendäre Finale des zweiten Akts, dessen Partiturseiten durchweg mehr Stimmen notieren als selbst die exzentrischsten Partituren von Gustav Mahler, Richard Strauss oder Arnold Schönberg, ist der hybride Versuch, die Selbstübertrumpfung des Musikdramatikers bis an die Grenze des Gedankens vorzutreiben. In dieser Kirchenszene der aufgewühlten Empfindung und des Wirrwarrs in Geschichte und Natur stehen sich die Solisten, die gegeneinander antretenden Chöre und Orchesterblöcke – darunter ein eigenes Bläserorchester zur Nachbildung des dröhnenden Orgelklangs – schroff gegenüber. Nirgends wieder ist die Megalomanie Spontinis oder sein Denken in ungeheuren Klangdimensionen so einprägsam präsent wie hier, nirgends auch die Zerrissenheit und der offene Widerspruch in seiner Phantasie. Aber zugleich wird die Wirkung dieses Finales erzielt durch die erzwungene, unentrinnbare Einheitlichkeit. Alles wird zur Synthese angetrieben, und die Spannungen heben sich in der zäsurlosen Gleichmäßigkeit rhythmischer Grundmuster im Fortschreiten auf. Die Einschmelzung der Melodie und die Verbindung aller musikalischen Mittel zu einem einheitlichen Zweck dienen in der Schlußfassung der Oper einer Entgrenzung der Phantasie, einer rauschhaften Zuständlichkeit des Nachempfindens, in die Spontini – Ausgleich seiner Pariser und seiner Berliner Opernkonzeption – die Synthese seiner Bemühungen um die Oper setzte.

Spontinis Entwicklung in Berlin verläuft so gesehen alles andere als inkonsequent. Selbst das verzweifelte Weiterarbeiten an einem verfehlten Thema wie dem der ›Agnes von Hohenstaufen‹ ist in jedem Moment auf ein hartnäckig verfolgtes Ideal des Musikdramas ausgerichtet, das ihm zu erreichen freilich nicht vergönnt war. Die falsche Wahl eines Librettos, ungefährlich für die Mehrzahl der italienischen und französischen Komponisten seiner Zeit, mußte bei einem so selbstkritischen Anspruch zur Katastrophe führen. Gerade der Kunstanspruch, das Geschehen ganz aus der Musik lebendig werden zu lassen, läßt den Erfolg nicht zu: das gilt für Webers ›Euryanthe‹ ebenso wie für Spontinis unendlich ehrgeizigere ›Agnes‹. Auf das Berliner Publikum brauchte er nicht zu bauen. Die Neuaufführung am 6. Dezember 1837 wurde kaum als Novität überhaupt aufgefaßt. Weitere Pläne kamen nicht mehr zur Durchführung. Vier Jahre hielt sich Spontini noch im Amt. Eine unglücklich heftige Erwiderung auf einen Zeitungsartikel, seine angebliche Subordination unter den Grafen Redern kompromittiere das Wort zweier preußischer Könige, lieferte dann den Vorwand für seine Entlassung. Redern erhob Anklage wegen Majestätsbeleidigung, das aufgehetzte Publikum jagte Spontini bei einer Aufführung des ›Don Giovanni‹ (am 20. April 1842) aus dem Haus. Ein später aufgehobenes Urteil auf Festungshaft, der demütigende Weggang aus Berlin waren das Ende. Wenige Einsichtige waren, wie Bettina von Arnim, entsetzt. Aber auch bei ihnen wich das Gefühl der Beschämung jener bis heute verbreiteten Überzeugung, hier sei heftig zwar, doch nur ein Anachronismus vor der Geschichte behoben worden. Im Grunde habe bereits 1820 die deutsche Romantik über den welschen Klassizismus gesiegt, und Spontini habe vergeblich sich gegen den Fortschritt gesträubt. Die gleiche Verbindung von vaterländischer Gesinnung und Kunsturteil hatte freilich auch manchen der Berliner Romantiker in Literatur, Kunst und Musik vor dem Italiener zum Verhängnis gereicht. Und selbst Goethe hatte bekanntlich nach 1814 sehr dafür zu leiden, daß seine Auffassung von Kunst eine weltoffene, dem nationalen Tagesinteresse zuwiderlaufende gewesen war. Gaspare Spontinis Scheitern in Berlin, das kein Scheitern des Musikers gewesen war, ist so etwas wie ein *tableau vivant* für die Umkehr der deutschen Romantik nach 1814.

IV Zwei Arten von Volksliteratur

Friedrich der Große als Theaterheld

Lothar Schirmer

Im Anschluß an eine Festaufführung des Manöverbildes ›Doeberitz‹ von
Joseph Lauff – eine Huldigung an Friedrich II., der den Zweiten Schlesischen Krieg siegreich beendet hatte – erklärt Wilhelm II. am 29. 3. 1903
unter Anspielung an das auf dem Theater Dargestellte: „Sie sahen den
ganzen Jammer und das Elend deutscher Kleinstaaterei. In diesen Jam-
merzustand der Ohnmacht und Zerrissenheit fuhr der lorbeerumkränzte
preußische Degen, geführt von der Hohenzollernhand des Großen Friedrichs, und ,stabilierte' sein Reich als Basis, auf der einst Kaiser Wilhelm
der Große das neue Deutsche Reich errichten konnte. Das war eine schöne, herrliche und große Zeit." Indem Wilhelm II. an die Proklamation
des neuen deutschen Kaiserreiches nach dem Deutsch-Französischen
Krieg 1870/71 erinnert, wird das schon fast vergessene Bild der überschäu-
menden Begeisterung erneut heraufbeschworen, die die nationale Einigung als Ausdruck nationaler Größe und, durchsetzt mit religiösem Pathos, als eine Fügung Gottes aufgefaßt hatte.
   In dieser allgemeinen Euphorie glauben viele, der militärische Sieg be-
deute gleichzeitig einen Sieg der deutschen Kultur. Doch die Gründung
des Nationalstaates führt nicht zur kreativen Entfaltung der Künste; vielmehr unterwerfen sie sich dem Bestreben nach Nationalisierung, so daß
das Reich neben einer Reichsnation zwangsläufig eine Reichskultur erhält. Die dramatische Literatur und das Theater fördern diese Entwicklung. „Die Spielpläne der deutschen Theater nach dem Krieg von 1870
vermitteln den Eindruck, als habe die siegreiche Armee ihre Operationen
von den Kriegsschauplätzen auf die Bühnen des Landes verlegt, ohne
ihren Siegeszug im geringsten zu unterbrechen." Neben dem aktuellen
Militärstück bemächtigen sich mehr und mehr historische Dramen der
Bühnen – vor allem in Preußen. „Man plündert die Geschichte, um mit
ihr zu protzen. Großartige Kostüme, Glanz und Blut, ein Tanz von Macht
und Eros sind nicht selten das einzige, was man in der Geschichte sucht."
Mit dem Rückgriff auf historische Stoffe kommen die Theater dem Un-
terhaltungsbedürfnis des aus dem Kleinbürgertum drängenden Massen-
publikums entgegen, in dessen Nationalstolz der Ersatz für individuelle
soziale Aufstiegserfolge ebenso zu sehen ist wie die Befriedigung an der

Ernst von Possart (1900/01)

Karl Häusser (1900/01)

Walter Schmidthässler (1907)

Carl Clewing (1912)

kollektiven Teilnahme des augenfälligen Machtzuwachses. Diese Stücke erweisen sich einerseits als eine ertragreiche Einnahmequelle für die Theater, sie liefern andererseits eine der ideologischen Konstanten der wilhelminischen Gesellschaft, die Vor-Bilder für das eigene Zeit-Bild.

Aus dem breiten Spektrum historischer Dramen werden drei Beispiele näher erläutert, in deren Mittelpunkt jeweils die Gestalt Friedrichs des Großen steht, der schon zu Lebzeiten als Figur auf dem Theater erscheint. Während er in Lessings ›Minna von Barnhelm‹ (1767) noch unsichtbar bleibt und nur verdeckt in die Handlung eingreift, betritt er erstmals in Johann Jacob Engels ›Der Edelknabe‹ (1772) als Hauptfigur die Bühne. Abgesehen von Lessings Lustspiel sind die bis zum Tode Friedrichs verfaßten Stücke als Huldigung an den Regenten gedacht, nach 1786 erhalten die Dramen – mehr oder weniger offenkundig – eine idealisierende Tendenz, mit der die Autoren beabsichtigen, „durch Beschwörung des geliebten Schattens der patriotischen Stimmung ihrer Zuhörer entgegenzukommen".

„Die Riesenarbeit der Idealisierung", die Schiller vorzunehmen ablehnt, nachdem er sich einige Zeit, einer Anregung Theodor Körners folgend, damit beschäftigt hat, „aus einer merkwürdigen Action ... aus einer unglücklichen Situation, welche Friedrichs Geist unendlich poetischer" erscheinen läßt, ein episches Gedicht zu schaffen, in dem „Statistik, Handel, Landeskultur, Religion, Gesetzgebung ... mit drey Worten lebendig dargestellt werden" könnten, bleibt im 19. Jahrhundert minderklassigen Literaten vorbehalten. Ihre Werke zeigen jedoch weder den Menschen Friedrich noch seine historische Bedeutung, sie lassen vielmehr ein Friedrichbild erstehen, das ihren und ihres Publikums Wünschen entspricht. Ausschlaggebend für Schillers negative Entscheidung ist seine generelle Haltung zum Verhältnis von Dichtung und Nation: „Das vaterländische Interesse ... ist überhaupt nur für unreife Nationen wichtig. Ein ganz andres Interesse ist es, jede merkwürdige Begebenheit, die mit Menschen vorgieng, dem Menschen wichtig dazustellen. Es ist ein armseliges kleinliches Ideal, für eine Nation zu schreiben" (Brief an Körner vom 13. 8. 1789).

Allerdings wird die Idealisierung des Friedrichbildes in größerem Maße nicht von der Literatur, sondern von der nachromantischen Historiographie vorangetrieben, auf deren Ergebnisse sich dann die Literaten stützen. Schon Leopold von Ranke wertet Friedrich als den Monarchen, der Preußen zu einem eigenständigen und gleichberechtigten Mitglied des europäischen Staatensystems erhoben und damit seine Weltgeltung geschaffen hat. Demgegenüber betont Johann Gustav Droysen die nationale Bedeutung Friedrichs; in ihm sieht er die politische Leitidee des preußischen Staates, die deutsche Nation zu einigen, angelegt. Das Schlagwort vom „deutschen Beruf Preußens" drückt dies in verknappter

Form aus. Auch Heinrich von Treitschke hebt den nationalen Aspekt hervor, da Friedrich in der Mitte Deutschlands ein Volk mit lebendiger Staatsgesinnung zur bislang höchsten Machtentfaltung geführt hat.

Die hier nur skizzierten Erträge historischer Forschung haben gemeinsam, daß „das wissenschaftlich gebildete Urteil ... weitgehend abhängig bleibt vom politischen Gegenwartsgefühl des Schreibers", der damit „grundsätzlich kaum anders als die Literaten" reagiert. Obwohl die Verbreitung der historischen Untersuchungen nicht zu hoch eingeschätzt werden darf, prägen sie doch, durch die politische Publizistik einem Massenpublikum vermittelt, zusammen mit der populären Biographie von Franz Kugler und Adolph Menzel das Friedrichbild des 19. Jahrhunderts. Ihm wächst nach 1870/71 insofern eine besondere Bedeutung zu, als im deutschen Kaiser der lang ersehnte Vollender friderizianischer Absichten gesehen wird. Der Hohenzoller Wilhelm I. verwirklicht die bei Friedrich bereits ausgebildete preußische Sendung; mit der Gründung des deutschen Nationalstaates unter preußischer Führung erhebt die nationale Erinnerung Friedrich den Großen zum „Alten Fritz".

Beispiel 1: Das Ideendrama. Die Zensur behindert den Theaterhelden

Nach den Ereignissen des Jahres 1848, in deren Folge auch in Preußen die Zensur abgeschafft und die „Preßfreiheit" in die preußische Verfassung von 1850 aufgenommen wird, unterstehen die Theater als Orte öffentlicher Veranstaltungen weiterhin dem Königlichen Polizeipräsidium, das auf Grund der Verordnung vom 10. 7. 1851 oberste Zensurbehörde bleibt. Vor den Aufführungen müssen die Stücktexte dem Polizeipräsidenten vorgelegt werden, der zu prüfen hat, ob sicherheits-, sitten-, ordnungs- und gewerbepolizeiliche Bedenken bestehen. Dieses bis 1918 gültige Verfahren unterliegt in einer Hinsicht zusätzlichen Bedingungen; denn in der immer noch verbindlichen Kabinettsorder vom 20. 4. 1844 hat Friedrich Wilhelm IV. verfügt: „Überhaupt aber sollen in Zukunft theatralische Vorstellungen von Stücken, in welchen verstorbene Mitglieder Meines Königlichen Hauses die Szene betreten, nur dann Statt finden dürfen, wenn dazu Meine Erlaubniß ausdrücklich eingeholt worden ist." Diese eindeutig politische Maßnahme – vordergründig zum Schutz von Ansehen und Würde des Königshauses getroffen – richtet sich in erster Linie sowohl gegen satirische Lokalstücke, in denen der König zunehmend zur Zielscheibe der Kritik wurde, als auch gegen jungdeutsche Dramen, in denen ein liberaler Friedrich II. als vorbildlicher Regent dargestellt wurde; darüber hinaus sind aber alle Theaterstücke betroffen, in denen Mitglieder des Königshauses auftreten, unabhängig von Inhalten und Aussagen.

Autoren und Theaterleiter suchen seitdem das Verbot phantasievoll zu umgehen. Als einfachste Lösung bietet sich die Umbenennung eines Stückes an; so wird Karl Töpfers ›Des Königs Befehl‹ in ›Des Herzogs Befehl‹ umbenannt, und der König, nun zum Herzog degradiert, tritt dennoch in der Maske Friedrichs des Großen auf. Ebenso einfach ist die Namensänderung im Rollenverzeichnis; aus dem „General von Hohenthal, Kommandant von Potsdam" wird in Sterns historischem Zeitbild ›Ordre pariren‹ ein „Kommandant der Residenz". Gelingt es auch in einigen Fällen, die Zensur so zu umgehen, so bleiben die meisten Dramen von ihren Eingriffen nicht verschont. Einen anderen Versuch, den Preußenkönig für das Theater zu retten, unternimmt Wilhelm Vogel in seinem Lustspiel ›Ein Handbillet Friedrichs des Großen‹. Ein alter General, begeisterter Gefolgsmann des Königs, kopiert Friedrich in Maske, Haltung und Sprache und hat zudem seine Wohnung nach dem Vorbild von Sanssouci eingerichtet. Da der wirkliche König durch Versendung eines Briefes entscheidend in die Handlung eingreift, wird das Einschreiten der Zensurbehörde unmöglich gemacht und der Zuschauer nicht um das Vergnügen gebracht, den „Alten Fritz" auf der Bühne zu sehen.

Auch erfreut sich die Kabinettsorder bissiger Kommentare der Berliner. In Meyerbeers Oper ›Ein Feldlager in Schlesien‹ muß Friedrich der Große sein Flötensolo hinter dem Vorhang spielen; die Berliner spotteten, der Alte Fritz sei flöten gegangen. Und als Gutzkows Drama ›Zopf und Schwert‹ verboten wird, sehen Berliner Gazetten als Grund die Tatsache an, daß ein König in dem Stück rauche; denn sonst, so glossieren sie, hätte das Publikum wahrnehmen können, daß ihm blauer Dunst vorgemacht werde. Selbst dem Königshaus loyal gesinnte Kreise melden Kritik an: Der Polizeipräsident von Hinckeldey sieht in der Verfügung eher Schaden als Vorteile. „Das Volk ist so daran gewöhnt, den großen König in seiner schlichten Gestalt, wie sein Bild jedem Einzelnen im Preußischen Volk vorschwebt, zu verehren und ihn mit einer populären Bezeichnung zu benennen, daß es in dem mit der Attribution der Majestät umkleideten König Friedrich II. denjenigen nicht wiedererkennen würde, den es als seinen Freund, gleichzeitig aber auch als den Schutzgeist Preußens und seines Königlichen Hauses verehrt. Friedrich der Große nimmt unter allen Regenten des Preußischen Staates eine so eigentümliche Stellung ein, daß die Maßregeln ... sich rücksichtlich Friedrichs des Großen als überflüssig erweisen ... Die Stücke, in welchen Friedrich II. handelnd vorgeführt wird, sind durchweg patriotischer Tendenz und wirken auf die Liebe zu König und Vaterland mächtiger ein als jeder andere Bühnenstoff." Doch auch dieser Vorstoß bringt keine Änderung; erst 1884 erscheint eine Liste mit vorwiegend älteren Stücken, die generell freigegeben werden; ihr folgt ein halbes Jahr später eine Erläuterung, nach der Aufführungen erst dann erlaubt sind, wenn das auftretende Mit-

glied des Königshauses länger als 100 Jahre tot ist. So kann nach 1886 der „Alte Fritz" als Theaterheld die Bühne betreten, vorausgesetzt es bestehen keine inhaltlichen Einwände.

Wie restriktiv diese Prüfungen immer noch gehandhabt werden, ist den überlieferten Theaterzensurakten zu entnehmen. So wird am 22. 3. 1898 die Erlaubnis zur Aufführung des Lustspiels ›Der wilde Reutlingen‹ nur unter der Auflage erteilt, einen Satz zu streichen. Die inkriminierte, Friedrich betreffende Stelle heißt: „Wie kann ein großer König so klein denken." Angesichts derartiger Eingriffe ist es nur zu verständlich, daß alle Bemühungen, ein Ideendrama über Friedrich den Großen im Sinne Schillerscher Überlegungen zu schreiben, scheitern mußten; denn ein Drama nach seiner Maxime, die historische Wahrheit habe sich den Gesetzen der Dichtkunst unterzuordnen und der gegebene Stoff sei nach ihren Bedürfnissen zu bearbeiten, hätte nie den Zensor unverändert passiert. So bleiben die wenigen Versuche, den Vater-Sohn-Konflikt um Friedrich Wilhelm I., den jungen Friedrich und seinen Freund Katte zu dramatisieren, von den Theatern in Preußen verbannt. Dies betrifft sowohl frühe Arbeiten wie Julius Mosens Trauerspiel ›Der Sohn des Fürsten‹ (1843) oder Heinrich Laubes Schauspiel ›Prinz Friedrich‹ (1847) als auch das Schauspiel ›Der junge Fritz‹ von Ferdinand Bonn, das 1898 aus „ordnungspolizeilichen Gründen" abgelehnt wird. Hinter den historisch unbestrittenen Differenzen zwischen dem soldatisch strengen Vater und dem der Philosophie und den Künsten aufgeschlossenen Sohn, die mit der gescheiterten Flucht und mit dem Tod des vor Friedrichs Augen exekutierten Katte 1730 enden, verbirgt sich mehr als nur der Widerwillen des Kronprinzen vor dem Waffenhandwerk; vielmehr handelt es sich um einen Identitätskonflikt, der sich in der jugendlichen Rebellion gegen die vom Vater vertretenen Werte wie Pflichterfüllung, unbedingtem Gehorsam und Selbstaufopferung für den Staat äußert. In seinem Schauspiel thematisiert Ferdinand Bonn diese Ereignisse als Konflikt zwischen der Staatsräson und dem individuellen Schicksal, der im Sinne des höher zu stellenden Staates gelöst wird. In „vaterländischem Geist" entscheidet sich Katte gegen seine persönliche Freiheit um seines Freundes und um Preußens Zukunft willen, nachdem Friedrich Wilhelm ihm die Bedeutung des Kronprinzen für den „deutschen Beruf Preußens" dargelegt hat: „Deutsche Herzen, deutsche Männer gibt es, aber Deutschland gibt es keines. Und es wird, es muß wieder eins geben! Ein starkes, einiges, großes deutsches Reich! Unsre Nachbarn freuen sich unserer zerstückten Kraft, und so lange nicht ein deutscher Stamm die Führung übernimmt, bleiben wir Knechte ... Jetzt ist mir klar, daß wir die Führer sein müssen. ... Preußen braucht einen großen König, damit Deutschland durch ein großes Preußen groß wird." Mit den Worten: „Grüßt mir meinen Fritz. Für ihn – für Deutschland. Hurrah!", wählt Katte den Weg in den Tod. Zwar stellt Ferdinand Bonn nationale Werte als vorbildliche Tugenden heraus, doch ist sein Stück zu sehr mit Angriffen des jungen Fritz gegen seinen Vater erfüllt. Der aufbrausende Jüngling schleudert ihm nach seines Freundes Tod mehrmals die Worte „Mörder! Mörder!" entgegen und nennt ihn einen „verfluchten Henker", ein Verhalten, das dem Selbstverständnis eines gottbegnadeten Königtums nicht tragbar erscheinen kann,

Quantz:

Ma — ma — jeſtät — i — i — ich — bi — bi —
bibibi — bi —

König:

Der Kerl redet wahrhaftig ~~wie ein verrückt gewordenes Huhn.~~ Was hat Er denn?

Keith:

Er hat den Datterich, Majeſtät!

König:

Halt' Er ſein loſes Maul, bis ich Ihn frage. (Er ſtreckt ſeinen Fuß aus und tritt auf Katte.) Oho, da iſt ja noch Einer. (Er zieht Katte hervor.) Aha, dacht' ich's doch! ~~Der Librian~~ iſt auch dabei!

(Alle ſtehen in einer Reihe dem König gegenüber.)

Alſo ſo amüſiert man ſich hinter meinem Rücken! Er ſollte geſcheiter ſein, Katte, und ſich ſchämen. Iſt das ein Zeitvertreib für einen Soldaten? Für diesmal drei Tage auf die Latten! Marſch! (Katte wendet ſich militäriſch und marſchirt ab.) Du, Wilhelmine, biſt natürlich bei allen Durchſtechereien. Damit Du Dich beſinnſt, kannſt Du die nächſten acht Tage auf Deinem Zimmer bleiben. Marſch! (Wilhelmine knixt. Ab.) ~~Er verdammter Tellerlecker,~~ Ihn hätt' ich gute Luſt, zum Teufel zu jagen. Er macht den Spion und den Helfers= helfer, das weiß ich ſchon lang. Still da, nicht gemuckſt. Er geht ſofort zum Profoß auf die Schloßwache und läßt ſich fünfundzwanzig aufzählen!

Keith:

Fünfundzwanzig, Majeſtät?

König:

Jawohl, wenn Er ſich beſinnt, werden's noch mehr! (Keith raſch ab.) Und Er da, ~~Er Kerl mit der Hühnerſprache,~~ wenn Er ſich noch einmal unterſteht, nach Berlin zu kommen, ~~ſo mach' ich ein Friceaſſée aus Ihm und ſchid' Ihn in einer~~

Ferdinand Bonn: ›Der junge Fritz‹. Schauspiel aus Deutschlands Geschichte in vier

~~Schüssel an meinen Vetter August nach Dresden zurück.~~ — Scheer' Er sich schleunig zu allen Teufeln, Er ~~königlich-säch-sischer~~ Dudelsackspfeifer! (Er wirft ihm den Schlafrock an den Kopf, in den sich Quantz verwickelt.) Da hat Er was zum An-ziehen, ~~Er Schlafrock~~, und jetzt raus, eh' mir die Galle überläuft.

(Er giebt ihm noch eins mit dem Stock. Quantz schreiend hinaus.)

König. Fritz.

König:

Und jetzt kommt mein lieber Successor! (Nach einer Pause): Du willst also ein Querpfeifer und Poet werden, Fritz? ~~Bist ein schlechter Soldat und ein miserabler Christ~~ — Du — ein künftiger König!

Fritz:

Ein König braucht ~~kein Soldat sein und kein Dekonom~~! ~~Er muß~~ nur König sein!

König:

Du wirst noch anders denken! Hier auf dem Boden, wo wir stehen, muß der König Soldat sein. Fritz, willst Du ein frommer Soldat werden?

Fritz:

Ich will ein gewaltiger König werden!

König:

~~Ein gewaltiger Esel wirst Du~~ bleiben mit Deiner Flöte und Deinen französischen Büchern! Du bist kein Mannsbild, bist auf dem Wege, ein Geck zu werden, ~~ein Damoiseau~~ — ~~ein Damoiseau aber ist ein Lump, ein schnöder Kerl~~, zu nichts nutz in der Welt, als zu Nasenstübern! Du ~~winnisterst~~ mir zu viel beim Gehen und Sprechen — hältst Dich allzeit krumm und schief beim Essen und beim Reiten. Wer aber den Kopf zwischen den Ohren hangen läßt und schlotterig ist, ~~der ist ein Lumpenkerl!~~ Siehst Du das ein, Fritz?

Akten mit von der Zensur verfügten Strichen

obwohl die Tendenz des Schauspiels durchaus in die ideologische Richtung des wilhelminischen Staates gepaßt hätte. Die wenig königlichen Ausfälle Friedrichs dienen der Ablehnung nur als Vorwand; denn in der Entscheidung des Ministeriums des Innern bezüglich des Schauspiels ›Preußengeist‹ von Paul Ernst, das denselben Konflikt behandelt, wird der eigentliche Grund deutlich. Die Erlaubnis zu einer Aufführung wird deshalb versagt, „weil Seine Majestät der Kaiser und König nach wiederholt kundgetaner Willensmeinung diesen tragischen Konflikt aus dem Leben Allerhöchst ihrer Vorfahren überhaupt nicht auf die Bühne gebracht zu sehen wünschen" (Schreiben vom 19. 9. 1914).

Nach dieser Grundsatzentscheidung kann der für einen Dramatiker einzig reizvolle Konflikt aus dem Leben Friedrichs II. auf preußischen Bühnen nicht zur Darstellung gelangen. Trotzdem bemüht sich Emil Ludwig um die Genehmigung für sein Schauspiel ›Friedrich, Kronprinz von Preußen‹, indem er den Gegenwartsbezug des historischen Stoffes betont. „Die Darstellung ... ist nun – im Anschluß an den historischen Abscheu Friedrich Wilhelms I. vor den Plänen der englischen Heirat, wie auch vor den welschen Neigungen seines Sohnes – so erfüllt von Seitenhieben gegen englische Machenschaften, französische Sitten und russische Falschheit, daß das Werk mit einem Mal eine starke, zeitgeschichtliche Bedeutung gewonnen hat und nach der Voraussicht der Fachleute gerade jetzt ein kräftiges nationales Echo finden dürfte. Da zudem hier zum ersten Mal auf die Gestalt des Vaters alles Licht geworfen und alle Teilnahme gerade für ihn als Sinnbild preußischer Zucht aufgerufen wird, so daß er in Wahrheit der eigentliche Held des Stückes genannt werden kann, würde das Ganze, mit der allmählichen Wandlung des Kronprinzen zur Selbstzucht, als Beispiel einer Gesittung dienen, die gerade jetzt sich gegen eine Welt von Feinden siegreich behauptet." (Brief vom 14. 11. 1914) Wie nicht anders zu erwarten, wird Ludwigs Gesuch abgelehnt, und das Stück außerhalb Preußens, am Deutschen Schauspielhaus in Hamburg, im Februar 1915 uraufgeführt. Die Theaterkritik gibt der Argumentation des Autors recht, sein Schauspiel wird als „vaterländische Dichtung" gelobt, die den Geist zeige, „dem Preußen und durch Preußen Deutschland seine große Entwicklung zu danken hat" (›Berliner Börsen Courier‹, 16. 2. 1915). Die Tugend Friedrich Wilhelms, „der als erster erkannte, was dem aufstrebenden Preußen schon damals not tat und was unserem größeren Vaterlande jetzt mehr not tut als in all den Jahren seines Bestehens", feiert die ›Frankfurter Zeitung‹ (16. 2. 1915), während die ›Kölnische Zeitung‹ in Umkehrung von Kants Gedanken „den kategorischen Imperativ des preußischen Staates" (16. 2. 1915) dargestellt sieht; eines Staates, der die Staatsräson in allen Belangen über das Schicksal des Einzelnen stellt. Sind auch diese Äußerungen angesichts der allgemeinen Euphorie in den ersten Kriegsmonaten zu relativieren, so zeigt sich in ihnen nicht nur ein übersteigerter Nationalismus, sondern auch die Gefahr des ideologischen Mißbrauchs Friedrichs des Großen. Schon Mitte der zwanziger Jahre zeichnet sich dies deutlich ab, wenn „Friedrich der Große als Lehrer von Lebensweisheit und Führertum für unsere Zeit" verstanden wird. Wenn der geschichtliche Vorgang in der künstlerischen Gestaltung eines Dramas seiner Einmaligkeit enthoben und gleichzeitig einem Publikum in verherrlichender Absicht mit religiösem Hintersinn vermittelt wird, dann rückt die dramatische Figur in die Nähe eines Sinnbildes. War Friedrich II. zu Lebzeiten eine legendäre Figur, so wird er während des Kaiserreichs – und erneut im Dritten Reich – zum Mythos erhoben, „der Preußentum und Pflichtgefühl, Selbstaufopferung und Hingabe an den Staat, Hintanstellung des eigenen Glücks hinter das des Staates bedeutet; Eigenschaften, die alle Zeiten echten Staatsgefühls besitzen, ohne die jeder Staat zugrunde geht, die aber vor allem dem Führer ... eignen müssen, wenn er wahrhaftig Führer sein will".

Beispiel 2: Das Anekdotenstück. Der allgegenwärtige König

Die beliebtesten Stücke um Friedrich den Großen basieren auf verbürgten oder erdachten Anekdoten, in denen es weder um historische Vorgänge noch um innere Konflikte geht. Sie sind Anlaß zum komödiantischen Spiel, berechnet auf theatralische Effekte, und dienen der oberflächlichen Belustigung der Zuschauer; gleichzeitig bestärken sie die überlieferten Wunschvorstellungen von der historischen Figur und zeigen den König immer als positiven Helden. Immer ist Friedrich der Großmütige, der begnadigt, der Gütige, der den kleinen Leuten zu ihrem Recht verhilft, der Verständnisvolle, der die Liebenden zusammenbringt. Es bedarf nur einer Begegnung, eines Gesprächs mit dem Monarchen – und schon ist alles wieder in Ordnung; der Tagesablauf des Königs erscheint als eine ununterbrochene Folge von guten Taten. „Es ist immer der souveraine Krückstock, der das Ungerade wieder ins Gerade bringt", sagt Frenzel in seinem Buch ›Berliner Dramaturgie‹.

Eine historisch verbürgte Episode ist die Ernennung des Grenadiers David Krauel, der 1744 bei der Einnahme Prags sich durch Tapferkeit ausgezeichnet hat, zum Leutnant. Friedrich erhebt ihn außerdem in den Adelsstand, muß bald danach aber erkennen, daß David Krauel von Ziskaberg durch liederlichen, eben unadeligen Lebenswandel dem Offiziersstand Schande bereitet. In Manon Amerlans Charakterbild in vier Aufzügen ›David Krauel, der Heringshändler‹ ist die Titelfigur ein Trunkenbold, der sich anwerben läßt, um seiner Familie nicht länger zur Last zu fallen. In der entscheidenden Schlacht bei Prag stürmt er tollkühn voran, reißt die preußischen Soldaten mit und führt die Armee zum Sieg. Aus der

Absicht, seinem verpfuschten Leben ein Ende zu bereiten, wird ungewollt Heldentum, das über Gebühr belohnt wird. Als Adliger und Offizier führt er, nach Kriegsende mit einer kleinen Pension ausgestattet, in Stettin ein unglückliches und wenig angesehenes Leben; zu allem Unglück wird sein Sohn, der die Tochter des reichen Bäckers heiraten möchte, von deren Eltern abgewiesen. Als Friedrich die Stadt besucht, bittet Krauel ihn, Offiziersrang und Adelstitel zurückzunehmen und statt dessen seinem Sohn ein Haus und ein Schiff zu schenken. Als der König sieht, daß er dem einfachen Mann mit der Auszeichnung keinen Gefallen getan hat, verfährt er wie gewünscht und veranlaßt den Bäcker zur Einwilligung in die Heirat.

Kriegs- und Friedenszeit, heroisches Handeln von Soldaten und eine Liebesgeschichte werden dramaturgisch verknüpft; die daraus entstehenden Situationskonflikte werden von Friedrich als „deus ex machina" zur Zufriedenheit aller gelöst – so wie auch der Zuschauer es erwartet.

Obwohl in ›Der wilde Reutlingen‹, einem Lustspiel von Gustav von Moser und Thilo von Trotha nach einem Roman von Hans Werder, der Monarch nur in zwei kurzen Szenen auftritt, ist er die Hauptfigur; von ihm wird ständig gesprochen, er ist als Leitbild in den Worten der handelnden Personen prägend vorhanden. Die Handlung spielt 1763 und dreht sich im wesentlichen um das Liebesverhältnis des Rittmeisters Jobst von Reutlingen mit Ulrike von Trebenow. Zwar ist dem Offizier das königliche Gebot, während des Krieges nicht zu heiraten, bekannt. „Er ist den Damen nicht grün. Er meint, unter der Weibszucht leide die Mannszucht", heißt es, Friedrichs Motive erläuternd, im Text. Dennoch verstößt der Rittmeister dagegen. Der damit angelegte Konflikt, zwischen Gehorsam gegenüber dem königlichen Prinzip und der liebenden Zuneigung abzuwägen, wird von den Autoren nicht verfolgt; sie lassen den König eingreifen, der vom Verhalten seines Offiziers nicht sonderlich erfreut ist – „wenn Er die amours durchaus nicht unterlassen kann, so soll Er's wenigstens nicht bis zur mariage poussiren" – und der ihn schließlich doch wegen seiner Verdienste im Krieg begnadigt und sogar befördert.

Da das Lustspiel sich nur geringfügig von den anderen seines Genres unterscheidet, sei auf einige durchgängig verwendete Handlungselemente verwiesen. Das Stück beginnt mit negativen Aussagen über die Preußen; die in einem Stift Zuflucht suchenden Frauen fürchten sich vor ihnen und hoffen, die Armee Friedrichs möge an ihrem Versteck vorbeiziehen. Sie wissen jedoch selbst, wie gering ihre Aussichten sind, denn „dieser König hat ja die Manie, seine Soldaten immer wie der Blitz erscheinen zu lassen". Unmittelbar danach nähern sich auch schon preußische Soldaten. Der Ruf: „Um Gotteswillen, die Preußen kommen!" wird sofort kommentiert: „Wir sind verloren...Hört das Kommando, das klingt wie die Posaune des jüngsten Gerichts." Doch als die Offiziere dann die Sze-

Herzogliches Hoftheater

Altenburg.

Mittwoch, den 18. Februar 1903.

10. Vorstellung im 3. Haupt-Abonnement.

Zur Einleitung: „Des Krieger's Heimkehr." Großer Marsch von E. Joller.

Zum ersten Male:

Der wilde Reutlingen.

Lustspiel in 4 Aufzügen von **G. v. Moser** und **Thilo v. Trotha**. Nach dem Roman von **Hans Werden**.

Leiter der Aufführung: Herr Regisseur **Albert**.

Personen:

Friedrich II., König von Preußen	Herr Albert
Jobst von Reutlingen, Rittmeister im Dragoner-Regiment Bayreuth	Herr Hetebrügge.
Heinz, sein Bruder, Leutnant bei den Puttkammer-Husaren	Herr Beingärtner.
Frau von Gersdorff, Oberin des Adeligen Fräuleinstiftes Langerode	Frl. Bruckmüller.
Ulrike von Trebenow, ihre Nichte	Frl. Grandjean.
Susanne von Zellin	Frl. Bourſée.
Wolf von Eichstädt, Premier-Leutnant im Dragoner-Regiment Bayreuth	Herr Arnfeld.
von Herzberg, Leutnant im Dragoner-Regiment Bayreuth	Herr Ohlmeyer.
von Puttkammer, Leutnant im Dragoner-Regiment Bayreuth	Herr Portal.
von Malzahn, Leutnant im Dragoner-Regiment Bayreuth	Herr Hanel.
von Oerßen, Leutnant im Dragoner-Regiment Bayreuth	Herr Bern.
Graf Itzenblitz, Fähndrich im Dragoner-Regiment Bayreuth	Frl. Zurmahr.
von Bonin, Major und Flügeladjutant	Herr Hoffmann.
Ferdinand, Dragoner im Dragoner-Regiment Bayreuth	Herr Aigner.
Wachtmeister im Dragoner-Regiment Bayreuth	Herr Gumpert.
Benno von Trautwitz, Leutnant im K. K. Dehöffy-Husaren-Regiment	Herr Alsdorf.
Schultze, Unteroffizier im Kürassier-Regiment „Graf Schmettau"	Herr Grosse.
Franz, Diener	Herr Genge.
Ein Bauer	Herr Krüger.
von Pillnau, Stiftsdame	Frl. Hamliczek.
von Schönberg, Stiftsdame	Fr. Ohlmeyer.
Annette, Zose	Frl. Straub.
Lore, Haushälterin	Fr. Helm.
Eine Magd	Frl. Braun.
Ein Koch	Herr Kratzsch.
Ein Dragoner	Herr Kewitzy.

Offiziere. Dragoner. Gefolge.

Zeit: 1763. Ort der Handlung: Im 1. und 2. Aufzug: Langerode; 3. Aufzug: Steinhövel; 4. Aufzug: Schloß zu Freiberg.

Nach dem 2. Akte findet eine längere Pause statt.

Preise der Plätze:

Fremdenloge, Vorderplatz	3 Mark 50 Pf.	Amphitheater	1 Mark 20 Pf.
Fremdenloge, alle übrigen Plätze	2 „ 50 „	Amphitheater letzte Bank	1 „ — „
Erster Rang.		Parkett-Logen, I. und II. Reihe	2 „ 40 „
Ein Platz in den Logen Nr. 7, 8, 9,		Parkett-Logen, III. und IV. Reihe	2 „ 25 „
I. und II. Reihe	3 „ — „	Parkett-Sperrsitz	2 „ 25 „
Die übrigen Reihen	2 „ 50 „	Orchestersitz	2 „ 50 „
Ein Vorderplatz in den Logen Nr. 1—6	3 „ — „	Stehparkett	1 „ 20 „
Ein Mittel- od. Hinterplatz do.	2 „ — „	Parterre, numeriert	1 „ 50 „
Zweiter Rang.		Parterre, unnumeriert	1 „ — „
Ein Platz im Mittel- u. Seiten-Balkon	1 „ 50 „	Dritter Rang, numerierte Plätze	— „ 75 „
		Galerie, numerierte Plätze	— „ 60 „
Ein Platz in den Logen	1 „ 20 „	Dritter Rang, Galerie	— „ 30 „

Die Tageskasse ist an Spieltagen geöffnet: An Wochentagen: von 10 bis 1 Uhr. An Sonn- und Festtagen Vorm. 11 bis 1 Uhr und Nachm. 3 bis 4 Uhr. Die Tagesbillete gelten nur für die Vorstellung, für welche sie gelöst sind.

Die Abendkasse wird um 6½ Uhr geöffnet.

Anfang 7 Uhr. — Ende ungefähr ¾ 10 Uhr.

Freitag, den 20. Februar 1903. 6. Vorstellung im 2. Freitags-Abonnement. **„Maurer und Schlosser."** Komische Oper in 3 Aufzügen nach dem Französischen des Scribe v. F. Ellmenreich. Musik v. Auber. Hierauf: **„Das Fest der Handwerker."** Posse mit Gesang und Tanz in 1 Akt von **Louis Angely**. Anfang 7½ Uhr. Ende 10½ Uhr.

ne betreten, erweisen sie sich als galante Kavaliere, als „stattliche Männer". Ihren Bemerkungen, der Krieg ist „das größte Plaisier", eine Schlacht ein „kleines Tänzchen", sowie ihrer Vorliebe, die „den Kameraden, den Pferden und den Weibern" gilt, stehen Fürsorge und sittsames Werben um die edlen Frauen gegenüber. Die anfängliche Furcht vor den Preußen schlägt in Bewunderung für sie um, wozu auch ihr ausgeprägter Gerechtigkeitssinn beiträgt. Als Reutlingen erfährt, daß Dragoner einem Bauern die Ziege gestohlen, seine Frau geschlagen und ihn verletzt haben, beschenkt er den Bauern mit Geld und bestraft die Übeltäter. In Gönnermiene übernimmt er stellvertretend die Rolle seines Königs; im Beisein der Frauen erläutert er seine Anordnungen: „Sind wir preußische Soldaten oder Buschklepper? Pardon, gnädigstes Fräulein, wenn wir Schaden anrichten, kommen wir auch selbst dafür auf."

In die Handlung geschickt eingestreut sind zudem Berichte von den Heldentaten der preußischen Armee. Die Namen Leuthen, Zorndorf, Freiberg erinnern den Zuschauer an glorreiche preußische und damit an nationale Siege. Gleichzeitig wird die Einstellung der Soldaten, ihre Treue zum Herrscher und ihr männlicher Mut im Kampf hervorgehoben, „so lange der Krieg dauert, gehören unsere Knochen dem König, und der braucht ganze Männer". Auch ihr militärischer Einsatzwille ist von Friedrich abhängig; der König allein darf seine Soldaten motivieren – und nicht irgendein privater Grund:

> WOLF: Wenn's zur Attacke geht, denke ich an Susanne,
> ihr Bild steigt vor mir auf, und dann kommt's
> über mich wie eine Art Begeisterung, und ich
> reite und steche und haue drauf los und höre
> und sehe nichts andres.
> JOBST: Dazu habe ich keine Frauenzimmer nötig, ich
> denke an Fridericus Rex, meinen König und
> Herrn, und dann drauf los, daß die Spähne
> fliegen.

Sollte der Krieg aber einmal zu Ende sein, dann wird der Kampf mit anderen Mitteln im Frieden fortgesetzt: „Schlimmer als im Kriege kann es in der Ehe auch nicht zugehen." Und auf beiden Schlachtfeldern bleibt der Preuße – zumindest im Lustspiel – Sieger.

Die mehreren Themenkreisen entnommenen und lose miteinander verknüpften dialogisierten Anekdoten – nur die Affäre um die venezianische Tänzerin Barberina und die Geschichte um den Müller Arnold werden als eigenständige Themen dramatisiert – besitzen keinen literarisch-künstlerischen Wert. Sie schöpfen ihre Anziehungskraft allein aus der Figur des „Alten Fritz", dessen „bloße Erscheinung auf das Publikum elektrisirend wirkt" (›Vossische Zeitung‹, 29. 4. 1859) und der die Mängel der Stücke vergessen macht. Damit kommt das Illusionstheater der zweiten Hälfte des 19. Jahrhunderts dem Bedürfnis der Zuschauer entgegen, in dem Dargestellten ihre eigene Identität zu finden. Durch die Nachahmung geschichtlicher Ereignisse und den idealisierten Anblick Friedrichs, der nicht ohne Symbolgehalt die Handlung fast ausnahmslos zu einem „Happy-End" führt, wird die nationale Geschichte als einzig wertsetzende Norm verstanden, an der Recht und Sittlichkeit sich ausrichten. Mit dem „Sieg des specifisch altpreußischen Wesens, des gesunden scharfen Verstandes, des klugen Witzes und der biederen, unumwundenen Derbheit" (›Nationalzeitung‹, 5. 9. 1858) soll die Kontinuität der Werte von der Zeit Friedrichs des Großen in die des wilhelminischen Reiches hergestellt werden. Dabei hilft die heroische Einzelpersönlichkeit als Identifikationssymbol, doch „die dichterische Vergegenwärtigung deutscher Vergangenheit dient nur noch zur Maskerade der Gegenwart".

Beispiel 3: Das militärische Gemälde und das Festspiel.
     Zu Ehren des Helden

„Mit der Aufführung vaterländischer Stücke [ist] der Patriotismus anzuregen" (›Neue Preußische Zeitung‹, 19. 5. 1866) – diese Intention wird bereits im Titel jener Schauspiele deutlich, die an frühere Heldentaten erinnern, und deren Aufführungen das Selbstwertgefühl des Zuschauers steigern, der der Illusion verfällt, er selbst habe zum nationalen Ruhm beigetragen: ›Bei Leuthen‹, ›Die Schlacht von Mollwitz‹, ›Die Einnahme von Striegau‹, ›Vor Zorndorf‹, ›Die Schlacht bei Torgau‹.
     Rudolf Genée nutzt einen Vater-Sohn-Konflikt, verbunden mit einer jener unvermeidlichen Liebesgeschichten, für sein vaterländisches Schauspiel ›Bei Roßbach‹, das von der Kritik als literarisch wertlos beurteilt, wegen der „patriotischen Sprache" aber besonders gelobt wird, die den „wahren Ausdruck patriotischer Begeisterung nicht zur Phrase" werden läßt (›Vossische Zeitung‹, 21. 12. 1864). Wie üblich werden die Preußen als Vorbilder dargestellt; wie üblich stehen antipreußische Vorurteile am Beginn des Stückes, die sich im Verlauf der Handlung in ihr Gegenteil verkehren. Nicht die Preußen plündern, sondern die Franzosen; die anfängliche Angst vor den preußischen Soldaten schlägt in Begeisterung für sie um: „Sie sind gar nicht so schlimm, ganz fidele Kerlchens. Ich geh unter die Soldaten." So wirft ein thüringischer Dorfpfarrer dem preußischen König, der selbst nicht auftritt, seinen „gottlosen Übermuth" vor: „Die ganze Welt hat sich gegen ihn, gegen seine Gewaltthätigkeiten erhoben, und steht in Waffen wider ihn, aber er wird nicht eher Ruhe haben, bis er ohnmächtig am Boden liegt und seine Frevel schwer zu büßen hat." Mit seinem Sohn, der Friedrich bewundert und als Kornett bei den Seyd-

litzschen Kürassieren dient, hat er sich entzweit; zu einer Versöhnung ist er nicht bereit, „so lange er ein Verräther seines Heimatlandes bleibt und in den schändlichen Kriegszügen dieses gottlosen Königs von Preußen den Degen führt". Der Sohn, zu dem nur noch seine Verlobte hält, formuliert die propreußische Position. Er verehrt Friedrich als „den Verkünder einer neuen besseren Zeit, einer Zeit, in der das Christenthum zu neuer Herrlichkeit erstehen wird", und prophezeit, „was König Friedrich auch nicht vollenden kann, hat dennoch eine Zukunft, aber der Moder des deutschen Reiches, wie's jetzt ist, hat keine Zukunft mehr, und an seiner Statt muß endlich ein neues, deutsches Vaterland erstehen". Die so kontrovers scheinenden Ansichten sind nach dem Sieg der friderizianischen Armee bei Roßbach verschwunden, ohne daß in den dramatischen Figuren eine Wandlung angelegt wäre; allein der Ausgang der Schlacht ändert den unversöhnlichen Vater: „Heute preise ich den Sieg, den unsere Feinde, den die Preußen, erkämpft haben, und so glaube ich, werden heute Millionen denken." Seine Lobeshymne endet mit dem Ruf: „Schande den Deutschen, die sich dieses Sieges nicht freuen."

Wenn in den Dramen die Kleinstaaterei angeprangert und die Forderung nach einem einigen nationalen Deutschland aufgestellt wird, geschieht dies immer nur auf einer idealisierten kulturell-geistigen Ebene, nie werden machtpolitische oder wirtschaftliche Gründe für die Reichseinigung erwähnt.

Nachdem der Konflikt zwischen Vater und Sohn auf so wunderbare Weise beigelegt ist, kann das Theaterpublikum seine vaterländische Erinnerung auffrischen. Mit emphatischer Begeisterung werden die Heldentaten der preußischen Soldaten in ausmalenden Berichten geschildert, die ihren Abschluß und jubelnden Höhepunkt in dem Lied finden:

Und als der Feind schon jublirte,
Und manövrirte – und spekulirte,
Daß wir bei Roßbach schon verloren sei'n!
Da gings, als Seydlitz zum Kampf uns führte,
Mit blankem Degen – dem Feind entgegen –
Wie Hagel schlugen wir auf die Franzosen ein.
Und die Franzosen und die Reichsarmee daneben,
Sie hätten Alle gleich sich müssen uns ergeben,
Wenn Sie so furchtbar nicht davon gelaufen wären,
Zu unsers Großen Königs Ruhm und Preußens Ehren.
D'rum ewig wird in allen deutschen Ruhmeskränzen
Der Name Roßbach wie die Morgensonne glänzen –
Wo gegen Feindes Macht und für den deutschen Heerd
Zu ew'gem Ruhm gekämpft der Preußen tapf'res Schwert.

Axel Delmar: ›Hohenzollern‹. Festspiel zur 200-Jahr-Feier des Königreichs Preußen im Neuen Königlichen Opentheater Berlin (3. 1. 1901). 7. Bild: Das Schlacht-
feld zu Leuthen. Friedrich der Große: (zu dem verwundeten Husaren) „Armer
Kerl! Muß ihn so wiedersehen?“ – Husar: „Majestät! Wir haben gesiegt – gesiegt.“
– Friedrich d. Gr.: „Gesiegt Kinder! Schwer, schwer!“

Eine ähnliche Funktion der Selbstglorifizierung und der Beschwörung
zur patriotischen Anteilnahme – je intensiver dies gelingt, desto größer ist
der finanzielle Erfolg für die Theater und der ideelle für den Staat – haben
die aus Anlaß von Festtagen geschriebenen Schauspiele. Das zur 200-
Jahr-Feier der Gründung des Königreichs Preußen in der Berliner Kroll-
Oper aufgeführte Volksfestspiel ›Hohenzollern‹ von Axel Delmar zeigt in
neun Szenen den Aufstieg der brandenburgischen Markgrafen zu preußischen Königen und zum deutschen Kaiser. Zusammengestellt aus Dokumenten, Briefen, Verfügungen und historisch nachweisbaren Ereignissen, vermischt mit anekdotischen Episoden, unter Mitwirkung von 500
Darstellern, entsteht vor den Augen des Zuschauers die preußische Geschichte in lebenden Bildern. Die letzte Szene: „Vor Sedan“, endet mit
der Projektion des Bildes der Kaiserproklamation von Anton von Werner, zu der ›Heil Dir im Siegerkranz‹ ertönt. Der Zuschauer soll, durch
prächtige Entfaltung des dekorativen Elements emotional eingestimmt,
an die Grundlagen des jetzigen Staates erinnert und auf die tradierten
Werte erneut verpflichtet werden.
    Die Friedrich dem Großen gewidmete Szene im Festspiel ist ein dialo-

gisiertes Schlachtengemälde, das die Situation vor und nach der Schlacht bei Leuthen behandelt. Anfängliche Zweifel unter den Soldaten, ob die den Feinden zahlenmäßig unterlegene Armee den Kampf siegreich bestehen kann, weichen der Zuversicht, mit dem „Alten Fritz" und mit Gottvertrauen werde man den Sieg erringen:

Und wenn der große Friedrich kommt
Und klopft nur an die Hosen,
So läuft die ganze Reichsarmee,
Panduren und Franzosen!

Das Bild endet mit dem Jubel nach der Schlacht und mit dem Choral ›Nun danket alle Gott‹, nachdem der alte Korporal die politische Bedeutung dieses Teils des Festspiels zusammengefaßt hat: „Der schönste Sieg war's, Fritze! Dein Schönster! Wir haben gesiegt – – gesiegt."

›Der große König‹, drei Bilder aus dem Leben Friedrichs II., Jugend, Höhepunkt und Alter illustrierend, zusammengestellt von Joseph Lauff, aufgeführt am 24. 1. 1912 im Königlichen Opernhaus zu Berlin, erinnern den 200. Geburtstag des Preußenkönigs. In der Idylle von Rheinsberg, in einer Frühlingsstimmung bei Theaterspiel und Flötenkonzert, wird dem jungen Friedrich die Nachricht vom Tode seines Vaters überbracht; als König erkämpft er bei Hohenfriedberg den entscheidenden Sieg im Zweiten Schlesischen Krieg, überstrahlt von einer „lachenden Morgensonne"; zum Abschluß Abenddämmerung, Mondlicht; der greise König, einsam, sterbend, auf sein reiches Land zurückblickend, ruht sich im Sessel vor Sanssouci aus. Auch dies ist ein dialogisierter Geschichtsunterricht, dessen platte Symbolik – Frühlingsstimmung, Morgensonne, Mondlicht – zum Schluß noch einmal gesteigert wird; als der im Sessel sitzende König seinen Kopf zurücklegt, schreiben die Regieanweisungen vor, „steht der Vollmond jetzt mit vollem Licht über Sanssouci und wirft lichte Schleier über Friedrichs Gesicht. Mit weitgeöffneten Augen blickt er nach oben. Sphärenmusik. Vorhang." Dieser Schluß korrespondiert mit dem vom Autor im Vorwort erwähnten Vers: „Zu den Göttern getragen, woher er kam."

Da die Aufführung die Bedeutung des von Friedrich hinterlassenen Erbes und die damit verbundene Verpflichtung des Hauses Hohenzollern für Preußen und Deutschland bekräftigen soll, steht auch weniger die Inszenierung auf der Bühne im Mittelpunkt des Interesses, sondern die Inszenierung im Zuschauerraum. Wird in den Kritiken das Schauspiel nur kurz erwähnt – „es wurden Verse gesprochen, die den alten Fritz in seiner Abneigung gegen die deutsche Dichtung bestärkt hätten" (›Berliner Tageblatt‹, 25. 1. 1912) –, so wird dagegen der äußere Rahmen der Vorstellung ausführlich beschrieben. „Das Opernhaus war mit einem ganzen Farbenrausch von Offizieren geschmückt. Blaue, rote, weiße Uniformen; am schneidigsten machten sich die roten Galaröcke der Gardes du Corps, auf denen bereits die Brustschilder mit dem Namenszuge Friedrichs prunkten, die dem Regiment am Vormittag erst vom Kaiser verliehen waren. Das ganze Parkett war mit dieser Heeresmacht besetzt, nur in den hinteren Reihen deuteten schwarze Fräcke die Menschenklasse an ... Im ersten Rang waren Ritter vom Geiste untergebracht. Rechts von der Kaiserloge saßen die Professoren und Akademiker ...links waren die Würdenträger Berlins ... placiert. In einer Proszeniumsloge saß ein Dragoneroffizier in blau, mit schwarzer Melancholie im Gesicht: Der Reichskanzler. Unter ihm in der großen Mittelloge am Orchester Herr v. Tirpitz, der Mann der Marine, der erheblich vergnügter aussah; ihm kann keiner ... Damen sah man außer in der Hofloge und in einer Parkettloge erst vom zweiten Rang aufwärts".

Derartige Festaufführungen waren symbolische Handlungen, die das politische Selbstverständnis einer sozialen Gemeinschaft bestimmten, in denen Werte und Tugenden, die dem großen Helden Friedrich zugeschrieben werden, noch lebendig schienen. Der Gehalt des Tradierten wird von dem feiernden Zuschauer auf sich und seine Situation angewendet, wobei das Wertesystem des kultartig Verehrten noch Gemeinsamkeiten aufweisen muß, so daß der Zuschauer sich in ihm wiedererkennen konnte. Der König, Friedrich II., der Große, der „Alte Fritz", der für sein Volk kämpfte:

> Das waren Zeiten! – Hohenfriedberg, Soor
> Und Roßbach, Zorndorf, Hochkirch – Jesus noch!
> Und Leuthen erst!

Der König, Friedrich II., der Große, der „Alte Fritz", das Vorbild aller:

> Der Mann, der keinen Feierabend kennt,
> Der schlichte Mann im blauen Preußenrock,
> Im Dreispitz und den Krückstock in der Hand.
> Doch mit dem Krückstock in der starken Hand
> Diktierte er der Welt: Respekt vor mir! –
> Und gab uns, was wir brauchten: eignen Herd
> Und Lust am Leben und das stolze Wort:
> Du bist ein Preuße!

Friedrich der Große als Theaterheld – Theaterstücke zwischen 1850 und 1900 (Auswahl)

›Der alte Fritz oder: Eine Schuld und ihre Sühnung‹ – Dramatische Skizze von Arthur Lutze

›Der alte Fritz und die Jesuiten‹ – Lustspiel von Eduard Boas

›Der alte Fritz und der Müller von Sanssouci‹ – Von R. Windschildt

›Ein Attentat auf den alten Fritz‹ – Vaterländisches Lustspiel von Theodor Gesky

›Barbarina‹ – Lustspiel von Ernst Alexander Mügge

›Die beiden Pagen‹ – Lustspiel nach einer Anekdote aus dem Leben Friedrichs des Großen von Arendt

›Bei Leuthen‹ – Schauspiel von J. B. Schweitzer

›Die Brautschau Friedrichs des Großen‹ – Lustspiel von Julius Bacher

›Die Brautschau des Kronprinzen‹ – Lustspiel von F. Silesius

›Die Einnahme von Striegau‹ – Geschichtliches Lustspiel von Adalbert Hoffmann

›Der Einsiedler von Sanssouci‹ – Historisches Lustspiel von Wolfgang Müller von Königswinter

›Fridericus Magnus‹ – Bilder und Lieder aus dem siebenjährigen Kriege von Martin Pfeiffer

›Fridericus Rex‹ – Trilogie (1. Teil: Schatten des Zweifels, 2. Teil: Nach Tisch in Sanssouci, 3. Teil: Der 3. Nov. 1760) von Hans von Wentzel

›Fridericus Rex‹ – Singspiel von Paul Geisler

›Fridericus Rex, unser König und Herr‹ – Lager-Scene mit Gesang von Adolf Volger

›Friedrich‹ – Vaterländisches Schauspiel von Hermann Schlag

›Friedrich bei Leuthen‹ – Vaterländisches Schauspiel von Robert Tagemann

›Friedrich der Einzige in Rheinsberg‹ – Idyllisch dramatisches Gedicht von Carl von Scharten

›Friedrich der Große‹ – Schauspiel aus Deutschlands Geschichte von Ferdinand Bonn

›Friedrich der Große‹ – Volksspiel von Max Lündner

›Friedrich der Große‹ – Schauspiel von Martin Pfeiffer

›Friedrich der Große‹ – Historisches Drama von Otto von der Pfordten

›Friedrich der Große‹ – Historisches Drama von Adolf Wechsler

›Friedrich der Große‹ – Dramatische Bilder von Mathilde Wesendonk

›Friedrich der Große als Doktor‹ – Lustspiel von Alfred Furrer

›Friedrich der Große und sein Leibkutscher‹ – Dramatisierte Anekdote von G. Neuse

›Friedrichs des Großen Schwurgericht‹ – Schauspiel von Hermann Kette

›Friedrich Wilhelm I. und Kronprinz Fritz‹ – Schauspiel von Ernst Krumbhaar

›Fritz, Ziethen und Schwerin‹ – Dramatisches Genrebild von Louis Schneider

›Der große König‹ – Dramatisches Bild von Heinrich von Stein

›Des großen Königs Rekrut‹ – Vaterländische Dichtung von Wilhelm Mewes

›Gewitternacht‹ – Schauspiel von Ernst von Wildenbruch

›Haus Hohenzollern‹ – Schauspiel von Gustav Weck

›Helden von Hohenfriedberg‹ – Geschichtliches Lustspiel von Adalbert Hoffmann

›Ein Held im Unglück‹ – Historisches Charakterbild aus dem siebenjährigen Krieg von Emil Tschirch

›Hohenfriedberg‹ – Reiterfestspiel von Otto Franz Gensichen

›In Sanssouci‹ – Lustspiel von C. A. Görner

›Jungfer Immergrün‹ – Volksstück von Ernst von Wildenbruch

›Des Königs Dose‹ – Lustspiel von Hugo Rosenthal-Bonin

›Königsrecht‹ – Drama von W. A. Paap

›Die Krebsmühle‹ – Vaterländisches Schauspiel von Hermann Hersch

›Marksteine. Fünf Tage Preußische Geschichte.‹ 2. Tag: Der junge König, 3. Tag: Friedrich der Große, 4. Tag: Soldatenherzen – von Adolf Rosée

›Eine Nacht des siebenjährigen Krieges‹ – Dramatisierte Anekdote von R. Schlegel

›Der Philosoph von Sanssouci‹ – Schauspiel von Alfred Börckel

›Ein Preußenritt ins deutsche Reich‹ – Lustspiel von Arthur Müller

›Preußens Ruhm und Größe‹ – Dramatische Szenen aus dem Leben Friedrichs des Großen von F. H. von Thünen

›Prinz Friedrich oder: Das Bild der Prinzessin‹ – Historisches Lustspiel von Rudolf Stegemann

›Die Rache des Edlen‹ (Friedrich der Große) – Vaterländisches Schauspiel von Gustav Kleinjung

›Die Schlacht bei Mollwitz‹ – Patriotisches Volksstück von Carl Wilhelm Michler

›Die Schlacht bei Roßbach‹ – Lustspiel von Gervas Torrent

›Die Schlacht bei Torgau‹ – Schauspiel von Otto Girndt

›Die Schlacht von Mollwitz‹ – Genrebild von Gustav von Putlitz

›Der Schlüssel zum siebenjährigen Krieg‹ – Lustspiel von Wilhelm Blenke

›1756 oder: Die Parolebefehle‹ – Charakter-Zeitbild von Ludwig Rellstab

›1740‹ – Historisches Lustspiel von Hermann Hersch

›Der Spion von Rheinsberg‹ – Lustspiel von Rudolf von Gottschall

›Unser Fritz und seine Helden‹ – Dramatisches Festspiel von Wilhelm Fricke

›Die Unterschrift des Königs‹ – Genrebild von Gustav von Putlitz

›Die Verschwörung der Frauen oder: Die Preußen in Breslau‹ – Historisches Lustspiel von Arthur Müller

›Die Verse Friedrichs des Großen‹ – Lustspiel von Leopold von Sacher-Masoch

›Der 24. Januar oder: Die kleinen Cadetten des großen Friedrich‹ – Genrebild aus dem siebenjährigen Krieg von Méaubert

›Vom großen Markgrafen zum großen Kaiser.‹ 3. Bild: Der große König – Patriotisches Festspiel von H. Drees

›Von Rheinsberg bis Mollwitz‹ – Schauspiel von Hermann von Festenberg-Pakisch

›Ein Vormittag in Sanssouci‹ – Historisches Lebensbild von Luise Mühlbach

›Vor Roßbach‹ – Historisches Lustspiel von Alberti

›Vor Zorndorf‹ – Schauspiel von Philipp Ohler

Berlin 1880 bis 1890 –
Hauptstadt des Naturalismus

Félix und Pierre Bertaux

1880, knapp zehn Jahre nachdem es 1871 die Hauptstadt des Deutschen Reiches geworden war, ist Berlin nur eine deutsche Stadt neben anderen, weder die älteste, größte, berühmteste noch die aktivste oder reichste.

Und plötzlich wird es in wenigen Jahrzehnten eine der großen Metropolen der Welt, und es wird das althergebrachte Deutschland – mit Köln, Hamburg, München, Leipzig – nicht ohne Bedauern und Widerstand zur Provinz.

Berlin begann mindestens ebenso rasch wie die pilzartig wuchernden amerikanischen Städte zu wachsen. Der damals einundzwanzigjährige französische Dichter Jules Laforgue, der für fünf Jahre Vorleser der Kaiserin Auguste wird, beschreibt die Stadt. „Berlin hat 40 000 Häuser, doppelt so viel wie zwanzig Jahre zuvor. Berlin hat eine Untergrundbahn, einen Himmel mit einem Spinnengewebe aus Telephondrähten, ein ausgedehntes Netz elektrischer Beleuchtung." Zu dieser Zeit, um 1883, ist jedoch Gasbeleuchtung noch das Übliche; Omnibusse und Straßenbahnen werden von Pferden gezogen. Der Österreicher Hermann Bahr stellt fest, Berlin sei gekennzeichnet vom friderizianischen Snobismus der einfachen Lebensart, der brandenburgischen Derbheit oder gar der Dürftigkeit. Er ist völlig verblüfft, als er einen der großen Generäle der preußischen Armee, einen der Sieger des Kriegs von 1870/71, zum Hofball in einer wackligen, von einer Schindmähre gezogenen Kutsche vorfahren sieht: „Mit dieser Kutsche wäre der einfachste Leutnant der österreichischen Armee von der ersten Patrouille verhaftet und degradiert worden."

Noch 1888, als Gerhart Hauptmann in Erkner wohnte, „drei deutsche Meilen von der Stadt, deren Widerschein er abends blutrot am Himmel erblickte", fand der Österreicher auf den einsamen Dörfern Leute, die genauso lebten, wie sie es seit einem halben Jahrtausend getan hatten. Daß es ein geeintes Deutschland gab, wußten sie nicht. Davon, daß ein Königreich Sachsen, ein Königreich Bayern, ein Königreich Württemberg bestand, hatten sie nie gehört. Es gab einen Kaiser in Berlin; viele wußten noch nichts davon."

Als Hermann Bahr 1890 nach Berlin zurückkehrt, erkennt er nichts wieder; es ist inzwischen eine andere Stadt geworden, eine Millio-

Max Klinger: ›Eine Mutter‹. Radierung mit Aquatinta,
aus dem Zyklus ›Dramen‹, 1883

nenstadt, eine Weltstadt. Die Gesellschaft hatte sich verändert. Sie wird von Geschäften und Geschäftemachern beherrscht; das Losungswort heißt „kolossal". Die Einwohnerzahl der Stadt geht auf zwei Millionen zu. Berlin ist zum intellektuellen Brennpunkt geworden: Hier tagt die junge Literatur, der Naturalismus, unter dem Zeichen von Zola, Ibsen und Dostojevskij. Woanders konnte man das Herz Deutschlands schlagen hören; Berlin jedoch ist von nun an sein Gehirn.

Berlin ist von 1880 bis 1890 die Hauptstadt der gewiß literarischen, aber nicht nur literarischen Bewegung, die den Namen ›Naturalismus‹ trägt, ohne im gleichen Sinne wie Wien, Paris oder London zu einer Metropole geworden zu sein, in der man eine Tradition antrifft, die die individuellen Verschiedenheiten zur Einheit zusammenführt.

Die Mehrzahl der Schriftsteller, an die man unter ›deutscher Naturalismus‹ denken kann – die Brüder Hart, Bleibtreu, Arno Holz, Johannes Schlaf, Hermann Conradi, Wilhelm Bölsche – sind um 1860 und meist in der Provinz geboren. Die Brüder Hart (Heinrich, geb. 1855 und Julius, geb. 1859) hatten ihre Kindheit in Münster verbracht, wo man, wie sie sagten, das Mittelalter noch nicht überwunden hatte. Man wußte nicht so recht, ob Bismarck vor 2000 Jahren und Arminius gestern gelebt hatten. Wilhelm Bölsche, 1861 in Köln geboren, ist in seiner Kindheit mit Geschichten aus dem französisch-preußischen Krieg von 1870/71 aufgezogen worden, fast legendenhaften Heldengeschichten, in denen das Bild der ruhmreichen deutschen Nation mit dem des hellen und stolzen Siegfried verschmolz. Arno Holz ist 1863 im ostpreußischen Rastenburg geboren, wo sein Vater Apotheker war. Er wird sich sein Leben lang voller Sehnsucht an die väterliche Heimat, an die bemoosten Dächer im Dorf wie an ein Goldenes Zeitalter erinnern, an die Zeit, in der er seine Cicero-Übersetzungen liegen ließ, um Schmetterlingen nachzujagen. Hermann Conradi, 1862 in Jeßnitz/Anhalt geboren, war ein schmächtiges, verträumtes Kind, wertherisch, pantheistisch. Vor einem Wasserfall geriet er in Verzückung. Wenn er abends zu Bett ging, schwirrte ihm der Kopf von Geschichten aus der Bibel, von Jesaja, dem Buch Hiob, dem Korintherbrief ...

Das waren die aus ihren Heimatprovinzen gekommenen Jugendlichen, die vom Elternhaus und den ersten Bildungserfahrungen her zu einem idealistischen Mystizismus neigten; sie glühten vor Patriotismus, der ihnen zur Religion geworden war. Um 1880 gingen sie nach Berlin und entdeckten die Existenz einer Gesellschaft, in der das Subjekt nichts mehr galt, nicht einmal mehr als ästhetisches Phänomen, das zu sein es geglaubt hatte. Ihre unausgebildete Persönlichkeit verlor noch an Kontur, ging in einem kollektiven Wesen auf, floß vielleicht zusammen mit dem neuen Ich der deutschen Nation. Es war dies die Zeit einer pantheistischen und pangermanischen, „real-idealistischen", schwärmerischen

Begeisterung. „Es war Frühling, und alles Holz stand in jungem Saft", schrieb Nietzsche.

Der Schmelztiegel dieser Nation, die zwar gesiegt hatte, aber erst noch geboren werden mußte, war vor allem Berlin. Von 1882 bis 1886 bildeten die Initiatoren der literarischen Revolution, die sich selbst die neuen „Stürmer und Dränger" nannten, in Berlin eine recht homogene Gruppe. Die gemeinsame Arbeit an einer Anthologie ›Moderne Dichtercharaktere‹ verband sie auch mit den weniger bekannten Komparsen, Wilhelm Arent, Karl Henckell, Carl Bleibtreu, so daß sie sich mit ihrer Veröffentlichung im Jahre 1884 zum erstenmal dem Publikum als geschlossene Phalanx vorstellen konnten.

Die Brüder Hart waren die Seele zahlreicher Gruppen und Untergruppen, die sich ebenso rasch wieder auflösten, wie sie sich bildeten. Ohne sich aufzudrängen oder eine Schule bilden zu wollen, waren sie der Angelpunkt. Zu nahezu allen bekannten Schriftstellern dieser Zeit unterhielten die Brüder Hart Beziehungen, teilweise auch herzliche. Ihre Wohnung in der Luisenstraße, in der bis zur Gründung des ›Durch‹ im Jahre 1886 die ersten Naturalisten, einer nach dem anderen, auftraten, kann als Geburtsstätte und Brennpunkt der literarischen Revolution betrachtet werden.

Oftmals kam zu ihnen ein Unbekannter mit langen Haaren und wehendem Mantel und sagte etwa: „Sie sind doch die Brüder Hart? Ich bin N. N. und komme aus Magdeburg. Wir haben dort einen literarischen Zirkel gegründet und lesen gemeinsam Ihre ›Kritischen Waffengänge‹. Wir wollen an Ihrer Seite kämpfen und Flugschriften verbreiten. Wir wollen erstens Gott, zweitens den Staat und drittens die Schule abschaffen." Eines Tages kam ein gut gekleideter Herr zu ihnen. Die Brüder Hart riefen einstimmig: „Sie wollen sicher eine Zeitschrift gründen?" – „Wie haben Sie das erraten?" fragte der verdutzte Kommerzienrat.

Man führte ein zwangloses, geselliges Bohemien-Leben. Alle hatten natürlich Henri Murger gelesen. Manchmal mußten eine Dose Sardinen und ein 25-Pfennig-Käse für ein Dutzend idealistische Schwärmer zur Mahlzeit reichen. Wer keine Bleibe hatte, durfte auf dem Sofa übernachten. Oder man ging eben in eine Bierschwemme, trank aber die zweitklassigen Sorten; Münchner Bier war zu teuer, davon konnte man nur träumen.

Die Überspanntesten galten als die Genialsten. Jeder versuchte die Ehre, der Verrückteste zu sein, dem anderen streitig zu machen. Wilhelm Arent, ein junger reicher Berliner, machte keinen Hehl daraus, daß er sich häufig in Heilanstalten aufhielt. Das verhalf ihm zu einem beträchtlichen Prestige. Eines Tages schickte er den Brüdern Hart dithyrambische Verse; den nächsten Morgen erreichte sie ein Brief, in dem er erklärte, endgültig mit ihnen gebrochen zu haben. Noch ehe sie den Brief zu Ende gelesen hatten, klingelte es an der Tür: Arent kam, um zu widerrufen.

Die Brüder Hart, die einander an Intelligenz, gutem Aussehen und schrankenloser Freigebigkeit in nichts nachstanden und einen unverwüstlichen Humor hatten, vertrieben mit dem Spiel die Zeit, sich gegenseitig jede schöpferische Begabung und Kritikfähigkeit abzusprechen. Sie saßen am gleichen Arbeitstisch und stritten sich: einer warf dem anderen einen Band Schopenhauer an den Kopf, und der andere schlug mit einem Band Nietzsche zurück. Gefährdet waren bei ihren Tätlichkeiten höchstens die Hosen des Nachbarn, weil die beiden Brüder im Streit mit ihren Zigarren herumfuchtelten. Sie waren die geborenen Künstler. Bei ihnen brach die künstlerische Produktion mit elementarer Kraft hervor wie die Frühlingsknospen auf der westfälischen Heide oder die wilden Phantasmagorien in den Köpfen der Berliner Kneipenbesucher. Nie verloren sie ihren Optimismus, wie es ihre Gefährten taten, die durch den Gegensatz zwischen dem Mystizismus, von dem sie ausgegangen waren und dem Rationalismus, den sie in der großen Stadt entdeckten, zwischen der Romantik ihrer Kindheit und dem Realismus der schon weitgehend industrialisierten preußischen Stadt völlig aus der Fassung gerieten.

Nicht allein das Boheme-Leben, nicht nur das literarische Beispiel des Auslands begeisterte diese jungen Leute, sondern vor allem das Schauspiel der Berliner Straßen. Sie brachen mit der üblichen Buchgelehrsamkeit und mit dem Stubenidealismus, um das Gewimmel in der Öffentlichkeit, die expressive Spontaneität des Volksmunds zu studieren, den Aufgang einer Industrie- und Stadtgesellschaft, die Geburt eines vierten, sozialistischen Standes, der, wie die Wahlstatistiken belegten, rapide anwuchs.

Zolas ›L'Assommoir‹ (1877), vor allem aber ›Germinal‹ (1885) lieferten ihnen die Zündfunken. Diese jungen Schriftsteller, die, um schreiben zu können, noch alles zu lernen hatten, fanden hier eine Formel vor. Strenge und Genauigkeit der Beobachtung faszinierten sie weniger als der poetische Schwung, die im Realismus aufleuchtende Romantik, die Phantasie, die auch das Geringste vielfältig und farbig ausschmückte. Die Harts lobten bei Zola einen Mut, der ihnen moralischer erschien als konventionelle Wohlgesetztheit. Ein Zug zur Aufrichtigkeit, eine Leidenschaft zu enthüllen und aufzudecken, zeichnete sich ab, die am anderen Ende des Blickfelds sich mit dem Immoralismus Nietzsches vereinigen sollte. Es war kein Pessimismus, nichts weniger als das: Sie wollten mit der optimistischen Lüge der traditionellen Gesellschaft brechen und den Auftakt geben für eine Erneuerung vom Volk aus. Das war eine Spielart des Optimismus.

Trotz des von Holz eingebrachten Attributs „modern", trotz seines Kults der Vorstädte und des Frühlings der großen Stadt, war es doch eher eine Ausschweifung der Sentimentalität und Begeisterung: Noch war für das Schreiben selbst nichts gewonnen. Noch hatten sie weder eine neue Technik noch eine schöpferische Kritik entwickelt. Der Patriotismus lebte mit dem Sozialismus, der Realismus mit dem Idealismus in glücklicher

Heinrich Zille: ›Der späte Schlafbursche‹, Heliogravüre, 1902

Ehe. Verstand und Vernunft waren gestattet, Gefühl obligatorisch. Jeder wollte alles, keiner wollte eine Wahl treffen.

So gingen um 1885 aus der Bewegung nur Beteuerungen, Proklamationen und Manifeste hervor, lyrisch gehaltene Programme und Programm bleibende Lyrik. Kurz hintereinander erschienen nach den ›Kritischen Waffengängen‹ der Brüder Hart 1886 Bleibtreus ›Revolution der Literatur‹, ›Das Buch der Zeit‹ von Arno Holz und die Anthologie ›Moderne Dichtercharaktere‹. Die darin vorgestellten Dichter waren eher Ahnungslose, die ihre Hoffnung bereits für ein Können hielten. In ihrer Freude, „Deutsche zu sein“, dachten sie, mit Henckell gesprochen: „Die Welt, das sind wir.“

Hermann Conradi, der intelligenteste der Gruppe, pries eine Literatur des Paroxysmus und der Erleuchtung. Er war einer der wenigen jungen Leute, die damals Dostojevskij und Max Stirner wirklich gelesen und Nietzsche verstanden hatten. Als Psychologe und Soziologe war er seiner Zeit voraus. Er war sich klar darüber, daß Nationalismus und Sozialismus die Vorder- und Rückseite des gleichen autoritären Geflechts waren. In seinem Buch ›Wilhelm II. und die junge Generation. Eine zeitpsychologische Betrachtung‹, das 1889 erschien, prangerte er die Verbindung von Nationalismus und Sozialismus als das Leiden Deutschlands an; später sollte Spengler gerade darin das Heil suchen. Mit erstaunlicher Prophetie

Knut Ekwall: ›Barackensiedlung auf den „Schlächterwiesen" am Kottbusser Tor in Berlin‹, Holzstich, 1872 (Das aus dem Krieg zurückkehrende Heer verschlechterte drastisch das Wohnraumangebot.)

beschwört Conradi das Bild einer Generation, die bald von Wilhelm ins Massaker geführt, und das einer Freiheit, die unter den Klängen einer wagnerischen Musik begraben werden wird: „Die Zukunft, vielleicht schon die nächste Zukunft, wird uns mit Kriegen und Revolutionen überschütten. Und dann?"

Die Essays und die beiden Romane, in denen er die Hoffnungen und Fehler der Epoche mit einer Brutalität analysiert, die zu gerichtlicher Verurteilung führte, bleiben ein Schlüssel für die Psychologie der Jahre 1885 bis 1890. Seinen ›Liedern eines Sünders‹ fehlt nur wenig zu einem großen lyrischen Werk.

Conradi mußte mit 28 Jahren an körperlichem Elend, fast buchstäblich vor Hunger sterben, ohne Zeit gehabt zu haben, zu reifen und das Seine zu geben. Entschieden mehr als ein Revolutionär war Conradi ein Aufrührer. Versteht sich der Revolutionär darauf, ein Regime durch ein anderes, die existierende Gewalt durch eine andere, die seinem Gehirn entsteigt, zu ersetzen, so bricht der Aufrührer mit der Welt selbst. Da die Welt mit seinem Begehren nicht übereinstimmte, konnte Hermann Conradi sich nur vorstellen, entweder die Welt zu zerbrechen oder an ihr zerbrochen zu werden. Seine Philosophie der Extreme läßt den Geist weder dazwischen verharren, noch in einer geregelten Oszillation sich einrichten. Da er weder Weiser noch Künstler, sondern Spieler sein will, setzt er alles aufs Spiel.

Seine Gebärde ist eine Explosion des Individualismus, der Sensibilität, der Triebe. Deshalb ist sein Werk eine Literatur des Gewaltstreichs.

Neu war das in Deutschland nicht. Immer wieder findet sich vom legendären Faust eine Spur, im ›Sturm und Drang‹ ebenso wie im ›Naturalismus‹. Carl Bleibtreu beruft sich ausdrücklich auf den ›Hofmeister‹ vom „genialen Reinhold Lenz", „an dem der moderne Naturalismus ... viel zu lernen und zu studieren haben wird". Wie dieses Gefühl auch immer benannt sein mag: Titanismus, Dämonismus oder einfacher: Sehnsucht, ewiges Streben, gern nimmt es wie im Mythos der ›Götterdämmerung‹ die Form einer Forderung an: radikale Destruktion, die es ermöglichen soll, eine unzulängliche Schöpfung zu beseitigen, um neu beginnen zu können: „Stirb und werde, stirb um zu werden!"

Von diesen Schwärmern sterben einige früh genug; andere, haben sie erst die aufbrausende Jugend hinter sich, zwingen sich, im Inneren den Widerstreit der Kräfte auszutragen und auf diese Weise ein Werk zu schaffen. Einige schließlich überlassen sich äußeren Zwängen, wie Karl Moor, der sich der Polizei stellt. In gewisser Weise taten auch die Gefährten Conradis dies: sie paßten sich an. Enttäuscht in ihrer Hoffnung, die Masse bewegen zu können, waren sie bereit, von ihr sich inspirieren zu lassen. In der ersten Zeit hatten sie an die Genese eines besseren Deutschlands durch bloße Exaltation geglaubt. Im Rückzug auf sich selbst fragten sie sich, ob die Überlegenheit nicht auf umgekehrtem Wege zu erlangen sei, durch Unterwerfung. So überließ man sich der gesellschaftlichen Realität.

Die neue Gruppe, die sie 1887 gründeten, trägt den Namen eines Kavallerie-Befehls: ›Durch!‹ Es ging für sie immer noch darum durchzustoßen, aber mit neuen Mitteln. Sie verteilten sich auf die Berliner Vororte: Niederschönhausen, wo Holz und Schlaf sich niederließen, Erkner, wo Gerhart Hauptmann Feste veranstaltete, und Friedrichshagen, wo die Brüder Hart die Boheme um sich versammelten, wurden zu Kolonien, wo Meditation und Diskussion sich ablösten. Umgeben von berückender Natur, Seen und Kiefernwäldern, wurden nüchtern die neuen Theorien gezimmert. Die Gruppen vermehrten und bereicherten sich durch neue Mitglieder bürgerlicher Herkunft. Eine Lebensweisheit konservativen Ursprungs verhalf ihnen zu einem zweckmäßigen Umgang mit ihrer Sensibilität, zu einem fruchtbaren Einsatz ihrer Talente. Die Gegebenheiten anerkennend, schien es ihnen, als käme dabei das Temperament eines jeden auf seine Kosten. Ohne ihren Idealismus aufzugeben, setzten sie sich als Ideal die Übereinstimmung mit dem Wirklichen.

Zu diesem Werk der Anpassung trug der Rheinländer Wilhelm Bölsche seinen Humor bei, der Preuße Arno Holz sein dialektisches Denken, Johannes Schlaf seine Zartheit, Gerhart Hauptmann die Milde des Gebildeten, Otto Erich Hartleben die Unbekümmertheit eines ewigen Studenten. Ein Hauch der Versöhnung wehte.

Der Blickkreis weitete sich. Bölsche hatte sich in Paris aufgehalten, Hauptmann in Italien und der Schweiz. Bölsche studierte Naturgeschichte, Johannes Schlaf Philologie. Hauptmann versuchte sich in der Bildhauerei, aber auch in der Agronomie und der Psychophysiologie; in Jena hörte er Vorlesungen von Häckel. Arno Holz frequentierte die Bibliotheken.

Von 1887 bis 1890 triumphierte Ibsen auf den Berliner Bühnen. Von Paris war Antoine mit dem ›Théâtre-libre‹ gekommen und ließ Berlin nach dem Zola des ›Germinal‹ den Autor der ›Thérèse Raquin‹ entdecken. Die Brüder Goncourt tauchten am Horizont auf. Die naturalistische Bewegung, die zuvor im wesentlichen lyrisch und kritisch gewesen war, wandte sich nun dem Theater zu. Nach Problemen des Nationalen, des Sozialen, der Moral beschäftigten die Naturalisten jetzt Fragen der Ästhetik und der literarischen Technik. Das bloße Aufwallen, der Aufruhr genügten nicht mehr: Sie fühlten einerseits, daß sie sich an die wissenschaftliche Bewegung des Jahrhunderts anlehnen mußten, und das hieß, die Lehre des universellen Determinismus, des Darwinismus, des historischen Materialismus zu akzeptieren; daß sie aber andererseits der modernen deutschen Kultur eine eigene Form, einen Stil geben, das heißt eine ästhetische Norm formulieren mußten.

Wilhelm Bölsche konzipierte eine auf die Naturwissenschaften gegründete Ästhetik und veröffentlichte 1887 ›Die naturwissenschaftlichen Grundlagen der Poesie‹. Darin erklärt er, ein absoluter Determinismus beherrsche das Universum; ihn anzuerkennen, sich ihm zu unterwerfen, heiße der Natur folgen, dieser Gottheit, die besser für uns sorgt, als wir es können. Für Bölsche ist die höhere Form des Wesens das nach dem Darwinschen Gesetz angepaßte Wesen, das Meisterwerk, zu dem die Natur durch Selektion gelangt. Eine Literatur, die eine vollendete und endgültige Form der Zivilisation darstellt, wäre eine, die ihre Verfahrensweisen in der wissenschaftlichen Erforschung fände, die ihre Inspiration daraus zöge, sich leidenschaftlich den Gesetzen zu fügen, die das Organische beherrschen. Die Schönheit des Kunstwerks wäre dann die der Schneeflokke, deren wunderbare Kristallisationsfiguren die Elemente von selbst hervorgebracht haben.

Weniger pantheistisch suchte Arno Holz die absolute Wahrheit auf anderer Ebene, nämlich im sozialen Milieu. Bei einem Ausflug nach Paris entdeckte er die theoretischen Schriften Zolas in einem Schaufenster, nahm sie mit nach Berlin und verschlang sie. 1890 veröffentlichte er unter dem Titel ›Die Kunst, ihr Wesen und ihre Gesetze‹ keineswegs eine normative Abhandlung, wie der Titel vermuten läßt, sondern eine Zusammenstellung aus der Schublade des Autors, im wesentlichen schon 1887 geschrieben. Die 150 Seiten enthalten ein langes Gedicht, die Einleitung

Proletarier: „Siehst Du, das sind auch Zwei von den neuen Dichtern, die sich so eine Menge Geld mit unfer'm Elend verdienen!"

Karikatur aus den ›Fliegenden Blättern‹, 1895, mit der Bildunterschrift: „Proletarier: ‚Siehst Du, das sind auch zwei von den neuen Dichtern, die sich so eine Menge Geld mit unser'm Elend verdienen!'"

zu einer Lyriksammlung, die nie zustande gekommen war, das erste und einzige Kapitel eines totgeborenen Romans, einen Artikel über Zola sowie einen offenen Brief an diesen Romancier, der als Einleitung zu einer ›Soziologie der Kunst‹ dienen sollte, von der Arno Holz allerdings nie mehr als den Titel niedergeschrieben hat. Von seinem Genie überzeugt, glaubte er, daß man sein Denken nur dann begreifen könne, wenn man sich mit solchen, von ihm im Rohzustand vorgestellten Dokumenten seiner Existenz vertraut machte.

Unter dem Vorwand der Objektivität präsentiert er sich gutmütig, lässig, im geblümten Hausrock mit Porzellanpfeife. Er stellt seine Mißerfolge fest und schreibt sie dem Publikum oder vielmehr seiner Nichtanpassung an jenes zu. Offenbar hatte er ganz unbekümmert geglaubt, alles lehren zu können, ehe er etwas gelernt hatte. Er entdeckte ein Universum, so reich wie er es nie vermutet hatte. Aber er glaubte, dank Marx und Engels, die Regel zu kennen und zu beherrschen, der jede Tätigkeit, ob ästhetischer oder ökonomischer Art, unterworfen sei. Man müsse nur die Darwinsche Formel der Veränderung, die Marx auf die gesellschaftliche Arbeit angewandt hatte, ebenso auf die Kunst anwenden: Jedes organisierte Wesen hängt von seinem Milieu ab, der Arbeiter von seinen Produktionsmitteln und Herstellungstechniken, der Künstler von seinen Ausdrucksmitteln und Verfahrensweisen.

Zur Entwicklungslehre der Biologen und zur Marxschen Soziologie sollte sich eine Kunstsoziologie gesellen, zu der Zola wohl den Grundgedanken geliefert hatte, deren Prinzip zu finden ihm aber nicht gelungen war. Es war, so dachte Arno Holz, dem deutschen Naturalismus vorbehalten, da, wo sich die Vorläufer in tastenden Versuchen verirrt hatten, die Entdeckung zu machen, durch die jede Ästhetik von Aristoteles bis zu Taine unwiderruflich gestürzt werden sollte. Der Tag, an dem die Formel eines konsequenten Naturalismus verfaßt würde, wäre der Geburtstag einer Wissenschaft der Kunst, die sich zur bisherigen Kunstphilosophie so verhielte wie die Chemie zur Alchemie.

Holz, stets schneller im Konzipieren als im Realisieren, gab sich zufrieden mit dem, was er bescheiden „seine Hypothese" nennt – einfach wie der Dreisatz. Beweise dafür zu liefern, scheint ihm überflüssig zu sein. Es wäre eine übermenschliche und zudem nutzlose Arbeit. Diejenigen, die sich der Evidenz entzögen, verrieten nur die Schwäche ihres Denkens. Er hat das Lachen des Erfinders, der sich seiner Sache sicher ist: Der Mechanismus funktioniert immer und überall. So kann er ruhig am Tegernsee spazierengehen.

Er hat von Zola (und von Taine auf dem Weg über Zola) zwei Formulierungen übernommen: „menschliche Dokumente" und „Experimentalroman". Jeder Roman ist nichts als ein Experiment, bei dessen Verlauf die beiden Naturgesetze der Vererbung und des Milieus, der bestimmenden Umgebung, wirksam sind. Der experimentierende Romancier wählt eine Anzahl von Menschen mit durch Vererbung bestimmten Eigenschaften oder Anlagen und sieht, was aus ihnen in einem gewissen Bildungs- und Wirkungskreis werden kann. Dokumente der Vererbung, Dokumente des Milieus sind Voraussetzungen für das Experiment des Schriftstellers. Bei Zola war aus solchen Überlegungen Plan und Ausführung des zwanzigbändigen Romanzyklus ›Les Rougon-Macquart‹ entstanden. Holz beschäftigte sich jedoch, von jenen Grundsätzen ausgehend, weiterhin vornehmlich mit Problemen des schriftstellerischen Werkzeugs und seiner Handhabung – mit dem Problem des Stils.

In Niederschönhausen verbrachten Arno Holz und Johannes Schlaf einen idyllischen Winter mit literarischen Experimenten. Sie waren in dieser Zeit eine vorübergehend fruchtbare Verbindung eingegangen, die in späterer Zeit durch unerfreuliche Auseinandersetzungen gestört wurde: Die weibliche Aufnahmefähigkeit Schlafs verlieh den trockenen Gedankenkonstruktionen von Arno Holz einige Substanz. Das Ergebnis war eine

Reihe von Studien, von kleinen impressionistischen Novellen, die sich um
›Papa Hamlet‹ gruppierten. (Veröffentlicht wurden sie unter dem Pseud-
onym „Bjarne P. Holmsen, norwegischer Schriftsteller".) Das Drama ›Die
Familie Selicke‹, das im Januar 1890 erschien, wurde im April des gleichen
Jahres von der ›Freien Bühne‹ gespielt. Das Gesamtwerk von Holz und
Schlaf erschien im Buchhandel Ende 1891 unter dem Titel ›Neue Gleise‹.

Eine ganze Reihe Schriftsteller, die bislang um die Form nicht sonderlich bemüht gewesen waren, nahmen Holz und Schlaf wie eine Offenbarung auf. Deren Neuerung betraf das Werkzeug und seinen Gebrauch.
Die Sprache, die sie dem Naturalismus mitgaben, tendierte, wenn auch
mit anderer Dynamik, zum „nach der Natur wiedergegeben", wie Ed-
mond und Jules de Goncourt es in ihrem Vorwort zu ›Henriette Meréchal‹
gefordert hatten.

Hier eine Stichprobe aus der ›Familie Selicke‹. Selicke kommt betrun-
ken nach Hause. Seine Tochter Toni kommt ihm entgegen:

SELICKE: Na? Was machste denn für'n Gesicht?

TONI: Ich? . . . O, gar nicht, Vaterchen!

SELICKE *(misstrauisch)*: Ae! Red' nich! Das heisst: Kommste wieder . . .
so spät, he? Ja, – ja mein Töchterchen! . . . Dein Vater darf sich wohl
nich mal'n Töppchen gönn'n? . . . Was? . . . Ae, geh weg! Du altes, dum-
mes Frauzimmer . . . Ae! Du! . . . Geh weg! . . . Ich mag Dich nich mehr
– sehn! . . . Ae! Is das – 'ne Hitze? . . . *(Toni versucht ihm beim Auszie-
hen des Rockes behilflich zu sein. Selicke brummt missgelaunt vor sich
hin)*.

SELICKE: Mach, dass Du wegkömmst! . . . Ich – brauch Dich nicht!

(Mit dumpfer Stimme, sieht vor sich hin): Ich häng Euch – alle auf!
Alle! . . . un dann – schiess ich mich – todt!

In seiner Autobiographie ›Das zweite Vierteljahrhundert‹ erzählt Gerhart Hauptmann: „Da nun ›Papa Hamlet‹ einen Versuch bedeutete, die
Sprachgepflogenheiten der Menschen minutiös nachzubilden durch unar-
tikulierte, unvollendete Sätze, monologische Partien, kurz den Sprecher,
wie er stammelt, sich räuspert, spuckt, in früher unbemerkten Einzelheiten darzustellen, und dadurch in der Tat etwas überraschend Neues zu
Tage trat, fand ich mich stark, wenn auch, wie sich bald herausstellte,
nicht entscheidend angeregt."

Der deutsche Naturalismus stellte sich dem Publikum 1889 bis 1890 auf
einer Berliner Bühne. Die ›Freie Bühne‹ entstand nach dem Vorbild des
›Théâtre-libre‹ von Antoine. Sie wurde an einem Sonntagvormittag im
März 1889 im Weinrestaurant Kempinski in der Leipziger Straße gegründet. Zum Gründungskomitee gehörten Maximilian Harden, der, als Gerhart Hauptmann hinzukam, sich zurückzog, aber später wiederkam, und

Karikatur aus dem ›Kladderadatsch‹, 1890

Otto Brahm, der künftige Direktor des ›Deutschen Theaters‹ in Berlin, ebenso Paul Schlenther, der später das Burgtheater in Wien leitete. Schatzmeister und Kassenwart war der neunundzwanzigjährige Samuel Fischer, der 1886 seinen Verlag gegründet hatte; zur gleichen Zeit war er von Carl Bleibtreu in den Verein ›Durch‹ eingeführt worden. Die ›Freie Bühne‹ hatte damit begonnen, ausländische Autoren aufzuführen: Ibsen, Björnson, Strindberg, Tolstojs ›Macht der Finsternis‹, ›Henriette Maréchal‹ der Brüder Goncourt. Endlich entschloß sich Brahm, auch Arbeiten deutscher Autoren auf die Bühne zu bringen, die, offen gesagt, der Mehrheit des Publikums unbekannt waren: Das Stück ›Die Familie Selicke‹ von Arno Holz und Johannes Schlaf, das die Autoren selbst als neue Technik des Dramas, als ein einziges, großes Experiment bezeichneten, das ihnen geglückt sei; vor allem aber das Stück eines Autors, der noch nicht von sich reden gemacht hatte und sich Gerhart Hauptmann nannte: das Drama ›Vor Sonnenaufgang‹.

Die Premiere von ›Vor Sonnenaufgang‹ fand statt am 20. Oktober 1889, vormittags 12 Uhr, im Lessingtheater, als Aufführung der ›Freien Bühne‹. Dehmel beschreibt die Uraufführung: „Die Spannung entlud sich in einer Weise, die in den Annalen selbst der radauseligsten Berliner Vorstadtschmieren nicht ihresgleichen finden dürfte ... Schliesslich lachte und jubelte, höhnte und trampelte man mitten in die Unterhaltungen der Schauspieler hinein." Als zu Beginn des zweiten Akts der betrunkene

Bauer Krause lüstern seine Tochter umarmte, rief der Führer der Opposition, der Arzt und Journalist Dr. Kastan: „Sind wir denn hier in einem Bordell oder in einem Theater?" Als auf der Bühne nach einer Hebamme gerufen wurde – wohlweislich waren die Wehen der werdenden Mutter von der Regie gestrichen worden –, zog Dr. Kastan eine Geburtszange aus der Tasche und warf sie auf die Bühne. Der Störenfried wurde mit Gewalt durch zwei Theaterdiener aus dem Saal befördert. Rasender Tumult erhob sich. Das Stück wurde mit Mühe zu Ende gespielt. Der Verfasser wurde hervorgejubelt, und, als er erschien, wurde auch gezischt. Man hatte einen bärtigen, gebräunten, breitschultrigen Mann mit mächtigem Schlapphut, Jägerschem Klapprock und einem Knotenstock als Symbolen des „freien deutschen Mannes" erwartet. Da erschien aber, so Fontane, „ein schlank aufgeschossener, junger blonder Herr von untadligstem Rockschnitt und untadligsten Manieren, der sich mit einer graziösen Anspruchslosigkeit verbeugte, der wohl auch die meisten seiner Gegner nicht widerstanden haben".

So sah er aus, der „unsittlichste Bühnenschriftsteller des Jahrhunderts", wie sich die Kritiker äußerten, „der Dramatiker des Hässlichen", der „krasseste Naturalist", das „irregeleitete Talent in unsauberer Verpackung", der „poetische Anarchist": Gerhart Hauptmann.

Bleibtreu meinte, es handle sich bei ›Vor Sonnenaufgang‹ um „das erste wirklich soziale Drama unserer Tage mit realistischer Tendenz". Für Alberti dagegen war es „eine Frikassee von Unsinn, Kinderei und Verrücktheit, ein Gemisch von Roheit und Brutalitäten, Gemeinheiten, Schmutzereien"; der konsequente Naturalismus sei noch viel verlogener als der Heysesche Idealismus. Die ›Freie Bühne‹ bringe „nur Schund" und mache „das Theater zur Mistgrube".

Übrigens fanden Bleibtreu und Alberti doch bald zueinander, um eine ›Deutsche Bühne‹ als Gegenstück zur ›Freien Bühne‹ zu gründen, während seinerseits Wilhelm Bölsche die ›Freie Volksbühne‹ gründete. Die Gründung letzterer am 29. Juli 1890 im großen Saale des Böhmischen Brauhauses durch eine einberufene Arbeiterversammlung beschreibt Heinrich Hart: „Es treten am ersten Abend sogleich hunderte von Mitgliedern dem Verein der ›Freien Volksbühne‹ bei. Gegen einen Monatsbetrag von fünfzig Pfennig erhält jeder Anspruch auf einen Platz. Doch um das demokratische Prinzip zu wahren, werden die Plätze nicht vergeben, sondern verlost. Lachend greift jeder in die Urne, der Proletarier in der frohen Hoffnung, dass er es nun auch einmal in der Loge auf Polstern bequem haben darf ... Nie zuvor habe ich solche Aufmerksamkeit, solche Andacht gefunden als bei einer der ersten Aufführungen, der des ›Volksfeinds‹. All diese Gesichter sind aufs äusserste gespannt, zumeist von der Anstrengung, jeden Zug, jedes Wort zu verstehen; jede Erregung drückt sich in den Mienen, im Zusammenballen der Hände, in der

Haltung des Körpers aufs deutlichste aus. Die Volksversammlung erlebt jeder wie etwas Wirkliches mit, und mit jeder Szene erhebt sich ein Beifallssturm, wie er nicht oft ein Theater durchtost haben wird."

Bruno Wille trennte sich bald von der ›Freien Volksbühne‹ und gründete ein viertes Unternehmen, die ›Neue Freie Volksbühne‹, mit Harden den Brüdern Hart, Gustav Landauer, Otto Erich Hartleben u. a. m. in der Leitung.

Die ›Freie Bühne‹ bestand weiter und lancierte bald eine Zeitschrift gleichen Namens. Der Herausgeber war Otto Brahm. In der von ihm unter dem Leitspruch „Eine freie Bühne für das moderne Leben schlagen wir auf" verfaßten Einführung hieß es programmatisch: „Neue Kunst, das ist die Kunst der Gegenwart und Wirklichkeit in Natur und Gesellschaft, und als solche einst mit der neuen Zeit, dem neuen Leben. Neue Kunst und neue Zeit, das ist die Kunst und die Zeit, die das gleiche Losungswort haben, das Wort Wahrheit: Wahrheit nicht im objektiven Sinn – die entgeht jedem Kämpfenden –, aber Wahrheit im subjektiven, individuellen Sinne der innersten, tief empfundenen und frei ausgesprochenen Überzeugung des ‚unabhängigen Geistes, der nichts zu beschönigen und nichts zu vertuschen hat‘.

Wahrheit, ein viel deutbares, zum Glück durch keine Formel und keine Theorie erschöpfbares Programm, das einzig rechte für das erst werdende neue Leben, die erst werdende neue Kunst."

Das „erst Werdende in der Kunst" hieß nun, für den Augenblick, Naturalismus. Bald verwandelte sich die Wochenschrift in eine Monatsschrift. Mit dem fünften Jahrgang wurde sie zur ›Neuen deutschen Rundschau‹, und später zur ›Neuen Rundschau‹, die beim Verleger von Gerhart Hauptmann, Samuel Fischer, erschien. Schließlich hatte Gerhart Hauptmann mit den ersten Aufführungen von ›Vor Sonnenaufgang‹ in Berlin den Vogel abgeschossen; ein Erfolg, den er zwei Jahre später, 1892, mit den ›Webern‹ bestätigte. Sein naturalistisches Hauptwerk ist das typische Werk einer in sozialem Mitgefühl lebenden Literatur.

Nach der Premiere von ›Vor Sonnenaufgang‹ hatte Theodor Fontane das Erscheinen eines „neuen Kontinents" begrüßt. In einem Gedicht verabschiedete er die „alte Kunst":

> Der Mohr kann gehn, neu Spiel hebt an,
> *sie* beherrschen die Szene, *sie* sind dran.

Sie – die Naturalisten, bei denen der siebzigjährige Fontane in die Schule ging. Die ihnen zu dankende Erneuerung war nicht aus dem Schrifttum hervorgegangen, sie war – auf einmal! – von der Bühne gekommen. Mit der Uraufführung von Hauptmanns erstem Drama hatte der Naturalismus gesiegt, mit dem Erfolg seines zweiten war alle Aufregung vorbei – der Naturalismus war tot.

Anmerkungen und Literaturhinweise

Im folgenden werden dem Leser Hinweise auf Texte gegeben, die in den Essays zitiert werden. Kritische Ausgaben haben den Vorzug vor praktischen Ausgaben erhalten.

Drewitz, Identitätsfindung

G. E. LESSING, Briefe, die neueste Literatur betreffend, in: Werke, hg. v. H. G. GÖPFERT, Bd. 5, Darmstadt 1973; R. VARNHAGEN, Briefe in vier Bänden – I: Briefwechsel mit Alexander von der Marwitz u. a.; II: Briefwechsel mit August Varnhagen von Ense; III: R. V. im Umgang mit ihren Freunden; IV: R. V. und ihre Zeit, hg. v. FR. KEMP, München 1966 ff, (Lebensläufe 8, 9, 10, 14) – *im letzten Band ein Namensregister für alle Bände*; BETTINA VON ARNIM, Werke und Briefe, hg. v. G. KONRAD, 5 Bde., Darmstadt 1959/63; P. HEYSE, Ges. Werke, 3 Rubriken, 15 Bde., Stuttgart 1924; Briefwechsel Heyse-Fontane, hg. v. G. ERLER, Berlin/Weimar 1972; G. HERWEGH, Literarisches und Politisches, hg. v. K. MOMMSEN, Frankfurt a. M. 1969, (Sammlung Insel 37); G. HAUPTMANN, Das Abenteuer meiner Jugend, in: Sämtl. Werke, hg. v. H.-E. HASS, Bd. 7, Frankfurt/München/Berlin 1962; TH. FONTANE, Sämtl. Werke, hg. v. E. GROSS, München 1959 ff; TH. FONTANE, Briefe an Bernhard von Lepel, hg. v. J. PETERSEN, 2 Bde., München 1940; M. MENDELSSOHN, Ges. Schriften, hg. v. A. ALTMANN, Stuttgart 1971 ff; Briefe mit Lavater und Lessing (1770–1789), Stuttgart 1967; O. E. HARTLEBEN, Ausg. Werke, 3 Bde., Berlin 1909. *Außerdem sei auf folgende Briefausgabe hingewiesen:* Bettina von Arnim und Friedrich Wilhelm IV. Ungedruckte Briefe, hg. v. L. GEIGER, Frankfurt 1902.

Engfer, Kant

I. KANT, Werke in 10 Bänden, hg. v. W. WEISCHEDEL, Wiesbaden 1957 ff. *Diese Ausgabe erschien auch in der Wiss. Buchgesellschaft Darmstadt.*

Kleßmann, Prinz Louis Ferdinand

E. POSECK, L. F. Prinz von Preußen, Berlin 1938; E. KLESSMANN, Prinz L. F. von Preußen 1772–1806. Gestalt einer Zeitwende, München 1972; CHR. VON MASSENBACH, Historische Denkwürdigkeiten zur Geschichte

des Verfalls des preußischen Staates seit dem Jahre 1794, *(angebunden)*
F. BUCHHOLZ, Galerie Preussischer Charaktere, Frankfurt 1979 (Edition
Zweitausendeins), *über L. F. S. 521 ff. Die Kompositionen des Prinzen
sind bei Breitkopf u. Härtel gedruckt worden. Es handelt sich vorwiegend
um Klavier-Kammermusik und ein Konzertrondo für Klavier und Orchester. Schallplatten mit Interpretationen sämtlicher Werke sind bei der Firma
Thorofon (3002 Wedemark) herausgekommen.*

Apel, Mißglückte Identifikation
H. V. KLEIST, Sämtl. Werke, hg. v. H. SEMBDNER, 2 Bde., München 1977;
außerdem: Ders. (Hg.), H. v. Kleists Lebensspuren. Dokumente und Berichte der Zeitgenossen; *als Taschenbuch unter dem Titel:* Kleist. Geschichte meiner Seele, Frankfurt a. M. (Insel-Taschenbuch 281); H. MAY-
ER, Goethe, Frankfurt a. M., (Bibliothek Suhrkamp 367).

Rehder, Zufällige Nachtgedanken
Folgende Werke von E. T. A. HOFFMANN *werden im Text erwähnt:* ›Nacht-
stücke‹, ›Klein Zaches genannt Zinnober‹, ›Die Serapionsbrüder‹, ›Des
Vetters Eckfenster‹, *aus dem 2. Band der* ›Letzten Erzählungen‹, ›Le-
bensansichten des Kater Murr‹, *mit der Figur des Kapellmeisters Kreisler*,
›Prinzessin Brambilla‹, ›Ein Capriccio nach Jacob Callot‹, ›Meister Floh‹,
›Das Fräulein von Scuderi‹ *sowie aus den* ›Musikalischen Schriften‹ *die
Besprechung der 5. Symphonie von Beethoven und die Gedanken über
Kirchenmusik unter dem Titel:* ›Alte und neue Kirchenmusik‹. E. T. A.
HOFFMANN, Werke, 5 Bde. München 1960 ff *(erschienen in 6 Bdn. in der
Wiss. Buchgesellschaft Darmstadt 1979). Lesenswert die Einleitungen zu:*
Werke, 15 Tle., hg. v. G. ELLINGER, Berlin 1912 *(alle Anmerkungen im
5. Band);* E. T. A. Hoffmann in Aufzeichnungen seiner Freunde und
Bekannten, hg. v. FR. SCHNAPP, München 1974; Schriften zur Musik, hg.
v. dgl., München 1963. *Die Tagebücher sind ediert und kommentiert wor-
den nach der Ausgabe H. v. Müllers ebenfalls durch Fr. Schnapp (München 1971). Abbildungen vor allem in:* E. RIEMER, E. T. A. Hoffmann und
seine Illustratoren, Hildesheim 2/1978 (mit 160 Abb.). *Außerdem:* Mitteilungen der E. T. A. Hoffmann-Gesellschaft, Bamberg; *die für E. T. A.
Hoffmann wichtigen Stiche von Callot in:* JACQUES CALLOT, Das gesamte
Werk, 2 Bde., München 1971.

Arnim, Ein Brief
Ausgaben s. Angaben zu Drewitz, Identitätsfindung; *der Brief ist in ge-
kürzter Fassung abgedruckt, so entnommen aus:* Das Volk braucht Licht.
Frauen zur Zeit des Aufbruchs, hg. v. M. SCHLÖSSER, Darmstadt 1970; *zu
Savigny grundsätzlich:* A. STOLL, Friedrich Karl von Savigny. Ein Bild
seines Lebens mit einer Sammlung seiner Briefe, 3 Bde., Berlin 1927 ff.

Hubig, Es ist soviel Unschuld

TH. FONTANE, ›Effi Briest‹, in: Sämtl. Werke, hg. v. H.-E. HASS, Bd. 7, 1959; *die Gelegenheitsgedichte in Bd. 20*; G. FR. W. HEGEL, Sämtl. Werke, hg. v. J. HOFFMEISTER, Tübingen 1955; *die kommentierte Ausgabe der Rechtsphilosophie:* Vorlesungen über Rechtsphilosophie 1818–1831, ed. u. kom. v. K.-H. ILTING, 6 Bde., Stuttgart 1973 ff; *zur „Börsensprache" in den persönlichen Beziehungen:* Fontane aus heutiger Sicht, hg. v. H. RUST, München 1980, *darin bes. Kap.* Frauenleben.

Quander, Montezuma

Die Partitur der Oper mit ausführlicher Einleitung ist erschienen in: Denkmäler Deutscher Tonkunst, Bd. 15; *das Geschichtswerk von* ANTONIO DE SOLIS Y RIBADENEYRA *erschien unter dem Titel:* Geschichte von der Eroberung Mexicos, *deutsch 1750/51 in Kopenhagen/Leipzig, französisch schon 1730; die Schriften und Werke von* FRIEDRICH DEM GROSSEN *sind greifbar in:* Œuvres, 30 Bde., 1846 ff; Werke, hg. v. B. VOLZ, 10 Bde. 1912 ff; VOLTAIRES *Schriften in:* Œuvre, Bibliothèque de la Pléiade; *dt. besonders:* Mein Aufenthalt in Berlin, hg. v. H. JACOB, München 2/1921; Voltaire. Leben und Werk in Daten und Bildern, Frankfurt a. M. (Sammlung Insel 324); J. ORIEUX, Das Leben des Voltaire, Frankfurt a. M. 1978.

Holschneider, Bach

Entstehung und Gestalt der Werke: ›Brandenburgische Konzerte‹, ›Musikalisches Opfer‹, ›Matthäus-Passion‹, in: Neue Bach-Ausgabe Bd. VII/2, VIII/1 und II/5. *Dokumente von und über Bach in:* Bach-Dokumente, hg. v. Bach-Archiv Leipzig, 3 Bde., 1963 ff; H. BESSELER, Markgraf Christian Ludwig von Brandenburg, Bach-Jahrbuch 43, 1956, S. 18 ff; E. R. BLECHSCHMIDT, Die Amalien-Bibliothek, Berlin 1965; M. GECK, Die Wiederentdeckung der Matthäuspassion im 19. Jahrhundert, Regensburg 1967 (= Studien zur Musikgeschichte des 19. Jh., 9); *das Zitat von Friedrich dem Großen in:* Hohenzollern-Jahrbuch I, 1897, S. 56.

Kühn, Kunst-Corps

G. SCHÜNEMANN, Die Singakademie zu Berlin 1791–1941, Regensburg 1941; H. KUHLO, Geschichte der Zelterschen Liedertafel 1809–1909, Berlin 1909; Briefwechsel zwischen Goethe und Zelter, hg. v. M. HEKKER, Nachdruck Bern 1967; K. v. LEDEBUR, Tonkünstler-Lexikon Berlins von den ältesten Zeiten bis auf die Gegenwart, Berlin 1860/61; Studien zur Musikgeschichte Berlins im frühen 19. Jahrhundert, hg. v. C. DAHLHAUS, Regensburg 1980 (= Studien zur Musikgeschichte des 19. Jh. 56); *eine Gesamtdarstellung der Musikgeschichte Berlins ist weiterhin eine Aufgabe der Wissenschaft.*

Budde, Die schöne Müllerin
F. Binder, Luise Hensel. Ein Lebensbild, Freiburg i. Br. 1885; L. Rell-
stab, Ludwig Berger. Ein Denkmal, Berlin 1846; *der Klavierauszug des
Singspiels erschien 1821 bei E. H. G. Christiana, Berlin.*

Elvers, Berlinsches Zwitterwesen
*Die Briefstellen sind nach den Originalen übertragen, die in der New York
Public Library, der Library of Congress Washington, der Stadt- und Uni-
versitätsbibliothek Frankfurt a. M. und der Staatsbibliothek Preuß. Kulturbesitz, Handschriften-Abtlg., Berlin, liegen. Nur die an Klingemann gerichteten Briefe sind nach der gedruckten Ausgabe zitiert, die – von Karl
Klingemann jun. herausgegeben – 1909 in Essen erschien. Diese Ausgabe
ist in ihrer Orthographie modernisiert, daher die Abweichungen in der
Rechtschreibung.*

Hübscher-Bitter, Preußens theatralische Sendung
*Der Titel ist Goethe entlehnt. Dieser schrieb zwischen 1777 und 1785 den
Roman* ›Wilhelm Meisters Theatralische Sendung‹, *der später umgearbei-
tet wurde und unter dem Titel* ›Wilhelm Meisters Lehrjahre‹ *erschien.
Der gesamte Prolog zur Eröffnung des Berliner Schauspielhauses ist abgedruckt in:* Großherzogin Sophie von Sachsen-Ausgabe, Bd. 13/1;
H. Knudsen, Deutsche Theatergeschichte, Stuttgart 1959 (Kröner-Ta-
schenbücher 270); A. W. Iffland, Über meine theatralische Laufbahn,
1886, Reprint 1968; P. D. A. Atterboom, Reisebilder aus dem romantischen Deutschland, 1817/19, Stuttgart 1970; *die Bände mit den neuen Kostümen befinden sich in der Staatsbibliothek, Berlin/DDR.*

Miller, Der musikalische Freiheitskrieg
*Über Spontini gibt es keine deutschsprachige Monographie. Von besonde-
rem Interesse am Fall Spontini sind:* Ph. Spitta, Spontini in Berlin, in: Zur
Musik, Berlin 1892 *(eine Revision des negativen Bildes);* W. Altmann,
Spontini an der Berliner Oper, in: Sammelbände der Internationalen Mu-
sikwissenschaftlichen Gesellschaft, IV, 1902/03 *(materialreich); zur Oper
im 19. Jahrhundert:* C. Dahlhaus, Die Musik des 19. Jahrhunderts,
Wiesbaden 1980 (= Neues Handbuch der Musikwissenschaft 6); *Klavier-
auszüge und Partituren sind nur schwer zu erhalten; im folgenden sollen
Hinweise auf Schallplatten mit Werken Spontinis eine Beschäftigung mit
der Musik dieses wichtigen Komponisten erleichtern helfen:*

Discografie Spontini: Von der ›Vestalin‹ gibt es in mehreren Pressungen,
teilweise manipuliert (u. a. raritas OPR 405) die legendäre Aufführung
aus der Mailänder Scala vom 7. 12. 1954 mit Callas/Ebestignani/Corelli
u. a./Dirigent: Votto; außerdem eine Aufnahme mit Nicolai/Vitale/Gava-

rini u. a./Dirigent: Previtali (Cetra 3224) und eine neue Aufnahme mit
Gundula Janowitz und dem Generalmusikdirektor der Deutschen Oper
Berlin Jesus Lopes Cobos als Dirigenten; vom ›Fernando Cortez‹ zwei
Aufführungen mit jeweiligen Vorzügen und Nachteilen in der Besetzung:
Tebaldi/Penno/Protti u. a./Dirigent: Santini (HRE 286) und: Gulin/Preve-
di/Botton u. a./Dirigent: Matacic (MRF 104); von der ›Olimpia‹ eine Aufnahme: Lorengar/Cossoto/Tagliavini u. a./Dirigent: Molinari-Pradelli; einen Eindruck von der ›Agnes von Hohenstaufen‹ vermitteln zwei Auf-
nahmen: Udovich/Dow/Corelli u. a./Dirigent: Gui, und: Cabalé/Prevedi/
u. a./Dirigent: Muti (Cetra LO 25).

Schirmer, Friedrich der Große

F. v. BOETTICHER, Friedrich d. Gr. als Lehrer von Lebensweisheit und
Führertum für unsere Zeit, Berlin 1925; W. BUSSMANN, Friedrich d. Gr.
im Wandel des europäischen Urteils, in: W. CONZE (Hg.), Deutschland
und Europa. Historische Studien zur Völker- und Staatenordnung des
Abendlandes, in: Festschrift für H. Rothfels, Düsseldorf 1951; R. FLATZ,
Krieg im Frieden. Das aktuelle Militärstück auf dem Theater des deutschen Kaiserreichs, Frankfurt a. M. 1976 *(R. Flatz stellte freundlicherwei-
se auch Archivmaterial zur Verfügung.)*; K. FRENZEL, Berliner Dramaturgie, 2 Bde., Erfurt [1877]; F. SENGLE, Das historische Drama in Deutschland. Geschichte eines literarischen Mythos, Stuttgart 1974; E. LEMKE,
Friedrich d. Gr. im deutschen Drama der Gegenwart, Berlin 1932; H.
STÜMCKE, Hohenzollernfürsten im Drama, Leipzig 1903; *außerdem wäre
zu nennen:* H. H. HOUBEN, Der ewige Zensor, 1926 (Reprint 1978); H.
KARRER, Die Gestalt Friedrichs d. Gr. in der deutschen Literatur des
20. Jh., Diss. Freiburg (Schweiz) 1973.

Bertaux, Naturalismus

U. MÜNCHOW, Deutscher Naturalismus, Berlin/DDR 1968; R. C. CO-
WEN, Naturalismus, München 1973; *zur Situation im damaligen Berlin:*
A. LANGE, Berlin zur Zeit Bebels und Bismarcks, Berlin/DDR 1972;
W. G. OSCHILEWSKI, Freie Volksbühne Berlin, Berlin 1965; R. GOETZE,
Von ›Sonnenaufgang‹ bis ›Sonnenuntergang‹. Gerhart Hauptmanns Ber-
liner Beziehungen, Berlin 1971; K. Voss, Reiseführer für Literaturfreun-
de – Berlin, Berlin 1980; *zum Verhalten von Künstlern und Intellektuellen:*
H. KREUZER, Die Bohème, Stuttgart 1971; *über das Verhältnis der Na-
turalisten zum Sozialismus und zur Sozialdemokratischen Partei zahlreiche
Aufsätze:* F. MEHRING, in: Gesammelte Schriften, Bd. 11, 2. Aufl., Berlin/
DDR 1976; V. L. LIDTKE, Naturalism and Socialism in Germany, in:
American Historical Review 79/1974, S. 14–37; H. SCHEUER (Hg.), Naturalismus. Bürgerliche Dichtung und soziales Engagement, Stuttgart
1974.

Herausgeber und Autoren

Friedmar Apel, Assistent für neuere deutsche und vergleichende Literaturwissenschaft an der TU Berlin

Pierre Bertaux, Professor für Germanistik an der Sorbonne in Paris. (Félix B. ist der Vater von P. B.)

Elmar Budde, Professor für Musikwissenschaft an der Hochschule der Künste Berlin

Ingeborg Drewitz, Schriftstellerin, promoviert, lebt in Berlin

Rudolf Elvers, Leiter des Mendelssohn-Archivs der Staatsbibliothek Preußischer Kulturbesitz

Hans-Jürgen Engfer, Dozent für Didaktik der Philosophie an der TU Berlin

Andreas Holschneider, Musikwissenschaftler, promoviert, Leiter der Archiv-Produktion der Deutschen Grammophongesellschaft

Christoph Hubig, Assistenzprofessor für Philosophie an der TU Berlin.

Marieluise Hübscher-Bitter, Theaterwissenschaftlerin, promoviert, Pressesekretär bei der Akademie für Sprache und Dichtung Darmstadt

Eckart Kleßmann, Schriftsteller, lebt in Hamburg

Hellmut Kühn, Professor für Musikwissenschaft an der Hochschule für Musik und Theater Hannover

Norbert Miller, Professor für neuere deutsche und vergleichende Literaturwissenschaft an der TU Berlin

Georg Quander, Theaterwissenschaftler, Redakteur am Sender Freies Berlin

Wulf Rehder, Assistent am mathematischen Institut der TU Berlin

Lothar Schirmer, Theaterwissenschaftler, promoviert, lebt in Berlin

Manfred Schlösser, Literaturwissenschaftler, Sekretär an der Akademie der Künste Berlin

Abbildungsnachweis